MINERVA スタートアップ経済学 ⑤

日本経済史

石井里枝・橋口勝利 編著

ミネルヴァ書房

は　し　が　き

　本書は，これから経済学を学ぼうとする大学初年度の学生を主な対象として，企画された「MINERVA スタートアップ経済学」のテキストシリーズのうち，「日本経済史」をテーマに，先陣を切って発刊された概説書である。

　本書は，近世から近代，そして21世紀を迎えた現代までの約400年にわたる日本経済の歴史について，わかりやすく解説することを念頭において作成されている。「これから歴史を本格的に勉強しよう」とする大学生，「もう一度日本史を学びなおしてみたい」という方々に最適のテキストにしようという願いからである。

　内容は，高等学校の歴史学習からの橋渡しだけでなく，経済史としての学習のスタートとなるよう意識した。それゆえ，歴史を歴史そのものとしてだけでなく，現在の日本経済や世界経済の動き，企業経営の動きと関連づけながら知識を習得できるように，学ぶべきポイントを整理している。それだけでなく，グローバリゼーションの動きにも対応して，単に「一国の歴史」としてふり返るのではなく，世界各国との関わりの中で，「世界の中の日本」という視点から歴史をふり返り，今の日本を考える題材にできるように議論を展開してきた。その範囲は，幕末開港，居留地貿易，植民地経営，貨幣制度や国際貿易，第二次世界大戦に至るまでの国際環境の変化にまで及ぶ。そして，戦後における国際社会への復帰の過程への言及など，国際関係にも幅広く視野を広げてトピックを取り上げた。

　本書は，400年という長い時間軸において日本経済の動向を取り上げるため，3部，12章で構成されている。第Ⅰ部「近世から近代へ」では，江戸時代から第一次世界大戦開戦（1914年）に至るまでの約300年の日本経済の在り方について論じている。まず江戸時代の約250年間を，のちの近代的な経済発展を達成

する「日本経済」形成の基礎として位置づけ，近代日本が，明治政府の経済政策を通じて産業化を推し進め，日清戦争・日露戦争へと向かい，その後に財政問題に直面していく姿を描く。第Ⅱ部「近代日本の成長」では，1914年の第一次世界大戦開戦から1945年の太平洋戦争終戦までの約30年間の日本経済のあり方について論じている。第一次世界大戦開戦によって生じた「大戦ブーム期」で急成長を遂げた日本経済は，重化学工業を中心に産業や貿易を飛躍的に拡大させていく中で，対中国問題を抱えつつ国際協調を模索する時期を迎える。この問題は，昭和恐慌や満州事変，そして軍部台頭と連動しつつ，第二次世界大戦へと繋がっていく。一方で，大正モダニズムに代表される大衆化が一気に花開いたことにも注目する。第Ⅲ部「戦後復興と現代」では，1945年8月の敗戦から現代にかけての約70年間の日本経済の復興・成長過程を描いている。敗戦後，ドッジ・ラインにより財政基盤が安定し朝鮮戦争によって飛躍するきっかけをつかんだ日本経済は，高度経済成長期からオイルショックを迎えるまでの間に，短期間でアメリカに次ぐ世界第2位の経済規模を誇る経済大国へと発展していった。しかし，プラザ合意からのバブル経済，そしてその崩壊が，長きにわたる経済的停滞をもたらした。

　本書は400年の日本経済の動向について，各部，各章において重要なポイントをおさえるよう心掛けた。それぞれの執筆者が，過去と現在との間について連続的な視野にたち，金融・財政政策のみならず，経済発展の担い手たる産業・企業の具体的な事例にも，細やかに目を配りながら，国際関係にもできる限り対応すべく論述してきた。

　それゆえ，本書の構想や時代区分・章立て，あるいは各章の間をいかにして繋ぐかについては，執筆者メンバーと定期的に研究会を実施して，議論を重ねてきた。同じ日本経済史を専門としながらも，産業・貿易・国際問題をめぐっての考え方は，当然見解が分かれた。しかし，この議論を丁寧に重ねたことで，本書は，学生たちに歴史像をわかりやすく伝えるものになったと確信する。なお，各時代で注目すべき歴史的トピックなどについて，コラムとして紹介している章もある。必ずや今を知る上での貴重な道標となるであろう。

はしがき

　最後になるが，本書執筆にあたっては，ミネルヴァ書房編集部の各位に大変お世話になった。とくに，編集をご担当頂いた堀川健太郎氏には，本書の企画段階から有効なご指摘・ご提案を頂いただけでなく，執筆メンバーの研究会にすべて出席頂き，本書の方向性が定まっていくよう力を尽くしてくださった。各章の取りまとめに戸惑った際にも，堀川氏の「大学生たちにとって良いテキストにしましょう！」という励ましの言葉によって，何度救われたかわからない。ここに改めてお礼を申し上げたい。

　本書を通じて，読者の方々が，日本経済を知る上での歴史認識を深め，少しでも興味を抱くようになっていただければ幸いである。

　　2017年3月

石井里枝・橋口勝利

日本経済史
　目　次

はしがき

序　章　日本経済史を学ぶ……………………………………………… i

第 I 部　近世から近代へ

第 1 章　江戸時代経済の展開……………………………………… 11
　　1　江戸時代経済を知るために………………………………… 11
　　2　江戸時代経済の仕組み……………………………………… 15
　　3　250年間の展開………………………………………………… 21
　　4　緩やかな発展の成果と限界………………………………… 30

第 2 章　江戸の終焉と新たな経済秩序の模索…………………… 35
　　1　開港と居留地貿易…………………………………………… 35
　　2　幕末の経済危機と幕府の対応……………………………… 40
　　3　維新政府の財政改革と近代産業の黎明…………………… 44
　　4　大隈財政と産業振興………………………………………… 55
　　5　インフレーションの激化と政策転換……………………… 62
　　Column
　　①外資の排除と炭鉱経営──高島炭鉱問題とその帰結 …… 52
　　②近代製糸業の勃興──富岡製糸場の挑戦 …… 58

第 3 章　近代産業の発達…………………………………………… 69
　　1　松方財政の展開と経済財政政策…………………………… 69
　　2　官有物払下げと民間企業の発展…………………………… 73
　　3　企業設立ブームと近代産業の発達………………………… 77
　　4　鉄道業の発達………………………………………………… 82
　　5　近代企業の発展と会社制度の発達………………………… 87

目　次

第4章　日清・日露戦争と日本経済……………………………93
　　1　日清戦争の開戦と日本……………………………93
　　2　日清戦争の勝利と国際秩序の変化………………95
　　3　日清戦後経営………………………………………97
　　4　金本位制の確立と条約の改正……………………102
　　5　日露戦争の開戦と日本経済………………………105
　　6　日露戦後経営と日本経済…………………………108

第Ⅱ部　近代日本の成長

第5章　第一次世界大戦と輸出ブーム…………………………117
　　1　欧州大戦の勃発……………………………………117
　　2　貿易の拡大…………………………………………120
　　3　輸出関連産業の発達………………………………126
　　4　輸入代替と内需向け産業の発達…………………131
　　5　社会の変化…………………………………………135
　　6　大戦の遺産と宿題…………………………………138

第6章　恐慌と生活様式の変容…………………………………141
　　1　バブル崩壊…………………………………………141
　　2　震　災………………………………………………144
　　3　金融恐慌……………………………………………146
　　4　経済成長……………………………………………153
　　5　モダンライフ………………………………………162

Column
　③地下鉄の誕生 …… 159

第 7 章　満州事変と景気回復……167

1. 日本の国際環境……167
2. 井上財政と金本位制復帰……169
3. 昭和恐慌と2つの誤算……172
4. 高橋財政と景気回復……173
5. 産業構造の変化……177
6. 貿易摩擦と日本の孤立……180
7. 高橋財政の限界……182

Column
④「金解禁」と井上準之助……176

第 8 章　戦時統制経済とアジア・太平洋戦争……185

1. 日本の国際環境……185
2. 統制経済の拡大……186
3. アジア・太平洋戦争と日本経済……190
4. 大東亜共栄圏とアジア諸国……196
5. 国民の暮らし……198
6. 敗　戦……200

Column
⑤ポツダム宣言と現代日本……202

第Ⅲ部　戦後復興と現代

第 9 章　戦後経済改革と経済復興……207

1. 終戦時の日本経済……207
2. 連合国による占領と経済民主化政策……210
3. 終戦直後の経済政策――インフレーションと生産復興……215
4. ドッジ・ラインと日本の国際社会への復帰……219

5　高度経済成長前夜の日本経済……………………………………224

　Column
　⑥終戦直後の国民生活と大衆消費社会の復興 …… 218
　⑦ブレトンウッズ体制 …… 223
　⑧戦後電力再編と9電力体制 …… 227

第10章　高度成長と消費社会の成立……………………………………231
　　　1　内需主導の経済成長とマクロ経済政策………………………231
　　　2　重化学工業化と国際競争力の構築……………………………235
　　　3　生活革命と洋風化………………………………………………241
　　　4　小売企業の成長と流通革命……………………………………245
　　　5　消費単位としての家族…………………………………………249

　Column
　⑨対立から協調へ――労使関係を転換させた三池争議 …… 234
　⑩貿易・為替の自由化と資本自由化 …… 248

第11章　貿易摩擦と「経済大国」化……………………………………259
　　　1　国際経済環境の大きな変化……………………………………259
　　　2　日本の産業発展と構造変化……………………………………264
　　　3　貿易摩擦とプラザ合意…………………………………………268
　　　4　「経済大国」日本………………………………………………274

　Column
　⑪日本的経営の評価 …… 268
　⑫プラザ合意 …… 273

第12章　バブル経済とその後……………………………………………281
　　　1　国際環境…………………………………………………………281
　　　2　バブルの形成と崩壊……………………………………………286
　　　3　課題に直面した日本経済………………………………………293

4　21世紀の国際経済と日本…………………………………………296
　　Column
　　⑬繰り返されるバブル …… 292

終　章　現代日本経済の課題……………………………………………307
　　1　通史としての日本経済史……………………………………307
　　2　現代日本への道筋……………………………………………307
　　3　現代日本を考えるために……………………………………310
　　4　現代日本の課題………………………………………………312

引用文献 …… 315
索　　引 …… 331

序　章
日本経済史を学ぶ

　2016年8月5日から21日までの日程で，第31回夏季オリンピックが，ブラジルのリオデジャネイロにおいて開催された。南アメリカ大陸で初の開催となったこのリオ五輪であったが，連日の日本選手の活躍，メダル獲得のニュースは皆さんの記憶にも新しいことであろう。4年後の2020年夏には東京での夏季オリンピックの開催が予定されており，日本でもオリンピック・ムードが漂いはじめ，社会・経済への影響が少しずつ顔を見せはじめている。とはいえ，リオ五輪とは違い，東京五輪は実は初めての開催ではない。今から半世紀以上前の1964年10月にも第18回夏季オリンピック（東京オリンピック）が開かれており，93の国・地域から，5,000人以上の選手が参加して競技を行ったのであった。

　ではこの頃の日本は，どのような経済状況にあったのであろうか。よく知られているように，日本では1950年代後半からいわゆる高度成長の時代にあった。詳しくは本書第10章でも述べるが，1950年代後半から1973年までの間の実質経済成長率は年平均9％を超え，高度成長期を通じて日本は世界第2位の経済大国へと大きく成長していった。50余年前の最初の東京オリンピックは，まさに高度成長のさなかにおいて開催されたのであった。また，オリンピック開催に向けて東京を中心としてインフラの整備も進んだ。国立競技場などの競技施設や東海道新幹線，首都高速道路，名神高速道路，東京国際空港（羽田空港）など日本国内の交通網の整備に多額の建設資金が投入され，整備・開発が行われた。さらに，高度成長を通じてみられた国民の消費生活の質的向上は，オリンピックの際にも旅行需要の増加やカラーテレビ受像機の需要増加などのかたちにあらわれた。

しかしながら一方で，前回の東京オリンピックの際にみられた大きな経済効果や次期オリンピックに関連する明るい見方とは反対に，現在の日本経済をとりまく経済状況は決して明るいものではない。現在の日本は，1990年末に日本経済をおそったバブル崩壊の影響下に未だおかれているといっても過言ではない。バブル崩壊後の日本では，金融機関のなかには多額の不良債権を抱え，経営破綻に陥ったものもあった。政府は金融システムの安定化をはかるべく銀行への公的資金の導入を進めた。日銀もゼロ金利政策，量的緩和政策などを実施するも，これらの経済効果は必ずしも十分なものであったとは言いがたい。郵政民営化をはじめとする構造改革も，一定の効果はあったものの，むしろその後サブプライムローン問題やリーマンショックなど，世界的な経済問題にも日本経済は大きく影響を受けてしまった。現在の日本経済の状況は，プライマリーバランスにおいて大幅な赤字であり，「現在，我が国の債務残高は対GDP比で231.1％。これは，歴史的にも国際的にも，例を見ない水準である。しかも，急速な高齢化の進展の下で，債務残高累増の趨勢は未だに止まる展望が見えない」（財政制度等審議会「平成28年度予算の編成等に関する建議（2015年11月24日）」）という状況にある。

　バブル崩壊後21世紀に入るまでの10年間は，とくに「失われた10年」とよばれたが，それが「失われた20年」へと続き，現在の状況に至っていると言ってよいであろう。現在も，アベノミクスをはじめ，さまざまな経済政策が試みられるも，未だ有効な解決策を模索する途上のように感じられる。そう主張する人もいるように，次期オリンピックの開催が呼び水となり，有効な景気の打開策がみられることを願うばかりである。

　話はやや変わるが，現在の日本をとりまくバブル，そしてバブル崩壊といったような経済の状況は，実は今の時代においてのみあてはまる問題ではない。本書第6章でもふれているが，今からおよそ100年前，戦間期の日本では，第一次世界大戦と戦後を通じた好況（大戦ブーム）の反動として，1920年恐慌，関東大震災とその影響，金融恐慌，昭和恐慌のように，都市化が進む一方で深刻かつ慢性的な不況にあえいだ。そして，こうした不況状態は日本経済に限っ

たことではなく，1929年に起こった世界恐慌にも象徴されるように，世界的な動向でもあった。

およそ100年前の日本における，こうした好況とその後の天災をも含んだ慢性的な不況という状況は，現在の日本にも通じるものであるといえるが，このような経済状況は，実は近世期，江戸時代の日本にもみられたのであった。徳川五代将軍・綱吉が世を治めた17世紀後半から18世紀初めの元禄時代には，綱吉の積極的な財政政策により経済は急速に膨張してバブル的な状況となり，好景気を生み出すも同時に財政の悪化も生じさせることになった。そしてその後，新井白石による緊縮財政の実施によりデフレ経済の進行が進んだ。八代将軍・吉宗による享保の改革は財政再建を成功させ，財政の黒字転換がはかられた。こうした状況は次に実権をにぎった田沼意次の積極的な財政経済政策にも受け継がれたが，ここでの財政の膨張は，再び財政の悪化を生み出すのであった。そしてその後，寛政の改革や天保の改革といった緊縮的な幕政改革が実施されることになり，これらの挫折をも通じて幕藩体制は動揺をみせるようになる。

このように，100年前の近代日本でも，さらに遡る300年以上前の近世日本でも，同じような景気の循環があり，時代に応じた差異はあるものの，幕府や政府は同じようにそれぞれの状況に応じて財政や金融の政策を考え，施行していった。それだけでなく，民間経済の動きに光をあててみても，近世期において活躍した三井家や住友家といった有力商家の一部は，のちに近代における財閥の基礎をつくり，財閥は戦後における企業集団の基礎をつくった。また，近世期からすでに農村工業の発達や在郷商人の活躍もみられ，それは近代に入ってからの日本の加速度的な産業化の進展に，大きく影響を与えていくのであった。

こうして考えると，近世日本と近代日本との関係性についての議論（近世日本を pre-modern（前近代）ととらえるか，early-modern（初期近代）ととらえるか）に対する本書の考え方も明確になるであろう。以前は近世日本について pre-modern と考えられることが多かったが，今日では early-modern とする考え方が有力になっているという（宮本ほか 2007：1-2 など）が，本書でも後者の考え方，すなわち近世日本を early-modern ととらえ，江戸時代から近代日本，

さらには現代日本への歴史の連続性について考えながら，論述していくことにしたい。

　本書が主な対象とするのは，これから経済史を学ぼうとする大学初年度の学生たちである。経済学部に所属する皆さんも多いであろう。歴史を歴史そのものとして学ぼうとするよりも，現在の日本経済や世界経済の動き，企業経営の動きと関連づけながら知識を習得することに関心が高いのではないかと考えられる。そこで本書では，近世から21世紀を迎えた現代までの約400年にわたる日本経済について，初学者でも理解しやすいように網羅的にかつわかりやすく概説することにつとめた。また，財政赤字や人口減少，過疎化，エネルギー問題といった，現在の日本経済の抱える課題について歴史的に見つめなおし，長い時間軸のなかで遡って論述し，現在の日本経済の在り方ともできる限り関連づけて論じるように心がけた。

　さらに，現在の日本では，グローバリゼーションが進んでいる。日本の経済史について考える際にも，単に一国の歴史としてふり返るのではなく，世界各国との関わりのなかで，「世界のなかの日本」という視点から歴史や現在の経済の状況について考える必要がある。本書でも，植民地経営についての言及，貨幣制度や国際貿易への言及，戦間期および戦時期における国際環境への言及，戦後における国際社会への復帰の過程や国際環境の変化についての言及など，国際関係にもできる限り目を配った論述を行うように心がけた。「日本の経済の歴史」への関心から本書を手にした皆さんにも，本書をきっかけとして日本から世界を見つめ，さらには世界のなかの日本といった見方についても関心を深めていっていただければと思う。

　ではここで，本書の構成について述べておくことにしよう。すでにふれたように，本書は近世から21世紀を迎えた現代までの約400年にわたる日本経済の歴史について，網羅的に概説している。

　具体的には，序章および以下の3部計12章，そして終章によって構成されている。

序　章　日本経済史を学ぶ

第Ⅰ部　近世から近代へ
　　第1章　江戸時代経済の展開
　　第2章　江戸の終焉と新たな経済秩序の模索
　　第3章　近代産業の発達
　　第4章　日清・日露戦争と日本経済
第Ⅱ部　近代日本の成長
　　第5章　第一次世界大戦と輸出ブーム
　　第6章　恐慌と生活様式の変容
　　第7章　満洲事変と景気回復
　　第8章　戦時統制経済とアジア・太平洋戦争
第Ⅲ部　戦後復興と現代
　　第9章　戦後経済改革と経済復興
　　第10章　高度成長と消費社会の成立
　　第11章　貿易摩擦と「経済大国」化
　　第12章　バブル経済とその後

　第Ⅰ部では，近世から第一次世界大戦前までの300年ほどの期間における日本経済について論じている。第1章では，江戸時代を通じた経済発展の在り方について論じ，それを「日本経済」形成の基礎として位置づけている。第2章では，ペリー来航に端を発する幕末開港から明治維新にかけての江戸時代の終焉の過程と，初期の明治政府が新たな経済秩序の形成のために模索した政策の在り方などについて論じている。第3章では，19世紀後半にみられた日本の企業勃興（産業革命）に伴う産業化の動きについて論じている。また第4章では，19世紀末から20世紀初頭において経験した日清・日露戦争という2つの戦争を経て，日本が国際的地位を向上させていく流れについて論じている。
　第Ⅱ部では，1914年の第一次世界大戦勃発から1945年の太平洋戦争終戦までの約30年間の日本経済について論じている。第5章では第一次世界大戦期から戦後にかけての「大戦景気」について，この好景気下での重化学工業を中心と

する産業の発展や貿易の変化にも注目しながら論じている。日本経済は輸出拡大によって貿易収支を改善させ，産業のさらなる発展を伴い，日本の国際的地位を向上させていった。第6章は，一方では相次ぐ経済危機によって暗いイメージにとらえられがちな1920年代の日本経済について，都市化と電化が進展して生活様式が進化していく明るくモダンなイメージをもとらえ，むしろ後者の側面を強調しつつコントラストを描き出す構成となっている。第7章では，昭和恐慌や満洲事変，金本位制の動揺など重大な試練が課された1930年代の日本経済の在り方について，国際関係や政党政治にも光をあて論述している。第8章では，日中戦争から太平洋戦争へと突入していく1937年から1945年にかけての日本経済について論じている。そして，戦時統制下において，日本経済の重化学工業化が推し進められただけでなく，地主制が動揺し，女性の社会進出が進むなど社会経済的な変化がみられたことにも注目している。

　第Ⅲ部では，敗戦後から現在にかけての約70年間の日本経済について論じている。第9章では，敗戦後の戦後復興期の日本経済について論じている。敗戦直後から実施された財閥解体や農地改革などのアメリカ主導の戦後改革は，一方では国際社会への早期回復の実現へも寄与したが，その一方では一国の経済としてはまた不安定な要素を残すものであった。それを打破し，本格的な経済復興へのスタートとなるのが，朝鮮戦争の勃発とドッジ・デフレからの脱却であった。第10章では，高度経済成長期について取り上げ，朝鮮戦争の勃発後，驚異的に経済復興を成し遂げた日本が1955年以降，20年にも満たない期間に国民総生産（GNP）で西ドイツを抜き，アメリカに次ぐ世界第2位の経済規模を誇る経済大国へと発展した要因について明らかにしている。第11章では，オイルショック後の安定成長下の日本経済の劇的な変化の過程を，国際経済の大きな変化と関連づけて，貿易摩擦など国際的な問題にも光をあて論じている。第12章では，1980年代後半から現代に至る日本経済の推移とその国際経済における特質について述べ，バブル崩壊から現在にかけての日本経済のかかえる問題についても論じている。

　このように，本書は約400年という長い時間軸における日本経済の動向につ

いて，各章において幾つかのポイントをおさえながら論述している。まず，各章においてとくに強調したい点，皆さんに理解していただきたい点については，章のはじめに「本章のねらい」として明らかにした。皆さんには，まずこの「ねらい」をよく読んでから，本文に入っていただきたい。そして，本文では扱わなかったものの重要と思われる事項については，コラムとして掲載している章もある。コラムについても，できるかぎり目を通し，理解を深めてほしい。また各章では練習問題も用意している。テキスト本文や参考文献を参照しながら，自分なりの解答を作成し，論点をさがして是非議論してほしい。

　共著書という性格上，各章の記述は必ずしも一定の視角から描かれたものというわけではないが，それぞれの執筆者が，過去と現在との間について連続的な視野にたち，金融・財政政策のみならず，経済発展の担い手たる産業・企業の具体的な事例にも目を配りながら，国際関係にもできる限り対応すべく論述した。また，各章の内容ができる限りリンクするようにし，初学者でも全体を俯瞰できるように，わかりやすい論述を心がけた。本書は，各章の執筆者がそれぞれの問題関心で見つめて浮かび上がらせた歴史的事実をつらねている。読者の皆さんには，本書で理解した内容をきっかけとして，歴史から学ぶべき教訓を見つけ，現在，そして未来へのビジョンを描き出していってほしい。

（石井里枝）

第Ⅰ部

近世から近代へ

第Ⅰ部の概要

　第Ⅰ部「近世から近代へ」では，江戸時代から第一次世界大戦（1914年）に至るまでの300年ほどの期間における日本経済の在り方について論じている。

　第1章は，江戸時代の約250年間を通じた日本経済の展開について，のちに近代的な経済発展を達成する「日本経済」形成の基礎として位置づけながら論じている。江戸時代において進展した市場経済や商品経済の在り方は，その限界を有しつつも，のちの近代日本における経済発展の前提条件となるのであった。第2章では，1853年のペリー来航を端緒とする幕末開港から明治維新にかけての江戸時代の終焉および新政府樹立の過程と，初期の明治政府が新たな経済秩序の形成のために模索した諸政策，そして当時の政治・経済の在り方について論じている。第3章では，1880年代前半のいわゆる松方財政期から日清戦争が開戦する直前の時期までの日本経済の状況，民間主導による近代産業の発展の在り方などについて概説する。この時期は，日本における産業革命の時代として位置づけられ，さまざまな産業において近代化が進んだ。ここでは，具体的な産業・企業の事例を取り上げながら，日本の企業勃興（産業革命）に伴う産業化の動きについて論じている。第4章では，19世紀末から20世紀初頭において経験した日清・日露戦争という2つの戦争，そしてその後の戦後経営を通じて日本経済が一層の進展を遂げ，日本が国際的な地位を向上させていく過程について論じている。

　このように，第Ⅰ部では近世期の日本経済と，その後幕末開港・明治維新を経て日本が近代国家として歩み始め，政治・経済をとりまく状況が大きく変容するなかで急速に国家形成，産業化を達成するプロセスおよびその概要について論じている。江戸時代，そして明治時代の日本における政治・経済のあゆみについて学ぶ中で，近世から近代へという時代の大きな変貌の中で，経済社会の新たな秩序はどのように構築されていったのか，そして現在まで続く日本経済の発展の基礎がいかにして構築されていったのかについて考えていくことにしよう。

（石井里枝）

第 1 章
江戸時代経済の展開

本章のねらい

　日本は，非西洋世界で最も早くに近代的な経済発展を達成した。これを可能にしたものは何であろうか。その答えの1つとして，近代西洋の影響を受ける以前の社会，経済の在り方が指摘されている。すなわち，江戸時代における人々の経験の積み重ねである。江戸時代の日本は，貨幣経済，商品経済が浸透し，緩やかながら発展していた。それぞれの経済主体は，その中で自らの利益を最大化すべく，経済合理性に基づいた行動をとるようになった。そのような江戸時代経済について，250年間を余すところなく記述することはできないが，その概要を本章では示していく。これを理解し，明治になる前に何が用意されていたのかを知ることを，本章は目的としている。

1　江戸時代経済を知るために

なぜ江戸時代からなのか

　本書は『日本経済史』を書名に掲げている。これを分解すれば「日本経済の歴史」ということになるが，それでは「日本経済」とは何であろうか。今日についてならば，日本国の経済ということであり，それは1つの一体的な空間として理解されている。それでは，いつから今日の日本国の地理的範囲（北は北海道から南は沖縄まで）が一体的な1つの経済となったのかといえば，それを江戸時代とすることができよう。

　北は松前から南は薩摩までが江戸時代に1つの国家であったことに異論は無かろう。そこでは，度量衡や通貨，そしてさまざまな制度が統一されていた。

その中では多くの物資が行き交い，遠く離れた市場の動向に左右されつつ，地域間の分業が進んでいった。そのような状況は，江戸時代より前には見られなかった。蝦夷地や琉球も，政治的には江戸幕府を頂点とする体制の内側とは言えないが，経済的には一体的なものになりつつあった。蝦夷地では，とくに海産物の生産が盛んになり，後述するように，それは日本経済の維持・発展に大きく貢献した。琉球についても，島津の支配下で生産された砂糖は日本市場向けの商品であり，大坂の相場を考慮して生産が調整された（荒野 1988：49-52）。経済的には，蝦夷地と琉球も「日本経済」の外側とは言い難い状態にあった。江戸時代に，今日の日本国の範囲が経済的に一体化していったのである。

次に近代との関係から，江戸時代を理解する意義を示しておこう。第3章のタイトルに「近代産業の発達」とあるように，遅くとも1880年代には，日本経済の中に近代的な産業が成立し始めていた。これが可能となった理由は何であろうか。その解の1つとして，当時の日本の社会と，それを構成する人々が，西洋由来の近代社会の到来に適応できたことが挙げられる。

近代西洋で作られた制度や技術を，明治前半に円滑に受容し，経済活動に導入したのは誰であろうか。著名な人物を例に挙げれば，政治面では伊藤博文，経済界では渋沢栄一，教育では福沢諭吉などが，これに該当しよう。明治も20年を経た頃，当時20代であった徳富蘇峰は彼らを「天保の老人」とよび，時代の主役の交代を求めた（徳富 1974：118）。明治前半の変化を主導した彼らは，まさに江戸時代に生まれ，教育を受けた人々であった。江戸時代に生まれ育った人々によって，近代社会へと変貌する日本は構成されていたのである。

江戸時代は，近代への準備が進んだ時代であった。さらに進んで近年では，むしろ江戸時代を明治以降と分けず，江戸時代のはじめから高度成長期までを「長い近代化」の時期とする見方も現れている（中林 2013）。江戸時代が幕を下ろした時，日本にはどのような準備があったのか。これを知るためには，江戸時代の経済を見ることが必要なのである。

第 1 章 江戸時代経済の展開

自然条件

　江戸時代は，農業をはじめとした一次産業が中心であり，動力も，人力の他には水力や畜力に限られていた。経済活動に対する自然条件の制約は非常に大きく，これを克服する困難は，近代以降とは比較にならない。日本は，北太平洋上に南北に伸びる島国で，周囲は海に囲まれており，国土の 7 割は山地が占め，平野は限られている。気候は，降水量が多く，四季があり夏と冬の温度差は大きく，地域による差異も小さくない。このような自然条件が，江戸時代の経済活動をどう左右したのか確認しておこう。

　北太平洋上に位置することで，江戸時代に限らず，中国や朝鮮の動向に影響を受けやすかった。18世紀末以降には，南下してきたロシアも近接する国となった。また，貿易船や捕鯨船の活動の活発化により，貿易相手や補給のための寄港地として，ロシアやアメリカから開国・開港が期待されるようになった。周囲を海に囲まれた島国であることは，さまざまな産業を助けた。寒流が運ぶ豊富な栄養分と暖流の暖かさは，豊かな漁業資源をもたらし，水産業を発達させた。水産業が大量の食料や肥料を提供できたことは，そのような自然条件にない国と比べ，恵まれていたのである（ポメランツ 2015：300）。また，他国の支配する海を通らずに沿岸部を往来できることは，海運が発達する上で良い条件であった。

　南北に伸びた国土は，気温の地域差を生み，農作物に多様性を与えた。夏や冬の温度の違いは，各作物の栽培可能範囲を制限した。とくに日本よりも温暖な地域が原産地である品種の栽培には，さまざまな工夫が必要となった。米，木綿，サトウキビが，その代表的な作物である。たとえば米であれば，今日でこそ生産量の多い北海道での栽培は難しく，東北地方であっても冷害にたびたび襲われた。また，ある特定の時期（春から夏）に栽培を開始させ，年に 1 回，秋にしか獲ることはできないのである。このような条件の下，より多く，より確実に収穫をあげることが目指され，そのための知識が磨かれていった。

　降水量は，比較的に豊かである。とくに農業生産に多くの水を必要とする夏には，太平洋側では降水量自体が多く，日本海側でも山からの雪解け水があり，

全体としては水に恵まれていた。ただしそれは洪水の危険をはらむものであり，台風のような豪雨への対策として，治水の必要があった。また雨の多さは，樹木の生育を早める効果を持った。このことは，林業や薪炭業の発展を生んだ。

山がちな地形は，陸上交通の発達にとって制約となった。車両（馬車，牛車，大八車など）による長距離の輸送は，舟運のようには発達しなかった。それらの車両で急峻な峠を越えるのは難しく，貨物輸送には適さなかった。

江戸時代の前史

江戸時代に至る前史を概観しておこう。江戸時代に入る直前の16世紀の日本は，群雄割拠の戦国時代から天下統一が進んだ時代であり，その流れの到達点が江戸幕府の成立であった。その間に起きた事象は，江戸時代の体制の前提となった。織田信長と豊臣秀吉の天下統一によって，すでに武士勢力は１つに統合されつつあった。またその過程で，比叡山や一向宗といった宗教勢力など，武士に対抗する大きな力はなくなっていた。これにより，武士による安定した中央政府がつくられる素地が固められていたのである。

戦国大名の領国経営では，軍事力の源となる経済力の強化のために，治水や鉱山開発が行われた。堤防や鉱山自体はもちろん，そこで培われた土木技術は，江戸時代へと引き継がれていった。日々の戦乱に備えて大名が家臣団を城の周辺に住まわせたことで，戦国時代から，しだいに武士は農村から離れつつあった。太閤検地と刀狩は，これを決定的なものにした。この兵農分離は，農民が兵にならなくなるとともに，武士が農村から離れるものであった。これにより，農民は戦乱への参加による稼ぎの道を絶たれたが，農村の管理は農民の手に委ねられるようになった。また太閤検地によって，耕地にあった旧来の「権利」が整理され，度量衡の統一も進められた。これは公平な課税と商取引の円滑化を進めるものであった。

対外関係では，明とは室町時代から勘合貿易が行われていたが，その担い手であった大内氏の滅亡により，16世紀半ばに公的な貿易は途絶えていた。これにとって代わったのが，いわゆる倭寇による密貿易と，マカオを拠点としたポ

ルトガル船の貿易であった。16世紀末の対外関係の特色として，ポルトガルやスペインの登場がある。彼らとの南蛮貿易も，日本の需要に応えるものであった。また，江戸時代に入る直前に豊臣秀吉による朝鮮出兵があり，朝鮮との関係は再構築が必要であった。

2　江戸時代経済の仕組み

幕藩体制と石高制

　江戸時代が他の時代と大きく違う点は，外国との戦争や内戦の無い平和で安定した状態が長く続いたことにある。これにより，長期的な観点からの投資や戦略が可能となり，法の支配による取引上の安全が確保され，掛売りのような取引も行いやすくなった。このような安定による経済的なメリットは多大であろう。そしてなにより，人的，物的ともに，多くの資源を豊かさの増進に向かわせることができたのである。

　江戸時代の政府機構は，徳川将軍による幕府という中央政府と，各大名が統治する藩（当時，この名称は一般的ではなかった。高野 2014：39）という地方政府からなった。幕府は貿易や通貨制度など全国規模の事案に対処したが，各藩の領内への直接的な徴税権はなかった。大名は，参勤交代によって領国と江戸を往復し，多くの場合，隔年で江戸と領国で暮らしていた。大名の正妻や嫡子は江戸に常住しており，江戸に屋敷を構えていた。この参勤交代は，大名にとって大きな財政負担であったが，大名の領国での年貢によって賄われたその経費は，江戸の経済と，移動ルートにある航路や街道の発展に貢献した。

　大名などの支配領域には，石高という数値が決まっていた。文字の意味からすれば，石高は米の生産量を表すものである。しかしここで定められた数値は，実際の収穫量ではない。地理的範囲の生産力・経済力を表す名目上のもので，大名などの「格」を示すものでもあった。経済面で言えば，この石高に応じて幕府は軍役（城や寺社，そして河川の改修といった普請を含む）を課し，8代将軍の吉宗が行った上米の制の基準にもなった。

石高は，領主と村の間でも用いられた。各村には石高が設定され，年貢の基準となった。ただし，この石高は村の生産力を十分に捕捉したものではなかった。新たに開発された田地が非登録な場合や，生産性が向上した場合には，増えた収量は農民の手元に残った。年貢の量は固定的であり，そのことは農民にとって増産へのインセンティブ（誘因）となった。稲作の反当たり収量の増加だけでなく，二毛作の実施，あるいは付加価値の高い作物の栽培によっても土地の生産性は向上し，農民の収入を増加させた。

このような年貢の付加と徴収は村を対象に行われ，課された年貢の村内での割り当ては村に任せられていた（村請制）。村には統治機構の最末端の役割を担わせており，これにより徴税コストは抑えられ，徴収を確実なものにしようとした。納税方法は米の現物納が中心となっていたが，東北地方で行われた半石半永法や，上方に見られた三分一銀納のように，石代納として貨幣で納める方法も行われていた（岩橋 1988：107-110；高埜 2015：164）。

通貨制度

江戸時代は，統一した通貨制度が敷かれ，それが広く現実の取引で機能した日本で最初の時代であった。使用される通貨は金，銀，銭の3種類からなり，三貨制度といわれる。これらの通貨は，幕府の管理下で鋳造され，発行された。これを可能としたのは，中央政府たる幕府の支配力と，戦国時代から採掘が進められた鉱山であった。

高額通貨である金貨と銀貨のうち，金貨は計数貨幣で銀貨は秤量貨幣であった。ともに全国で使用できたが，実際には地域差があり，東日本では金，西日本では銀の場合が多かった。3種類の通貨があるため，金貨と銀貨，あるいはそれらと銭を交換する両替商が発達した。彼らは為替の取り組みなど金融業としての機能も持ち，円滑な商取引に貢献した。なお，その交換比率は公定のものもあったが，実際の取引では別の実勢相場で両替されていた。

三貨制度の整備は，17世紀を通じて進められた。ただし，支払い手段としての金，銀，銭の3種類の並存は，1569（永禄12）年の織田信長による撰銭令に

第 1 章　江戸時代経済の展開

図 1-1　小判と丁銀と寛永通宝

遡る。そこでは，「悪銭」の通用を進めるとともに，高額品への金や銀による支払いを認めている。16世紀末には，後藤家による金貨製造が始まり，銀貨を鋳造する常是座の存在を確認できる。それまで鐚銭の流通と撰銭によって混乱していた銭については，1636（寛永13）年に寛永通宝の鋳造が開始された（図1-1）。ここに江戸幕府が管理する三貨制度が整えられたが，銭では寛永通宝の鋳造まで，金銀では17世紀末まで，幕府のものとは別に各地で通貨の鋳造が行われ，流通していた（藤井 2014）。

　江戸幕府は，1695（元禄 8 ）年の元禄改鋳以降，しばしば貨幣の改鋳を行った。その方法は一様ではなく，金や銀の含有率やサイズを小さくする「悪鋳」もあれば，含有率を上げる正徳・享保の改鋳のようなケースもあった。新旧で名目上同じ額を交換し，多くの差額（出目）を幕府が得る場合もあれば，元文改鋳のように増歩をつけて交換し，出目のすべてを財政の補塡にあてるわけではないこともあった。改鋳により異なる目的があり，同じ「悪鋳」であっても，出目による財政問題の解消という面もあれば，貨幣供給量の調整という通貨政策の面もあった。

　通貨としては，紙幣の発行もあった。藩札がこれにあたる。藩札は発行する大名の領国内で通用した地域通貨であった。後述するように，その発行の目的は，藩の財政赤字の補塡ということもあれば，産業資金の供給の場合もあった

第Ⅰ部　近世から近代へ

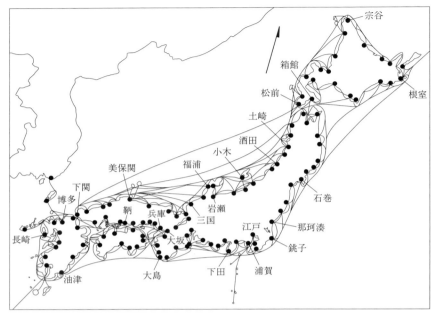

図1-2　近世後期の航路図
（出典）石井（1988：10-11）より作成。

（速水・宮本　1988：68-73）。

都市と物資輸送網

　江戸時代には，城下町や港町などの人口集住地域が各地に形成された。なかでも，京都，大坂，江戸の3つは，巨大な都市を形成した。京都は，引き続き朝廷が存在し，高級な手工業品を生産していた。大坂は，全国から物資の集まる商業的中心となった。この京都や大坂をはじめとする上方は，経済の先進地域であった。江戸は，政治的中心として武家人口が多く，総人口は18世紀中頃に100万人を超えた。各藩にも城下町があり，これらの都市には，食料をはじめ多くの物資が流入した。

　江戸時代の物資輸送は，舟運が中心であった。舟運は海上舟運と河川舟運に

大別され，さらに海上舟運は，遠隔地間を結ぶ「大廻し」と，周辺地域を結ぶ「小廻し」に分けられ，これらが結びついて全国的な輸送網を形成していた。大廻しの代表的なものは，日本海側と太平洋側を結ぶ東廻り航路や西廻り航路，そして上方と江戸を結ぶ菱垣廻船や樽廻船である。これらによって本州は囲まれており，九州や四国，そして松前とも結んでさまざまな物資を運んだ。17世紀後半に整備された東廻り航路や西廻り航路では，大きな河川の河口付近に港があり，河川交通と繋がって流域物資の積出港となった。大消費都市たる江戸は，上方と江戸を結ぶ航路によって，商業の中心で物資の集散地であった大坂と離れていても存立できたのである（新保・長谷川 1988：227-232；深井 2014：144-155）。また国際的な比較において，このような海運網を利用できたことが，当時のヨーロッパよりも地域差を縮小し，地方市場の発達を可能としたと指摘されている（ポメランツ 2015：162）。

　舟運は地域間を結ぶ海運だけではなく，都市の中や内陸部との輸送でも主役であった。江戸時代の初期に，京都では高瀬川が開削され，大坂でも多くの運河が整備された。江戸も，河川舟運の盛んな都市であった。たとえば上方などから来る大型の船は，品川沖など十分な水深のある場所に停泊するが，その荷物は艀などの小型船に積み替えられ，日本橋川や神田川などを通り，その河岸から陸揚げされた。多くの物資を扱う都市の商業は，このような運河や河川の舟運を活用していたのである。また，平野の中であれば，河川舟運は効率的な輸送方法であった。たとえば関東平野では，江戸から江戸川を遡って関宿から利根川に入り，さらに鬼怒川などの河川や霞ヶ浦・北浦といった湖沼を通って北関東や南東北へという物資輸送も行われていた（吉田 2015：198-224）。

「鎖国」体制

　「鎖国」という言葉は，江戸時代の対外関係を示す語として広く使用されてきた。この言葉自体は，1801年に志筑忠雄がケンペルの著作を和訳する際に用いた造語である。「国を閉ざす」と書くこの表記は，江戸時代の対外関係を必ずしも的確に表現してはいない（したがって，ここでは「　」を付した表記とする）。

第Ⅰ部　近世から近代へ

　江戸時代の対外関係は，完全に閉ざされたものではなく，幕府と，幕府によって権限を委ねられた大名によって，強く管理された体制であった。それは，16世紀末からの東アジアにおける混乱や変化に対処し，1630年代までに整理された新しい外交と貿易の仕組みであった。

　17世紀初頭の江戸幕府は，むしろ貿易に積極的だった。たとえば1602年や1603年には，スペインが支配するマニラのフィリピン総督に書簡を送り，朱印船貿易の実施とともに，メキシコとの通交と，そのための寄港地の設定を提案している（藤井 2011：155-158）。また，1639年にポルトガル船の来航を禁じた際に，幕府はオランダにポルトガル船と同様の輸入が可能かを確認しており，朝鮮貿易や琉球貿易を通じた物資の調達も，宗氏や島津氏に要請していた。「鎖国」体制が作られた時点では，貿易の継続こそ，むしろ課題であった。

　17世紀初頭の主な貿易品は，輸入が生糸で輸出が銀であった。この生糸の輸入では，1604年に糸割符制度が始められた。これは日本側の生糸の買い手を統制することで，価格交渉を有利にしようとするものであった。このように貿易の実施を前提として，より望ましい体制を構築しようとした結果，後に「鎖国」とよばれる仕組みが作られたのである。

　この「鎖国」体制には，貿易を行う4つの窓口があった。それは，長崎，対馬，薩摩，松前である。長崎は幕府の直轄で，中国船やオランダ東インド会社の船と貿易を行った。これらは商船であり，政府間で使節を送るような外交関係はつくられなかった。対馬は朝鮮への窓口であった。対馬を治める宗氏は，朝鮮の釜山に倭館を設けて貿易を行った。朝鮮とは，貿易だけでなく国家と国家の外交関係も構築していた。薩摩は琉球王国を実質的な影響下に置き，琉球を介して中国との貿易を行った。松前はアイヌとの交易を行ったが，先住民であるアイヌが暮らす蝦夷地は，しだいに水産業を中心とした和人による生産の場にもなっていった。長崎以外は，それぞれの大名が貿易を担当し，彼らにとって，それは財政基盤となるものであった（田代 1988：143-164）。

3　250年間の展開

人口と耕地面積

　江戸時代の250年間について，経済全体の展開を把握することは難しい。なぜなら，明治以降とは異なり，経済の実態を数量的に示す体系的な統計が乏しいからである。そのため，断片的な記録から，傾向を理解する以外にすべがない。ここでは人口，耕地面積の2つについて江戸時代の変化を説明するが，個別の数字よりも，全体的な傾向として把握するほうが望ましい。

　生活水準の変化があるため，人口が社会の経済規模を完全に反映しているとは言えない。しかし少なくとも，その社会で食べていけている人数を表してはいよう。大まかな理解であることを前提に，経済の消長を示す指標として，人口を考えることは許されるであろう。その人口に関して，ある程度信頼できる調査に，1721年から6年ごとに幕府が行ったものがある。これとて武家人口を含まないため，総人口となると推計でしかないが，それは3,100万人強とされる。1721年より以前となると全国調査はなく，局地的なデータから推計するしかない。そのようなものとして，1600年の人口推計が行われており，有力な見方に，1,200万人とするものと，1,700万人から1,800万人とするものがある。いずれにせよ，1721年を3,100万人強とすれば，17世紀に人口が急増したことになる（斎藤 2014：87-88）。1721年以降の幕府の統計によれば，18世紀後半の人口は，むしろやや減少していた。それが19世紀になると，17世紀ほどではないものの，緩やかな増加へと転じ，明治政府が調査した1872年には3,311万人となった。

　中心的な産業であった農業に不可欠なものの1つが耕地であり，その増加は生産の拡大に直結した。耕地の面積は，18世紀前半（享保・延享期）の297万町歩（1町歩は約1ヘクタール）と，明治初期の地租改正時の323万町歩がわかっているが，それ以外は耕地面積の拡大につながる河川改修，灌漑整備，そして新田開発といった土木工事の件数や石高調査からの推計が行われている。これ

らの土木工事は，17世紀には非常に多く，18世紀には減少し，19世紀になると再び増加していた。その推計によれば，江戸時代の直前の太閤検地の際の面積は206万町歩とされている。ここから耕地面積は，17世紀には急増して18世紀前半の297万町歩にまで増え，18世紀にはあまり増加せず，19世紀に入って緩やかに増加して，地租改正時の323万町歩になったと考えられている（速水・宮本 1988：42-45）。

耕地の拡大と商品作物栽培

17世紀の耕地面積の拡大は，河川の堆積物が作る沖積平野の開発が特徴である。中世までの耕地は，主に谷間に設けられていた。稲作は，背後の山などからの水が豊富な湿地で行われていた。戦国期の末から，耕地は次第に河川下流の平野へと広がっていった。この耕地の拡大は，分割相続と分家を可能とした。その結果，農家の経営形態が，直系だけの家族世帯が1つの農業経営体を構成する「小農」となった。そして農家数だけでなく，新しい耕地に新しい村が誕生し，村の数も増加した。

沖積平野の耕地化には，「工学的」と「農学的」の2つの要素があった。前者は治水や灌漑整備など土木工事を伴うもので，後者は栽培品種の選択などである。沖積平野は，肥沃で日当たりも良く，農業に適した面があった。しかし通常は河川が耕地より低く，用水や溜め池など灌漑設備が必要であった。また，ひとたび洪水が起これば，すべてが流されるリスクがあり，堤の建設など治水も必要であった。このような土木工事に加え，とくに西日本の沖積平野の耕地化に寄与したのは，インディカ種の赤米の導入であった。この赤米は，低温に弱く東北地方などでの栽培には適さなかったが，湿田でも水不足でも育ち，比較的収穫量も多く，早稲のため台風シーズン前に収穫できた。沖積平野の耕地化では，この赤米が先鞭をつけたのである（斎藤 1988）。

しかし，しだいにこのインディカ種の赤米の栽培は減少し，ジャポニカ種へと転じていった。これは，排水設備の向上での湿田の乾田化による。湿田では完熟に至らず，含有水分量が多く腐米や砕米の原因となった。乾田化は，米の

品質を良くしただけでなく，収量も増やした。田を乾かすことで地力が回復し，実りが多くなった。さらに乾田化は，麦などを裏作とする二毛作を可能にし，稲作以外の農業の発展につながった（岡ほか 1991：46-47）。

　耕地の拡大と乾田化により米の収穫量が増え，さらに二毛作の裏作で麦栽培も行われるなど，主たる食料となる米穀の生産は増加した。その結果，耕地利用の選択として米穀以外の栽培が進められた。手工業の原料となる作物，すなわち商品作物を栽培して，米は購入する場合もあった。たとえば1630年代以降の畿内では，二毛作の表作が稲の年と木綿の年を交互に設けるなど，田を綿作に用いる田方綿作が行われていた。このような選択は，小農経営が利益の最大化を追求した結果であり，それは自給自足的なものではなく，外部の市場の存在を前提としていた。

　主な商品作物としては，木綿，藍，紅花，菜種，楮，みつまた，甘蔗（サトウキビ），櫨などが挙げられる。それぞれ，綿糸・綿織物，染料，油，紙，砂糖，ロウソクへと加工され，市場に流通して消費された。他にも，直接的な工業原料ではないが，桑の栽培も盛んになった。農家では養蚕が行われ，生糸や絹織物が生産された。これらは自然条件に栽培の可否やコストが左右されるため，より適した作物が選択された。

　商品作物は加工を前提としており，それは農家の労働力による場合もあった。農業には農閑期と農繁期があり，必要な労働量は時期により大きく異なる。そのため農閑期には農家の労働力に余裕があり，その有効活用は，農家経営にとって重要であった。商品作物の増加は，この点からも農家経営に寄与していた。ただし，加工は必ずしも作物の栽培地域で行われたとは限らない。たとえば17世紀後半には，畿内産の綿花が，種を取った繰綿として江戸を経て北関東や東北に送られ，糸に紡がれ，織物に織られていた。輸送網の発達と中継する商人の存在により，地域間分業が成立したのである（林 1992：9-42）。

農業技術の革新

　農業生産の増加に向けた動きには，耕地面積の拡大や二毛作のような耕地利

用の工夫だけでなく，農作業自体の技術革新もあった。その代表的なことに，農具の改良と購入肥料の使用がある。農具や肥料，そしてそれらを用いる商品作物の栽培方法などは，農書として記録され，伝えられるようになった。

　農具の改良の特色としては，種類の増加と鉄製農具の普及が挙げられる。大きさや形状の異なるものが作られ，農家の有する農具の数が増えた。たとえば鍬は，水田用と畑作用に分かれ，さらに作業ごとに別のものが作られた。このうち備中鍬がよく知られるが，これは鋼鉄製で深耕に適しており，18世紀中頃に現れ，乾田化の進んだ地域で普及していった。備中鍬と同様に鉄を用いた農具に，千歯扱きがある。もともとその「歯」は竹製であったが，元禄期に鉄が使われはじめ，さらに焼入れにより作業能率が高まったという。収穫期の能率向上は，裏作のための作業との時期の重複を解消させた。このような鉄製農具の普及の背後には，製鉄技術の向上による，良質な鉄の安価な供給があった。その他，揚水用の踏み車や，籾殻やゴミと米を分ける唐箕など，さまざまな農具が使われるようになり，農作業の省力化，効率化が進んだのである（岡ほか 1991：36-39）。

　江戸時代の農業では，刈敷や堆肥などの自給的肥料の利用が多かった。しかし，そのための採草地の一部は新田開発の対象となり，耕地へと開墾された。耕地の拡大は，それ自体で肥料需要を増やした。さらに商品作物の栽培が盛んになると，自然条件の克服などのために，多くの肥料が必要となった。自給的肥料だけでは不足となり，村の外部から肥料を購入しなければならなくなった。金肥ともよばれる購入肥料には，植物性の菜種粕や綿実粕，動物性の干鰯や鰊粕がある。このうち干鰯や鰊粕は，特定の地域で大量に生産され，各地に送られていた。17世紀には九十九里での干鰯生産が盛んとなり，三浦半島の浦賀で積み替えられ，農業先進地域であった西日本へ送られた（古田 1996：135-137）。これは，上方から江戸へと大量の物資を運んだ船の帰り荷となった。18世紀になると，九十九里産の干鰯が不足しはじめた。その原因には，西日本での農業生産の発達だけでなく，九十九里での地震・津波や不漁，さらに関東での需要拡大があった。そこで新たな肥料供給が必要となり，松前・蝦夷地で場所請負

制の下に作られた鰊肥料がこれに応えた。これは西廻り航路の北前船により西日本各地に送られた。肥料供給の安定は，その大量使用により成立していた江戸時代の農業に不可欠であった。そのために肥料の不足は，大規模な訴願運動である「国訴」の原因ともなったのである（平川 1996：49-89）。

藩政改革と特産物

　各大名の領国経営は，参勤交代や普請による出費が多く，江戸時代の前半から苦しかった。18世紀後半になると，各藩は藩政の改革を行わざるを得なくなる。そのような中で，熊本藩の細川重賢や米沢藩の上杉鷹山のような「名君」が現れた。それぞれ財政問題を抱えた大名たちのネットワークなどによってその手法が伝えられ，これらの藩は諸藩の手本とされた。そこでは，出費の抑制だけでなく，収入の増加策も採られた。これまで見たさまざまな江戸時代経済の発展の果実を，藩財政に取り込もうとしたのである。

　増収策としては，まず年貢を増やすことがあった。そのために改めて検地を行い，耕地の正確な把握を図った。熊本藩では，これにより700町歩の隠し田を見つけている。このような再検地は，新田開発の成果を藩の収入に反映させるものと言える。

　もう1つの増収策として，商品作物の栽培や加工によって作られる特産物の生産奨励がある。これまで見たような農業生産の発展と輸送網の整備は，領域外の市場を販路とする商品作物栽培を盛んにした。各大名は，このうち特定の作物の栽培を奨励し，積極的に加工や流通に関与するようになった。熊本藩や米沢藩では，桑，楮，そして櫨や漆の栽培をすすめた。このうちロウソクの原料である櫨や漆は，藩がこれを買い上げ，製蠟所を設けて加工を行った。このような特産品の奨励には，さまざまな局面で資金が必要であり，これを藩札でまかなう方法も採られた。藩札の発行は，藩財政を直接的に埋めるだけでなく，産業資金を供給する役割も担っていたのである。

　この特産物については，藩は専売制をとり，そのための会所を設置した。専売制の方法は，藩によってさまざまであった。しかし多くの場合，領国内に対

しては「専売」というよりは「専買」であった。すなわち，領国内で生産された特産物を，藩自身か，藩が組織した問屋集団が独占的に買い上げたのである。大坂などの領域外市場に対しては，その販売を管理することで，価格決定権を大坂などの問屋から奪い，有利な価格設定を行おうとしたのである。

このような藩政改革には，人材の育成・登用と，「国益」という考え方がみられた。人材面では藩校がつくられ，教育に力が入れられた。能力のある者は，低い家柄でも登用されるようにもなった。そして，領国を「国」とし，その「国益」考え，その最大化が図られたのである。市場が発達し商品経済化の進む中で，藩財政と，その基盤である地域経済を豊かにするための経済政策を考える人々が，各藩の武士の中に現れるようになった（西川・天野 1989：206-210；藤田 2012：143-164）。

商品の流通

幕府や大名は，集めた年貢米を販売して換金しなければならなかった。もちろん，この年貢米が商品として流通するには，その買い手の存在が必要である。しかし，凶作の場合を除けば，多くの地域の需要は地域内の生産で充たされており，大規模な地域外市場として成立するのは，非稲作人口の多い畿内か江戸であった。そのため，各地の年貢米は，西日本や北陸からは大坂に，東日本からは江戸に送られた。とくに大坂には，稲作が盛んな西日本各地から運ばれた多くの米が集まり，米市場が発達した。その結果，他地域の米価が大坂の相場に連動するような，ある程度の一体性を持ったものになった。それだけに，大坂市場の米相場へは，しばしば幕府の規制がかけられた。米価の高騰は都市住民など米の買い手の生活を苦しめたが，その下落は年貢米を売る幕府や諸大名の財政を圧迫した。また大坂では，諸藩の蔵屋敷が年貢米との交換を約束した米切手を発行し，資金を調達していた。そのため幕府の米価への統制は，金融政策としての面も持っていたのである（高槻 2012：202-239）。

江戸時代以前から畿内は経済の先進地域であり，木綿などの商品作物の栽培と加工が進んでいた。その生産に生活物資供給の多くを仰いでいたのが17世紀

の江戸である。急速に拡大し，多くの武士人口を抱えた江戸では，さまざまな生活物資を消費した。しかし江戸周辺の生産力の向上は緩やかであり，とくに品質の高い物については，上方からの「下りもの」に依存していた。しかし18世紀に入ると，綿織物や絹織物，あるいは油や醬油といった生活物資の江戸周辺での生産が増え，江戸の需要に応えるようになった。これらを生産する地域は「江戸地廻り経済圏」とよばれ，その形成によって畿内への依存度は低下していったのである。

　また，18世紀に各地の大名の領国で特産物の生産が盛んになると，綿製品，蠟，紙などの商品が大坂に多く送られるようになった。米とは異なり特産物では地域差が大きいため，その産地外での消費は畿内や江戸に限られておらず，それらは大坂を経由して各地に送られた。ここでの大阪市場には，集散地としての役割もあった。19世紀になると，これらの商品の大坂への流入は減少した。これは，生産地と江戸，あるいは，生産地と地方市場を，大坂を通さずに結ぶ取引が増えたことによる。

　江戸時代を通じて商業が最も栄えたのは大坂であった。とくに米については，その地位は安定していた。しかし他の商品については，「江戸地廻り経済圏」の成立や大坂を介しない取引の増加が進んだ。その結果，しだいに大坂市場の重要性は低下していったのである（新保・長谷川 1988：232-253；新保・斎藤 1989：43-49）。

幕府の財政問題

　これまで見てきたように江戸時代経済は変化しており，これに幕府も対応しなければならなかった。幕府にとって重大な経済的課題となったものに財政問題がある。そもそも幕府の財政には，2つの欠陥があった。1つは中央政府でありながら，日本全土に対する直接的な徴税権を持たないことであり，もう1つは経済発展の果実を十分に税収に反映できないことであった。財政が悪化するにしたがい，この2つの欠陥を補うように対策が打たれた。

　幕府の主な収入源は，直轄領からの年貢や金銀の鉱山からの収益であった。

江戸時代の当初は，その財政は潤沢であった。家康，秀忠，家光が死去した際には，それぞれ190万両，330万両，52万両の遺金があり，御三家などに分与された。明暦の大火（1657年）の4年後の1661（寛永元）年頃にあっても，幕府の御金蔵には380万両が残っていたという。しかし大火からの江戸の再建や寺社の造営，そして物価の上昇によって支出は増大していった。さらに鉱山では採掘が進んだ結果，当時の技術水準では産出量を減らさざるを得なくなり，その収入も減少していった（深井 2012：3, 45）。

　このような財政の窮乏化に対応すべく，早くも17世紀の末に行われた対策が，先に触れた元禄の貨幣改鋳である。この改鋳による金銀貨幣の増加分を，幕府は財政収入に補塡した。しかし改鋳益金は一時的な収入にすぎず，より恒久的な増収策としては，年貢を増やすことであった。8代将軍吉宗の改革は，この点に力が注がれた。新田開発により耕地面積の拡大を図るとともに，定免法や有毛検見法を導入した。その時点での生産力を把握し，それに応じた年貢に改めた。これは，生産性の向上による農業生産力の拡大を，年貢収入に反映させようとしたものである。

　また，吉宗による財政対策としては，上米の制も知られている。これは各大名（およびその経済的基盤となっていた大名領の生産）に幕府財政への負担を求めたものであった。この上米の制が一時的な策にとどまったのは，大名領への幕府による課税が難しいことを物語っていよう。大名への負担の分配は，江戸城の修築や河川の改修など，普請を通じたものでしかなかったのである（大口 1989：137-140, 152-155）。

　貨幣改鋳や再検地は一時的な措置であり，恒常的に収入を増やすものではなかった。これに対し，18世紀末からは外国船の出没など費用のかかる新たな事態も発生し，幕府は財政面でさらに厳しい状況に陥らざるを得なかったのである。

「鎖国」と輸入代替

　1630年代に形成された「鎖国」体制では，主として生糸を輸入し，銀を輸出

していた。この銀の流出は，1650年代後半に増加した。その原因は，輸入品である生糸の価格の高さにあった。そこで幕府は，長崎貿易を制限してこれを減らそうとした。1664年に金輸出を解禁したうえで，1668年に銀輸出を禁止した。しかし中国船の銀輸出への要望が強く，すぐにこれを容認せざるをえなくなり，実効性は高くなかった。そこで1672年に「市法」で日本側商人それぞれの取引限度額を定め，輸入品の価格決定権を握り，価格を抑制して銀の流出を減らした。さらに1685年には御定高仕法で長崎貿易全体の貿易限度額を定め，輸出品を金銀から銅へとシフトさせた。当時，銅の産出は金銀に比べてまだ豊富であった。輸出された銅は，中国で銭の鋳造原料となった。またオランダ船は，日本の銅を主にインドで売り捌いたが，一部はアムステルダムの銅市場にも送っていた（田代 1988：143-153）。

　18世紀になると，銅の輸出にも削減が求められるようになった。1715年には，新井白石がさらに厳しい制限を加えた。白石は，輸出品を人体になぞらえ，金銀銅といった鉱物は「骨骼」のようなもので再生産が不可能と指摘し，その流出を嘆いている（新井 1999：282）。これに代わり再生産が可能な物として輸出が増えたのが，海産物であった。具体的には，煎海鼠（内臓をとって乾燥させたナマコ），フカヒレ，干アワビ，昆布などである。このうち煎海鼠，フカヒレ，干アワビは俵物とよばれ，幕府は取引を管理した。1785年には会所を設けて直仕入制とし，私的な取引が禁止されるほどであった。しかしこれらの海産物は，長崎だけでなく，琉球からも輸出されていた（菊池 1994：185-192）。

　長崎貿易における銀輸出の停止は，中国船にとって日本との貿易の魅力を減退させた。これに代わって台頭したのが対馬を介した朝鮮との貿易であった。そこでの輸入品の中心は，人参と中国産生糸であった。長崎からの銀の流出が止まってからも，対馬貿易では銀の輸出が継続された。そこでは，元禄の貨幣改鋳の後も「人参代」として従来の品位の銀が鋳造され，支払いにあてられた。そのため，上質な生糸の輸入量は，その後，1730年代まで対馬貿易が長崎貿易を上回っていた。

　この対馬貿易での銀の大量流出も，1750年代には止まる。それは，生糸と人

参の国産化によるものであった。生糸輸入の抑制がインセンティブ（誘因）となり，国内の生糸生産の増加と品質向上が進んだ。また人参は，8代将軍吉宗による国産化の試みが成功し，その種子が「御種人参」として各地に送られ栽培された。なお同様に砂糖も，サトウキビの栽培技術の向上により，18世紀末には国産化が進んでいった（新保・長谷川 1988：234-236）。このような輸入品から国産品への転換を輸入代替という。その中には，輸入の蘇木から国産の紅花へと変化した赤い色の染料のように，物としては別でも同じ用途の国産代替品によって達成されるものもあった（島田 1999：65-70）。

4 緩やかな発展の成果と限界

江戸時代経済の成果

江戸時代経済の展開は，日本の社会をどのような姿にしたのであろうか。市場経済，商品経済が発達し，人々はこれに対応していった。本章で述べた展開は，それぞれがつながりつつ，社会の発展を形づくっていた。これについて，菜種を例として見てみよう。菜種は，乾田化した水田で，二毛作の裏作として作られた。その流通では，藩によっては専売制が敷かれた。菜種からは油が採られ，これは灯油として使用された。灯油には他にも魚油が用いられたが，臭いの少ない菜種油の方が上等品とされた。同じ用途には蠟燭もあり，人々は自己の経済力をもとに，これを選択した。菜種油などによる「照明」の一般化は，夜間の読書を可能にした。これにより出版業が成立し，江戸時代の豊かな書籍文化が花開いて行った。書籍の増加は，紙の需要を拡大させ，楮など紙の原料となる作物の栽培を盛んにした。このように，さまざまな商品が，時に競合し，あるいは刺激となって，豊かさを実現していったのである。もちろん，そこには商品を捌く商業や，これを運ぶ輸送業の発達が前提となっていたのは言うまでもない（岡ほか 1991：56）。

文化の面では，今日において「伝統的な日本文化」とされるものの多くが，江戸時代に生まれ，あるいは，発展した。歌舞伎，落語，相撲などが，その代

表例である。これらは，大衆も楽しむ娯楽であり，そのようなエンターテインメント産業が成立しえたのは，上層ではない人々に，遊興費を支出する経済的余裕が生まれたからにほかならない。アメリカの日本研究者で「庶民」の生活について日欧比較を行ったハンレーは，1850年の時点で住む場所を選ばなくてはならないとしたら，裕福ならイギリス，労働者階級なら日本と評している（ハンレー 1990：46-47）。そのような「庶民」の生活水準の高さは，江戸時代の経済発展の成果と言えよう。

　もちろん，江戸時代には多くの富者も生まれた。江戸から明治への政治体制の変化の中で盛衰があったものの，明治以降も活躍した者（家）も少なくない。三井のように東京で活躍する家もあったが，地方経済の中心となった場合もあった。たとえば北陸三県（福井，石川，富山）では，20世紀初頭にあっても，江戸時代に発達した北前船の船主が地域の資産家の上位に多く名を連ねていたという。彼らは，その資金を投資することで，近代の産業の発展にも貢献したのである（中西 2009）。

江戸時代経済の限界

　緩やかにではあるが経済的豊かさを獲得していった江戸時代の日本だが，その限界もあった。江戸時代と明治以降を分かつものとして，飢饉の存在が挙げられる。飢饉は，凶作による極度の食糧供給の不足であり，餓死や栄養不足による病死が多発する状態である。江戸時代経済は，半世紀に1度程度の頻度で大きな飢饉に襲われていた。その主な原因としては，東日本では冷害，西日本では旱魃と虫害があった。

　これらの飢饉は，江戸時代経済の進展と無関係ではなく，その影響はさまざまである。経済の発展が，飢饉の要因の1つになるケースがある。1695～1696年に起きた元禄の飢饉では，東北地方に冷害の被害が出た。その原因には，栽培品種の変化があった。市場の評価は低いが低温には強い品種から，収穫量が多く市場の評価も高いために年貢として求められたものの低温には弱い品種に転換されていたのである。また，それまで行っていなかった場所での新田開発

による稲作の開始も，飢饉の要因となった（菊池 1997：47-81）。

　一方で，飢饉への対策も農業技術や広域的な取引の発展の中で進められた。1732〜1733年に西日本を中心に起きた享保の飢饉は，ウンカの大量発生が原因の虫害であった。この飢饉を受けてウンカ対策が模索され，魚油，とくに鯨油を用いた駆除方法が広まった。その結果，ウンカ被害の多い西日本の各藩は鯨油の確保につとめたが，これを支えたのが，現在の長崎県沿岸地域で行われた西海捕鯨であった。その生産する鯨油は，広く西日本各地に送られ，その需要に応えたのである。西海捕鯨では3,000人ほどが従事する大規模な鯨組がつくられたが，そこには西日本各地の問屋から資金が入っていた（鳥巣 1999：118-126）。

　1830年代に起きた天保の飢饉では，被害の大きかった東北諸藩は江戸や大坂での買い付けにより飯米の確保を図った。これは両市場の米需要と競合し，幕府は江戸，大坂，そして諸藩の需給を調整すべく廻米を行った。しかし凶作による米の絶対的不足は，そのような幕府の努力で補いきれるものではなく，むしろ幕府への強い批判を生むことにもなった（平川新 2015：8-13）。

　江戸時代を通じて飢饉がなくならなかったのは，経済の発展を経ても，本章の冒頭で触れた自然条件の克服が十分でなかったことを意味していよう。明治以降になると，さらなる農業生産力の向上と食料の輸移入によって，凶作でも飢饉にまでは至らなくなる。人々が飢えずに生命を維持するという経済の根源的な課題で，まだ江戸時代には限界があったのである。

参考文献
岡光夫・山崎隆三・丹羽邦男編著『日本経済史――近世から近代へ』ミネルヴァ書房，1991年。
菊池勇夫『近世の飢饉』吉川弘文館，1997年。
斎藤修『環境の経済史――森林・市場・国家』岩波書店，2014年。
新保博・斎藤修編『日本経済史2　近代成長の胎動』岩波書店，1989年。
高埜利彦『シリーズ日本近世史③　天下泰平の時代』岩波書店，2015年。
林玲子編『日本の近世5　商人の活動』中央公論社，1992年。

速水融・宮本又郎編『日本経済史1 経済社会の成立 17-18世紀』岩波書店，1988年。
藤田覚『日本近世の歴史4 田沼時代』吉川弘文館，2012年。
ポメランツ・K，川北稔監訳『大分岐』名古屋大学出版会，2015年。
吉田伸之『シリーズ日本近世史④ 都市 江戸に生きる』岩波書店，2015年。

練習問題
問題1
江戸時代の通貨制度の確立と，そのことが経済活動に与えた効果について論じてみよう。

問題2
江戸時代の舟運について，各地の生産活動に与えた影響もまじえて論じてみよう。

問題3
「鎖国」体制の形成と変化，そしてその変化による国内の生産への影響について論じてみよう。

（高橋　周）

第2章
江戸の終焉と新たな経済秩序の模索

本章のねらい

歴史家たちは「激動の時代」という言い方をしばしばする。ひとによって，あるいはどこに視点を置くかによって変わってくるであろうが，その1つに幕末維新期を挙げることにそれほど違和感はないだろう。この時期，少なくとも政治と経済の体制は内外の強い圧力にさらされて，大きな変貌を遂げた。江戸という1つの長い時代は終わりを告げ，近代への移行が始まる。その過程は文字通り試行錯誤の連続であった。

本章のねらいは，通商条約に基づく国際ルールに規定された対外交易の変容，財政制度と金融制度を中心とする国内の経済秩序の変容，そして近代産業の勃興の在り方を理解することである。その原動力は，経済社会の新たな秩序を構想し，強い信念をもってその構築に向き合った若き挑戦者たちであった。

---

1 開港と居留地貿易

ペリーの浦賀来航

1853年6月，米国東インド艦隊司令官マシュー・カルブレイス・ペリーは「黒船」4隻を引き連れて浦賀沖に来航し，フィルモア大統領の国書を提出して徳川幕府に開国を求めた。幕府は国書を正式に受け取ったものの，回答を翌年に引き伸ばしたため，ペリーは翌年1月に再び来航して回答を強く迫った。その結果，1854年3月，幕府は日米和親条約を締結し，下田と箱館の2港を開いて領事の駐在を認めることで鎖国に幕を下ろしたのである。

ここで考えてみたいのは，当時の世界市場で覇権を握っていた英国ではなく，

なぜ米国が先陣を切って日本の扉をこじ開けたのかという点である。その理由としては，米国側の事情，すなわち，対中貿易の拡大に向けた太平洋横断蒸気船航路の開設に伴う中継寄港地，北大西洋を中心とする捕鯨船の漂流民保護，そして薪炭や食料の補給の必要性を重視する見解が示されている（杉山 1989：179）。

ただし，次の諸点も付け加えておきたい。第一に，東アジアを舞台に活動する英国商人にとって，最大の関心は成長の期待される中国市場の開拓にあり，長崎会所貿易の現状を見る限り日本市場の魅力は相対的に小さかった。第二に，それとは対照的に米国では，ニューヨークのアーロン・H・パーマーなどの貿易商が日本への使節派遣を求める運動を展開していた。パーマーは1830年代から欧州を除く全世界に向けて蒸気船など各種機械の輸出を手掛けており，日本市場にも強い興味をもっていた。さらに国務省に雇われた彼の提案は，フィルモア大統領が1851年に対日使節の派遣を決定する際に重要な役割を果たした。第三に，貿易商だけでなく，ペリーの存在も大きな意味をもった。すなわち，彼は1848年以降，戦時に軍艦へ転用可能な定期郵便蒸気船建造の主任監督官という仕事を通じて，ニューヨークの貿易商とたびたび接触していた。

要するに，米国の貿易商は日本市場に関心をもち，彼らと親しかった政治家や軍人がその利害を反映させるべく，幕府に開国を迫ったのである（石井 2000：11-12；石井 2003：88-91）。

日米修好通商条約の締結

日米和親条約に基づき，1856年8月，ニューヨークの貿易商出身の外交官タウンゼント・ハリスが初代駐日総領事として下田に送り込まれ，翌年12月から日米間の通商条約交渉が始まった。日本側の中心人物は，主席老中の阿部正広に抜擢されて目付となった若き「秀才」岩瀬忠震であった。交渉のポイントの1つは貿易の在り方にかかわり，幕府は役人の立ち会う会所貿易（入札取引）を提案したが，自由貿易を強硬に主張するハリスに拒否された。もう1つは，貿易の場所である。ハリスは江戸・大阪・京都の三都を要望したのに対し，岩

瀬をはじめ日本側は攘夷の中心地でかつ朝廷の置かれる京都だけは絶対に譲らず，結局，江戸と大阪の外港として神奈川（横浜）と兵庫（神戸）を開港場（永久居留）とし，江戸と大阪を開市場（一時居留）とすることで落ち着いた。

他方で，税率の決定権を日本に認めず相互に協定で決める協定関税（関税自主権の欠如）はほとんど議論されず，領事裁判権も下田協約と同じく米国側だけがもつことになり，米国から付与されるべき最恵国待遇も輸出税の賦課と引き換えに撤回された。「秀才」の岩瀬といえどもこれらの知識を十分に備えておらず，ハリスもあえて教えなかったからだとされる。最終的には1858年7月，「不平等条約の三本柱」を特徴とする日米修好通商条約が調印された。この年に同様の条約がオランダ，ロシア，英国，フランスとも結ばれたが，これらは安政の五カ国条約と呼ばれる（石井 1993：61；石井 2003：92-94）。

貿易構造とその変化

上述の片務条約の下で閉鎖経済から開放経済へと移行し始めた日本は，貿易構造をどのように変化させたのか。1865年と1867年の数値を使った幕末の貿易構造を確認したうえで，明治初期の輸出入の動向を検討しよう。

幕末の輸出品についてまず注目すべきは特定品目への集中である。具体的には，生糸，蚕卵紙および茶の3品目で1865年は94.7％（1,751万ドル），1867年でも81.7％（991万ドル）に達する。このうち生糸は80.3％から46.2％へと比率を大幅に下げたものの，依然として最大の輸出品であった。他方，輸入品に関して，1865年の上位3品目は毛織物（47.6％），綿織物（30.6％），武器（7.6％），1867年のそれは綿織物（27.6％），毛織物（20.0％），砂糖（10.4％）となって若干の変動がみられる。しかし全体的には，第一次産品の輸出と工業製品の輸入という貿易構造に変わりはなかった（杉山 1989：194-195）。

表2-1に掲げたとおり，明治初期については，生糸と茶が輸出品の60％前後を占める一方，輸入品では1868～1870年の米を除くと，綿織物，毛織物および砂糖のウェイトが大きく，基本的に幕末の貿易構造を維持していた。ただし，国内の綿織物業の発展に伴い，幕末には10％に満たなかった綿糸が輸入品全体

表 2-1 日本の主要輸出入品の金額と構成比

(単位：千円，％)

輸出品						
品　目	1868〜1870年		1871〜1875年		1876〜1880年	
生　糸	5,417	37.8	6,229	32.9	9,811	36.7
茶	3,397	23.7	5,534	29.3	5,811	21.7
蚕卵紙	2,926	20.4	1,560	8.2	895	3.3
水産物	825	5.8	1,103	5.8	1,622	6.1
石　炭	188	1.3	571	3.0	852	3.2
銅	119	0.8	740	3.9	615	2.3
米	—	—	289	1.5	1,670	6.2
計	14,335	100.0	18,912	100.0	26,724	100.0
(a)	4,778		3,782		5,345	
輸入品						
品　目	1868〜1870年		1871〜1875年		1876〜1880年	
米	6,489	29.8	267	1.0	137	0.4
綿　糸	3,064	14.1	3,982	15.4	5,879	19.1
綿織物	2,716	12.5	5,294	20.4	5,093	16.6
毛織物	2,333	10.7	5,413	20.9	5,091	16.5
砂　糖	1,852	8.5	2,584	10.0	3,070	10.0
鉄　類	262	1.2	695	2.7	1,231	4.0
石　油	10	0.0	289	1.1	1,288	4.2
計	21,739	100.0	25,927	100.0	30,768	100.0
(a)	7,246		5,185		6,154	

(注)　(a)欄の数値は、1年当たりの輸出額を示す。
(出典)　杉山（1989：196-197）。

の20％弱まで数値を伸ばしたり，蚕卵紙の輸出が急減したりするなどの変化も確認できる。

　他方，貿易相手国としては，中国の存在も無視できない。確かに，米国は輸出先として最大の市場であり，英国からの輸入は40〜50％に達した。しかし，中国も輸出入の20〜30％を占めた（杉山 1989：200-202）。

　比率は必ずしも大きくないものの，石炭は生糸や茶と並ぶ主要な輸出品であった（表2-1）。とくに国内需要が小さかった明治初期の日本石炭業にとって，海外市場は極めて重要であった。なかでも極東の石炭補給港を抱える上海市場をめぐって，日本は英国やオーストラリア，台湾との競争を勝ち抜き，1880年

には輸入炭の80％強を供給するほどの優位性を確立した。高島炭（と三池炭）を中心とする日本炭は，英国 P&O 汽船などの船舶燃料用に使われる品質の高さ，輸送距離の相対的な短さに起因する価格の低廉さ，そして需要に見合った供給能力を武器に上海市場を席巻したのである（杉山 1978）。

居留地貿易と商人の企業者活動

先述した通商条約が商業目的の国内旅行（内地通商権）を禁じたため，開港後の貿易取引は，居留地の外国商人（外商）と日本人の輸出商（売込商）および輸入商（引取商）との間で行われた。言い換えれば，外商は国内の輸出品の産地や輸入品の消費地に足を運んで直接取引できなかった。幕府は横浜，長崎および箱館の各開港場に外国人居留地を設置し，外国人居留者に借地権を与えながら，遊歩地区は開港場の10里（約39km）四方に限定したからである。この形態は「居留地貿易」という。

開港をビジネスチャンスととらえ，1870年時点で日本に進出していた「商社」256社の国籍を確認すれば，101社の英国を筆頭にドイツ（45社），フランス（39社），米国（33社）となり，欧米勢が大勢を占めた。その中には，慣習や伝統を重んじる欧州社会に嫌気のさした若者や，不遇な経済状態に置かれたひとも少なくなかった。彼らは，「徒手空拳」で日本にたどり着き，為替銀行（セントラル銀行やマーカンタイル銀行）の設置した横浜支店や P&O 汽船の開設した上海－横浜間定期航路を利用して，資金と輸送手段を確保しつつ貿易取引に従事したのである（図2-1）。

欧米の「商社」は，生糸や茶を典型とする欧米市場向け輸出と，綿織物や毛織物など欧米製品の輸入販売を主な事業にしていた。

代表的な輸出品の生糸は，東北（奥州・羽州），関東（上州・武蔵）および甲信（信州・甲州）といった産地から「在郷商人」によって横浜に持ち込まれた。新興勢力の下村善太郎（前橋）や若尾逸平（甲府）らは，産地と横浜の価格差を利用して巨額の財を築いた。横浜居留地に隣接する日本人街には，各地からビジネスチャンスを摑もうと多くの商人が集まった。その中で横浜に拠点を構え，

第Ⅰ部　近世から近代へ

図2-1　外国商館での取引――「横浜異人商館売場之図」
（出典）宮地監修（2005：44）。

産地の荷主から委託を受けて，一定の手数料を乗せたうえで外商に売り込む商人は「生糸売込問屋」とよばれた。中でも原善三郎（武州）や茂木惣兵衛（上州）は，三井組の担った幕府勘定所貸付御用所からの融資を資金源にして，荷主に対する金融機能も担った。他方，英国製の綿糸や毛織物など輸入品を外商から買い取る引取商は，江戸をはじめ都市の商人が多くを占めた。彼らは，江戸の両替商がつくり上げた為替ネットワークを駆使して，外商との現金決済に対応した。

東アジアで勢力を伸ばしていた英国のジャーディン・マセソン商会を筆頭に，外商の内地侵入は少なくなかった。しかし，通商条約で内地通商権を否定したことは，国内の商人に貿易の利益を獲得する機会をもたらし，その蓄積による巨額の資金は後の産業革命を促す一要因となったのである（杉山　1989：180-191；石井　2000：27-31；石井　2003：96-99）。

2　幕末の経済危機と幕府の対応

金貨流出とそのメカニズム

開港直後に発生した金貨流出は，近世の貨幣制度の根幹を揺るがす危機的な事態であった。その原因は，①通商条約の貨幣条項と②金銀比価の内外較差に求められる。

40

①については，貨幣の品位を問わない同種同量交換を規定した条項がとくに問題であった。この規定に基づいて，高品位の一分銀（計数銀貨）が同じ重量（で低品位）の洋銀（メキシコ・ドル銀貨）と交換されることになり，1ドル銀貨100個と一分銀311個という「不等価交換」を強いられた。さらに，この一分銀4個が補助貨幣として金1両と等価関係にあったことが問題を深刻化させた。

　この条項に基づいて貨幣取引をした場合，外国人は1ドル銀貨100個を一分銀311個と交換し，この一分銀で金77.75両を取得できた。この取引の金銀比価は4.5対1となって，国際的な金銀比価の15.5：1との間に著しい較差（②）が生じた。これは，日本の金の価値が国際相場の約3分の1にしか評価されないことを意味する。その結果，洋銀→一分銀→小判→洋銀という貨幣取引によって，巨額の利益を獲得できる機会が生まれた。この好機をとらえた国内外の商人が貨幣取引を積極化したために急激な金貨流出が起こったのである。徳川幕府がこうした事態を予期できなかったわけではない。したがって，同種同量の交換という条項（①）は，米国総領事のハリスの強硬な姿勢によってねじ込まれた外圧の象徴だったといえる。

　居留地貿易制度の下，外国商人は日本の「金貨売込商人」を介さずに巨額の貨幣取引をできず，市場において，品位の異なる一分銀と洋銀の同種同量通用と同種同量交換は円滑に行われなかった。加えて，金貨流出と銀貨流入に伴い，国内の金貨の相対的価値が上昇する一方，小判の供給増によって上海市場や香港市場における金貨相場は低下傾向を示した。つまり，金貨の購入価格の上昇と売渡価格の下落によって，貨幣取引の収益性は落ち込み，理論上の200％を大きく下回る50％程度にすぎなかった。とはいえ，そこに小さくない利益が生じる限り，金貨流出は継続したのである（三上 1975：111-119；大倉・新保 1979：277-286）。

安政と万延の貨幣改鋳

　こうした事態に対して，幕府は国内と国際の金銀比価の均衡を図るべく，貨幣改革に乗り出した。

金貨流出と銀貨流入はコインの裏と表の関係にある。そして、先に述べた金貨と銀貨の需給関係に応じて、国内では金貨の相対的価値の上昇と銀貨のそれの下落が生じる。このように市場メカニズムが働くことで、国内外の金銀比価の格差は均衡するであろう。ここで幕府は、大量に流入した銀貨を用いて、「両」金貨本位制から銀本位制への移行を選択できた。しかし現実には、経済政策の基盤を成す「両」金貨本位制の維持を選択し、貨幣改鋳を通じて、金銀比価の是正と金貨流出の阻止を試みている。

その際、改鋳方法として、①金貨の現状維持と銀貨の高品位化による金貨の相対的価値の引上げ、②銀貨の現状維持と金貨の低品位化による銀貨の相対的価値の引下げ、という2つを想定できる。1859（安政6）年5月の安政二朱銀の新鋳は①、1860（万延元）年の一連の幣制改革は②に該当する。安政二朱銀は従来の天保一分銀に比して、純銀量は約1.34倍でありながら額面は半分という「破天荒な新貨」であり、これと安政小判の金銀比価は17.2：1となり、国際水準からみても高くなるので金貨流入すら期待された。ただ、この方法は欧米列強の激しい反発を招いて、わずか9万両の鋳造で中止せざるをえず、金貨流出を抑制できなかった。

そこで幕府は英米の支持を得たうえで、②の方法、すなわち、金貨の品位を3分の1まで落とし、金銀比価を3倍近い15.3：1へと引き上げて国際水準に均衡させ、金貨流出に歯止めをかけたのである。しかし反面で、「金貨悪鋳」は通貨インフレを招き、激しい物価高騰を引き起こした。しかも、この改鋳にあたって「新旧貨増歩交換方式」を採用したために、幕府は改鋳益金を獲得できず、インフレに伴う財政逼迫に見舞われ、巨額の御用金賦課によって危機の回避に乗り出さざるをえなかった（大倉・新保 1979：286-290；山本 1994：72-73）。

開港と財政構造の変容

開港は外交、海防および軍事関連支出の急激な膨張を招くと同時に、臨時的な歳入手段を変更させる形で財政構造にもインパクトを与えた。以下、1860年

代前半(文久期)における幕府財政を歳出と歳入の両面から確認していこう。

　歳出についてはまず，開港に必要な開港場の整備，外交上の経費として外国人宿舎の建設や海外派遣の「用意金，手当」，海防として外国船の来航に対する警備，とくに江戸湾の台場建設と海岸警備に多額の支出が計上された。また，大砲弾薬製造費など軍事費も巨額であった。その結果，外交・海防・軍事関連合計で約75万両に達し，歳出総額の16％を占めた。次に，これを上回った将軍・徳川家茂の上洛(京都行)に目を向けよう。一行は朝廷との和解を目的に1863年2月江戸城を出発し，東海道を通って京都に入ったものの，「尊攘派」と意思の疎通すらできないままに滞在を続け，同年6月に大坂港から海路を使って江戸城に帰ってきた。この上洛関係支出は80万両近くにのぼった。これらの臨時支出が財政を圧迫したのである。

　他方，上記の歳出は大幅に増加した歳入で賄われたため，収支の均衡はとりあえず維持された。ただし，年貢収納は限界に達し，対外的に危機感を強めた諸藩が海岸警備に資金を振り向けたから，大名上納金の増額も難しかった。結局，歳出の穴埋めは貨幣改鋳益金に依存せざるをえなくなり，その金額は1863年に366万両に達し，歳入総額の68％を占めるに至った。しかし，貨幣価値の断続的な下落は旧貨幣の埋蔵を引き起こし，改鋳に要する高品質な原料貨幣の調達は容易ではなかった。したがって，歳入の確保には海外からの借款や金札の発行といった手段も視野に入れなければならなかった(大口 1981)。

　幕府の財政悪化は元治・慶応年間に入るとさらに深刻度を増した。1864(元治元)年には将軍家茂の再上洛，下関戦争の損害賠償金支払い，そして2回にわたる長州征討に437万両もの臨時支出が必要となった。他方，歳入面では，貨幣改鋳益金による補塡が限界を迎えたため，御用金を広範かつ頻繁に賦課するようになった。加えて，「幕府金札」の発行など新たな歳入手段も模索された。財政逼迫は諸藩も同じであった。1868(明治元)年前後の277諸藩の貢米収入総額2,822万両に対し，藩債総額は6,691万両で年収入の2.37年分に達した。幕末に藩札の発行は急増したのである(山本 1994：11-12)。

第Ⅰ部　近世から近代へ

3　維新政府の財政改革と近代産業の黎明

由利財政と太政官札の発行

　1867年12月の王政復古の大号令をもって，徳川幕府は終焉を迎え，代わって新政府が成立した。新政府は，「八百万石之御朝廷」とよばれる政府直轄地800万石を含む全国石高3,000万石を基盤とする財政構造を引き継いだうえで，1868年1月，徴士参与・会計事務掛の三岡八郎（由利公正）の建議に基づき，京都・大阪の両替商に対し関東大監察使東下費用の調達を目的に会計基立金300万両を要求するとともに，太政官札（金札）3,000万両の発行を計画した。不換紙幣である金札は1868年5月，13年間の期限付きでの強制通用を前提に発行された（図2-2）。

　しかし，会計基立金の募集は不振を極め，それは殖産興業資金の創出という金札発行のねらいを変更させた。すなわち，1968年5月から翌年5月にかけて発行された総額4,800万両のうち，全国の諸大名に1万石当たり1万両を貸し付ける「石高貸」は約1,300万円，商法司（通商司，為替会社）と商法会所を通じて貸し付けられた民間勧業資金（勧業費）は約1,000万円であったのに対し，財政赤字の補填に流用された額は約2,300万両に及んだのである。

　新政府は同じく1868年5月，銀目廃止令を発し，貨幣の流通価格決定に際しての秤量銀貨（丁銀・豆板銀）の通用停止を宣言し，銀目で表示された貸借は契約時点の相場で金貨建てに換算したうえで書き換えることを命じた。「銀目の空位化」は進行しており，その廃止は大きな混乱を招かないと判断し，「東の金遣い，西の銀遣い」を改め，「金貨による幣制の統一」を狙った施策であった。しかし，大阪では秤量銀貨が無価値になるとの流言飛語が飛び交い，銀目手形の現金化を急ぐ手形保有者が両替商に殺到して取付け騒ぎが発生した。こうした事態に対し，新政府は銀目手形が5月9日の仕舞相場で金建てに書き替えられたうえで通用する旨の御触れを出して騒動を収束させた。この間，大阪商人に上記の会計基立金の拠出が命じられたが，その募集が順調にいかなか

った原因の1つはこの銀目廃止に伴う混乱に求められよう（山本 1994：14-17；落合 2006；鹿野 2012）。

第一次大隈財政と金札の流通

兌換準備の余裕がなかったという財政上の理由があったとはいえ，太政官札は「幕府金札」とは異なり，不換紙幣であることを公示したうえで「中央政府紙幣」として発行された。しかし，新政府の財政基盤は脆弱であり，不換紙幣の流通が一向に進まなかったため，政権内部

図 2 - 2　太政官札
（出典）宮地監修（2005：100）。

では，由利公正の責任を追求する議論も起こった。加えて，外国商人からは減価した金札に対する抗議が出された。新政府は当初，正価交換と金札による公課（関税）納付を拒否したものの，外交問題に発展するに至って，各開港場での公課納付を認めた。そして1868年12月には「太政官札相場通用」の許可を決断し，金札を市場実勢相場に見合った正貨と交換することを公認した。その結果，金札は流通性を高め，次第に市場へと浸透していった。しかし，それは問題の解決を意味しない。「中央政府紙幣としてその全国的平価流通を確立する」という課題は，辞職した由利に代わって，1869年2月に外国官副知事兼会計官に就任した30歳の大隈重信（4月から会計官副知事専任）の手に委ねられることになる。

大隈は1869年4月と5月の太政官布告によって，①金札の兌換紙幣への転換，②金札の発行額の上限設定，③①と②を前提とする時価通用禁止，を金札整理の基本方針として打ち出した。そして，金札平価流通を促すべく1869年6月，「金札正貨引換」に着手した。これは，「石高貸」によって地方に散布された金札が三都に還流したことを受け，府藩県に対して金札を1万石当たり2,500両で下げ渡し，同額の正貨を取り立てて三都の金札提供者に返還するという施策

第Ⅰ部　近世から近代へ

図2-3　新貨条例による貨幣——円の誕生
（出典）宮地監修（2005：100）。

であった。その結果，1870年半ばにかけて，700万両の金札が地方に散布されると同時に，中央政府（および通商・為替会社）は350万両の正貨を手に入れたのである。さらに，金札の流通範囲の拡大に伴って相場も回復に向かい，平価流通もほぼ達成された（山本 1994：17-22）。

新貨条例の制定——金本位制の導入，「円」の誕生，そして紙幣発行

　新政府は1871年6月，新貨条例を制定し，金貨を本位貨幣，銀貨と銅貨を補助貨幣とする金本位制を導入した。太政官が1870年11月に「新貨幣品位及ヒ重量表」を裁定し銀本位制の採用を仮決定していたにもかかわらず，である。それは，訪米中の伊藤博文大蔵少輔が同年12月，世界の情勢から判断すれば金本位制を採用すべきことを記した意見書を大蔵卿に送り，この意見を受け入れた大蔵省が方針を改めたからであった。ただし，アジア貿易の国際決済通貨であった洋銀と同一の品位・量目の1円銀（貿易銀）にほぼ無制限の通用力を認めたので，実質的には「金銀複本位制」というべき制度だった。新貨の呼称は「円」「銭」「厘」とし，新貨幣と旧貨幣の交換比率は1円につき1両と定めた（図2-3）。

　しかしながら，新貨条例の制定後も新貨幣の鋳造は進展せず，鋳造された新貨は財政支出の補填に充てられてしまい，太政官札など政府紙幣の回収に効力

を発揮しなかった。加えて，新貨幣の金銀比価は，国際金銀比価の1：16に比べて金安の1：13.2であり，かつ海外で銀貨が下落し続けていたため，新貨が銀貨との交換を介して流出するという問題も生じた。

　こうした状況に直面した政府は1871年12月，100円から5銭まで11種の精密な各種新紙幣を製造し，とりあえず翌年2月から4種類（1円，50銭，20銭，10銭）を発行する旨を布告した。そのねらいは，太政官札偽造の弊害除去と廃藩置県に伴う旧藩札の回収にあった。これら一連の措置によって，雑多な紙幣の整理統一が図られたのである（日本銀行百年史編纂委員会編 1982：7-11；中村 1983：14）。実際に最初の新紙幣が発行された1872年4月以降，その金額は増え続け，1878年に新紙幣への統一が実現した（表2-2）。

廃藩置県と財政整理

　「中央集権的な統一国家」としての明治政府は1871年7月の廃藩置県を契機にして成立し，翌月にかけて太政官（正院・右院・左院）と各省の整備（外務・大蔵・工部・兵部・文部・神祇・宮内の8省）を行った。最高決定機関の正院は，太政大臣三条実美と西郷隆盛（薩摩），木戸孝允（長州），板垣退助（土佐），大隈重信（肥前）の薩長土肥出身の4人の参議によって構成された。明治政府が「薩長土肥連合」とよばれる所以である。各省の中で最大の権限を握ったのは，民部省を吸収した大蔵省であり，大久保利通大蔵卿は井上馨大蔵大輔をはじめ優秀な人材を積極的に登用した。

　政府は，旧藩に収納されていた租米（年貢米）という収入源だけでなく，旧藩の藩札と藩債，そして旧士族への俸禄の支給という負担も引き継がなければならなかった。幕末期は幕府のみならず，諸藩の財政も困窮を極めていた。たとえば，藩債は1844年から1867年に発行された「旧債」だけでも1,122万円に達した。また，薩摩藩や筑前藩では幕末以降，「贋貨」を製造・流通させており，三都を中心とする都市の両替店で取り扱われる「弐分判」は13〜14種類を数え，そのうち7，8割は「贋貨」といわれるほどであった。政府は「贋貨」に責任をもたなかったが，新たな政策に必要な財源確保のためにも旧藩の財政

第Ⅰ部　近世から近代へ

表2-2　政府紙幣・銀行紙幣流通高

(単位：千円)

年次末	第1種政府紙幣					第2種政府紙幣	銀行紙幣	合　計
	太政官札	民部省札	大蔵省兌換証券	開拓使兌換証券	新紙幣			
1868	24,037							24,037
1869	48,000	2,091						50,091
1870	48,000	7,500						55,500
1871	48,000	7,500	4,772					60,272
1872	43,251	7,475	6,800	2,500	4,774	3,600		68,400
1873	36,864	7,248	6,616	2,118	24,435	1,100	1,362	79,743
1874	26,574	6,378	1,341	402	56,108	1,100	1,995	93,898
1875	5,148	2,338			83,798	7,788	1,420	100,492
1876	3,096	1,540			88,687	11,824	1,744	106,891
1877	3,070	1,520			89,246	11,961	13,353	119,150
1878					119,800	19,618	26,279	165,697
1879					114,191	16,118	34,040	164,349
1880					108,412	16,528	34,426	159,366
1881					105,905	13,000	34,397	153,302
1882					105,369	4,000	34,385	143,754
1883					97,999		34,276	132,275

(出典) 山本 (1994：98)。

問題を処理しなければならなかった。

　その方法として第一に，政府は1873年3月，旧藩の債務を大幅に切り捨てたうえで引き継いだ。切捨て額は5,957万円で旧藩債総額7,413万円の80.4％にも及んだ。こうした措置が，旧藩に巨額の資金を貸し付けていた両替商に大きな打撃を与えたことは言うまでもない。第二に，財源確保を目的に地租改正が実施された。収入源として引き継いだ年貢米は，米価の変動によって歳入額が増減するだけでなく，そもそも処分が困難であった。したがって，歳入の安定化による計画的な財政運営には，現物貢租に改めることが欠かせなかった。そこで政府は1873年7月，地租改正条例を布告し，村ごとに土地台帳を作成して所有者を確定したうえで丈量検査を実施，地価を決定してその3％を豊凶に関係なく金納させることにした（石井 1993：262；中村 1983：14-19）。

殖産興業政策の推進

新政府は，欧米列強の闊歩する世界経済の中で，日本の自立性を維持しながら，欧米に対抗できる産業の競争力を構築しなければならなかった。そのためにいかなる政策をとるべきか。答えは簡単に見つからなかった。政府による官営事業を軸と

図2-4 岩倉使節団の主要メンバー
（出典）中村（1992：159）。

する工業の近代化政策は明治10年代後半に「殖産興業」とよばれるようになる。当時は殖産興業が終わりを告げる時期にあたり，そうした"後付"は政府の試行錯誤を示すのである（中村 1992：194）。

殖産興業政策の主な担い手は，1870年閏10月に設置された工部省と1873年11月に新設された内務省，そして財政を司る大蔵省であった。ここでは近代産業の移植を推進した工部省に光をあてて，明治初期の産業政策とその意義を確認しよう。

岩倉使節団の派遣とフルベッキ

1871年11月，岩倉具視右大臣を特命全権大使，木戸孝允参議，大久保利通大蔵卿，伊藤博文工部大輔および山口尚芳外務少輔を特命全権副使とする46名のいわゆる岩倉使節団が横浜港を出発した（図2-4）。

その目的は，条約締結国の元首に国書を奉呈し「聘問の礼」を修めること，安政年間に結んだ通商条約の改正に向けた予備交渉を行うこと，欧米先進諸国の制度・文物を視察・研究することにあった。

この使節団派遣を大隈重信に進言したのは，「近代日本建設の父」とよばれるお雇い外国人 G.F. フルベッキである。

彼は，1859年11月に宣教師として来日し，佐賀藩が長崎に設置した致遠館で英語や政治，経済などを教えていた。その門下生は大隈，伊藤，大久保など錚々たる顔ぶれであった。フルベッキは1869年，39歳の時に政府顧問として東京に招聘される。そして同年6月，会計官副知事の大隈の相談に答える形で，使節団の組織，旅程，人員，目的，調査方法を具体的に記した建白書を提出したのである。彼は「あらゆる施策に関与し，重大な諸献策」を講じた「多能多彩」な人物であったのみならず，「きわめて高潔な人格者」であり，使節団の功績を岩倉たちに譲って自らは名声や名誉を求めなかったとされる（梅溪 2007：72-78）。

岩倉使節団は1年10カ月の長い月日をかけて，米国，英国，フランス，ベルギー，オランダ，ドイツ，ロシア，デンマーク，スウェーデン，イタリア，オーストリア，そしてスイスの12カ国を「回覧」した。このうち英国においては，バッキンガム宮殿やウェストミンスター議事堂，電信寮，造幣寮，郵便館，大裁判所，大英博物館，動物園などロンドン市内の多様な施設をパークス駐日公使の案内で視察した。

加えて，リバプールやマンチェスター，エジンバラといった主要な工業都市も訪問した。そこから使節団は，商業で世界をリードする英国が各地に大小の工場を抱える「一大工業国」であり，その基盤を成す技術革新と，「鉄」と「石炭」の重要性を学習したのである（菅原 1994：140-154）。

工部省の設置と重点的資金配分

工部省は1870年閏10月，大隈重信や伊藤博文ら「開明派官僚」に主導されて，「百工を褒勧」し，鉱山，製鉄，灯明台，鉄道，電信などを所管する省として発足した。当初は卿だけでなく，大輔，少輔もおらず，山尾庸三と井上勝が最も地位の高い権大丞に就いた。翌1871年6月に後藤象二郎が大輔に就任して体裁を整えたものの，後藤は在職わずか3カ月弱で左院副議長に転出したため，大蔵省租税頭兼造幣頭の伊藤が同年9月に後釜に収まった（鈴木 2002）。

新政府は，工部省に勧工寮を設置して在来産業の技能向上など民間工業の奨

第2章　江戸の終焉と新たな経済秩序の模索

表2-3　興業費の事業別支出額と構成比

項　目	明治第3期～第8期		1875～1880年度	
	円	%	円	%
鉱　山	2,556,745	18.6	4,699,755	45.4
鉄　道	8,727,674	63.6	2,633,458	25.5
工　作	678,972	4.9	1,403,877	13.6
電　信	1,765,537	12.9	1,608,640	15.5
計	13,728,928	100.0	10,345,730	100.0

（注1）電信は電信建築通信費である。
（注2）第3期から第8期の決算期間は次のとおり。
　　　第3期：1869年10月～1870年9月、第4期：1870年10月～1871年9月、
　　　第5期：1871年10月～1872年12月、第6期：1873年1～12月、
　　　第7期：1874年1～12月、第8期：1875年1～6月。
　　　1875～1880年度は当該年7月を始期とし翌年6月を終期とする12ヵ月である。
（注3）小林（1977）の1875～1880年度の合計値は、1,061万3,390となっていて一致しない。
（出典）小林（1977：56）より作成。

励も図ったが、事業の中心は「官業」の経営を通じた近代産業の移植に置かれた。言い換えれば、政府自らが比較的広範囲の現業を営んだ。というのも、旧幕府からの官収（横浜製鉄所、石川島造船所、佐渡金山、生野銀山など）、諸藩からの官収（三池炭鉱、高島炭鉱、小坂銀山、阿仁銅山、院内銀山、兵庫造船所など）によって手に入れた事業に加え、政府が創設した事業も少なくなかったからである。その広がりは1871年8月、工部省が工学、勧工、鉱山、鉄道、土木、灯台、造船、電信、製鉄、製作の10寮と測量の1司を置いたことにも表れている（小林　1977：50-52）。

これらの官業の中で重点的に資金が投じられたのは、鉄道と鉱山であった。興業費の事業別支出構成を示した表2-3によれば、明治第3期から第8期の期間は鉄道に63.6％、1875年度から1880年度は鉱山に45.4％に及ぶ資金を配分している。そして、両期間を通じて、興業費全体の70～80％がこの2つの事業に投じられたのである。

他方、これらの財源確保は当初、非常に厳しい状況下で取り組まれた。近代産業の移植という使命に燃える工部省はたびたび予算の増額を要求したものの、財政難の中で強硬に歳出削減を唱える大蔵省を説得しきれなかったからである。

その背景としては、岩倉使節団の欧米歴訪中に「留守政府」で大蔵省の実権

── ***Column*** ①　外資の排除と炭鉱経営——高島炭鉱問題とその帰結 ──

　新政府は，居留地の枠を超えた外国人による直接投資を禁止した。こうした外資排除は鉱山経営の本国人主義が端的に示しており，その契機は高島炭鉱問題によってもたらされた。長崎の南西海上に位置する高島炭鉱の開発は1868年6月，佐賀藩と英国のグラバー商会との間で結ばれた契約をきっかけに本格化した。形式は日英合弁事業であったものの，実質的な経営権は販路開拓と資金調達を担ったグラバー商会が握った。しかし，同商会は1870年8月，事業拡大に伴う財務状態の悪化により破綻し，経営権は最大の債権者であったオランダ商社に移行した。廃藩置県を経た1872年3月，旧佐賀藩主鍋島直大はオランダ商社との共同経営を継続する計画を工部省に上請した。これに対して，鉱山経営に対する外資排除の方針を固めていた政府は，直ちに「鉱山心得」を発令し，鍋島の上申を拒否したのである。オランダ人に炭鉱への投資を認めれば，最恵国条項によって直ちに他の外国人にも適用されてしまう。政府は高島炭鉱という一点突破によって，外国商人の内地通商権を認めなければならなくなる事態を恐れたのである。

　「鉱山心得」の主な内容は，①鉱山国有制，②土地所有権と鉱物所有権の分離，③外国人の鉱山経営の禁止であった。そして，③の本国人主義は，1873年7月に公布された「日本坑法」の中で「日本ノ民籍タル者ニ非レバ試掘ヲ作シ坑区ヲ借リ坑物ヲ採製スル事業ノ本主或ハ組合人ト成ルコトヲ得ズ」という規定によって確立した。これらを根拠に，政府は同年12月，オランダ商社とオリエンタル銀行に合計40万ドルを支払って，高島炭鉱の利権と機械・設備を買い取り，1874年1月に官収を実現した。ところが，同年11月に後藤象二郎に55万円で払い下げられた際，後藤が即納金（20万円）をジャーディン・マセソン商会（J. M.）から全額借り入れただけでなく，「密約書」を交わして炭坑の営業をJ. M.に委ねたために再び外資の支配下に置かれることになった。しかし，両者の間には争いが絶えず，後藤に対する不信感を強めたJ. M.は1878年11月，後藤の石炭販売と機械使用の差止めと110万ドルの負債返還の訴訟を起こすに至る。とはいえ，「日本坑法」に違反しているJ. M.は強硬な姿勢をとれず，最終的には1881年3月，大隈重信の仲介により，後藤と岩崎弥太郎の間で高島炭鉱の譲渡契約が結ばれて決着をみるのである（杉山 1993：155-163，166-183；石井 1993：344-346；三菱鉱業セメント 1989：8-38）。

を握った35歳の井上馨大蔵大輔が，商法司と通商司を通じた施策の失敗を踏まえ，経済発展の基盤を整えるべく，兌換制度に基づく近代的な財政金融システムの構築を重視して緊縮財政をとったことが挙げられる。

「留守政府」は，三条実美太政大臣を中心に井上のほか，大隈重信，大木喬任（佐賀），江藤新平（佐賀），西郷隆盛，板垣退助などによって構成されたが，予算折衝の過程で内部対立を深めていく（後述）。

井上は，先に述べた政府紙幣と藩札の交換とともに，政府紙幣の兌換に要する正貨の蓄積に向けて1872年6月に別途会計の形で準備金を設置し，同年11月には国立銀行条例を公布した。井上は，国立銀行の発行可能な金兌換券（紙幣）の限度額を1億円に設定したが，その主なねらいは通貨供給量の増加ではなく，同額の政府不換紙幣の回収にあった。加えて，市中に流通している正貨を兌換準備に用いれば，通貨収縮も実現可能であった。政府紙幣の増発を防ぎながら，正貨の蓄積に向けて準備金に繰り入れる財政資金の確保に財政収支の均衡は欠かせなかったのである（神山 2002：27-31）。

近代産業の移植――鉄道業のケース

鉄道建設の本格的な議論が始まったのは，幕末の慶応年間である。とくに1867年2月にウェストウッドが提出した江戸-横浜間鉄道敷設請願は具体的な事業計画に裏づけられており，これ以降，横浜など居留地在住の外国商人や公使館員たちが相次いで鉄道敷設構想を提起するようになった。その中で米国公使館書記官ポートマンが1868年12月に提出して幕府の免許を受けた江戸-横浜間鉄道事業計画は，外国人が出資，建設，経営を一括して担う「外国管轄方式」を特徴とした。それに対して，お雇い外国人ブラントンは，新政府が英国から資機材（機関車など）と資金を直接調達する「お雇い外国人を用いた直轄（官有官設官営）方式」を意見書の中で展開し，これを前出のパークスも新政府首脳に強く推した。米国も所有と経営を日本人に帰属させるよう変更を加えたものの，結局，外資排除の観点から後者の英国式に軍配が上がった。つまり，官営鉄道として経営することになったのである。そして1869年11月，新政

第Ⅰ部　近世から近代へ

図2-5　東京上野山下より中山道往復蒸気鉄道の図

府は東西両京間を幹線，東京 - 横浜間，京都 - 神戸間，琵琶湖近傍 - 敦賀間を支線とする廟議決定を行った。

　実際の敷設と運行を担う官庁として，工部省は発足と同時に民部省の鉄道掛の移管を受け，1871年8月の組織改革によってそれを鉄道寮に改組し，トップの鉄道頭に工部大丞井上勝を据えた。彼は1863年5月，伊藤博文を含む長州藩士4人と英国に密航し，ロンドンのユニバーシティ・カレッジで基礎科学を学んだ後，鉄道と鉱山の実習を受けて1868年11月に帰国した「初期留学技術者」であった。そして，語学が堪能でかつ鉄道技術の知識をもつ井上の存在は，お雇い外国人の指揮・監督の下で「直轄方式」による鉄道の建設と運行を可能にしたのである。

　官営鉄道は1872年5月，品川 - 横浜間の仮開業をもって営業を開始し，同年10月，東京 - 横浜間の正式な旅客輸送に乗り出した（図2-5）。

　この開通によって，徒歩の場合は片道に10～12時間を要した東京と横浜の間が日帰りできるようになり，食事や宿泊を含む全体的な費用の節約効果もあって需要は少なくなかった。そのため，最初の1日2往復はすぐに6往復に増やされた。

　とはいえ，運賃は高額だったから，利用者を増やして経営の安定化を実現す

るうえで，従来の交通機関に対する優位性を認知させることは欠かせず，それには定時運行を通じて輸送の確実性と迅速性を高めなければならなかった。そこで「鉄道運行システム」（駅務，ダイヤ作成，運転，信号，保安などのシステムの総合体）の運営マニュアルとして，1873年10月，規則・命令と勤務時間の厳守や衣服の清潔などを内容とする「鉄道寮汽車運輸規定」を制定し，近代的な作業規律の徹底を図った。また，開業当初は通常列車の運行頻度を京浜間で1日10往復，1874年5月に開業した大阪 - 神戸間で1日8往復という具合に後年に比して低く設定した。その結果，1870年代前半は比較的順調に列車を運行できたとされる（中村 1998：20-41；山本編 1986：25-26）。

4　大隈財政と産業振興

井上馨の退場と大隈重信の再登板

　先に触れたように，金本位制の確立を目指した井上馨大蔵大輔は，単なる均衡財政にとどまらず，政府紙幣の兌換準備に要する正貨の蓄積のために余剰を捻出する緊縮財政をとり，各省の要求に厳しい姿勢で臨んだ。1873年度の予算編成に際して，1873年1月に徴兵令を布告し，兵員の大幅な増強を計画した陸軍省は1,000万円を，1872年8月に学制を発布した文部省は200万円を，江藤新平の率いる司法省は地方行政から裁判事務を分離し，裁判所の新設によって行政権から司法権を独立させるべく，その経費を含む200万円を，それぞれ要求した。これらの予算要求に対し，井上は陸軍省こそ800万円を認めて早期に妥結したものの，文部省は130万円，司法省に至ってはわずか45万円と大幅減額を提示して譲らなかった。

　収まりがつかない司法卿の江藤は1873年1月，辞表を提出して抗議の意を示す。こうした事態に直面して，三条実美太政大臣は辞表を却下したうえで，三条，西郷隆盛，板垣退助，大隈重信の4人から成る正院で予算の再検討を始めた。次いで同年4月，後藤象二郎（土佐）と大木喬任，そして江藤を新参議として正院に加え，翌月には太政官職制を変更して正院に立法・予算編成の全権

第Ⅰ部　近世から近代へ

図2-6　大久保利通
(出典) 毛利 (1969：1)。

を集中した。この動きに参議でない井上は抵抗できない。結局，井上と三等出仕の渋沢栄一は辞表を提出し，5月14日付で免官となった。代わって，大隈重信参議が同月大蔵事務総裁を併任し，大久保利通内閣の成立した10月から大蔵卿に就いて財政運営に辣腕をふるうことになった（石井 1993：287-295）。それは，財政金融にとどまらず，殖産興業政策の展開にも大きなインパクトを与えたのである。

内務省の新設と民間産業の振興

　征韓論争の末に「土肥政権」の中枢を占めた西郷隆盛，板垣退助，副島種臣，後藤象二郎および江藤新平の5参議は下野し，政権は欧米視察から帰国した大久保利通，岩倉具視，木戸孝允の「薩長閥」に移った。この一連の動きは，明治6年政変とよばれる。

　43歳の大久保は1873年10月，行政機構の強化を狙って参議と各省の長官の兼任による内閣と官僚組織の連携強化（政治方針と行政の統一）を図った。いわゆる参議省卿兼任制である。そして翌11月，内務省を設置すると同時に自ら内務卿に就任した（図2-6）。内務省は大蔵省から勧業寮，戸籍寮，駅逓寮，土木寮，地理寮，工部省から測量司，そして司法省から警保寮の移管を受けて成立したが，トップの大久保の強大な権力をバックに陸軍省に次ぐ巨額の予算を獲得することになる。

　1874年5月頃に三条実美に提出した「殖産興業に関する建議書」の中で，大久保は，岩倉使節団に参加して見聞した英国を「富強」のモデルとすべきと主張した。すなわち，英国が航海条例によって外国船を締め出すことで自国の海運業と造船業（工業）を保護し，これらの産業を発展させたのちに自由貿易を推進するようになった点を重視した。つまり，彼は，政府による自国産業の保

護・育成政策から自由主義的な政策への転換に着目したのである。
　翌1875年5月の「本省事業ノ目的ヲ定ムルノ議」において，大久保は「民産ヲ厚殖シ民業ヲ振励スルコト」と述べ，民間産業の振興を明確に打ち出した。そして，早急に着手すべき施策として，①樹芸・牧畜・農工商の奨励，②山林保存・樹木栽培，③地方の取締の整備，④「海運ノ道ヲ開ク」ことを挙げた。大久保は，経済発展に対する鉄道の重要性を認識しながら，殖産興業政策の柱に海運（④）を据えたのである。この点は大蔵卿の大隈重信と共通していた。1875年1月の「収入支出ノ源流ヲ清マシ理財会計ノ根本ヲ立ツルノ議」の中で，大隈は官営鉄道の建設を不急事業に位置づけて中止を唱える一方，海運業の重点的な保護を主張していた。
　さらに内務省（勧業寮）は，官業を中心に据えた工部省とは異なり，輸出振興と輸入防圧を狙って，民間企業を主体にしつつ，自らはその支援と保護を基本とする政策への転換を図った。そのため，同省の直営事業は民間の「模範」になることを主な役割とし，相対的に規模は小さく，分野も勧農，牧畜および繊維（綿糸・毛織物）などに限定された。このうち農牧分野では，東京の内藤新宿試験場で西洋種の果樹や蔬菜などの栽培，選抜，優良品種の配布を行った。しかし，環境条件の大きく異なる欧米からの直接的な技術導入はほとんど成功せず，富岡製糸場など一部で「民間への技術移転効果」を発揮するにとどまった（中村 1992：200-204；毛利 1969：186；小林 1977：35-39, 58-59；小風 1994）。

水運重視の交通体系の整備と海運業の保護育成

　近代的な交通ネットワークの構築にあたっても，鉄道業を中心に置いた工部省と異なり，内務省は世界一の水運国といわれたオランダをモデルにして政策を打ち立てた。同国は岩倉使節団の公式記録『米欧回覧実記』の中でも「将来の模範国」として高く評価されていた。使節団は，小国で資源のないオランダが貿易国として繁栄している点に注目し，港湾と連動した国内水運網に1つの要因を見出したのである。明治政府は1872年2月に同国からファン＝ドールとリンドウという2人の水利技師を招聘し，淀川の改修工事や大阪築港計画に

第Ⅰ部　近世から近代へ

― ***Column*** ②　近代製糸業の勃興――富岡製糸場の挑戦 ―

　2014年6月の世界遺産への登録で注目を集めた富岡製糸場の建設は，フランス系の有力商社エッシュ・リリアンタール商会による器械製糸場の建設申請を却下して外資を排除しつつ，政府が雇った同商会の生糸検査技師ポール・ブリュナの指導の下で進められた。その際，建築資材のレンガは瓦職人が試行錯誤を重ねて完成させ，セメントは実物がなかったため石灰を原料にした目地で代用した。また，日本人の大工はメートル法を使った図面を読めず，尺貫法を追加して漸く建設に着手するという有様であった。300釜を備えた蒸気機関を動力とする大規模な西洋式機械製糸工場は1年7カ月もの月日を費やして1872年6月に完成した。

　1872年2月から始めた工女の募集も困難を極めた。当時，外国人は工女の生血を絞って吸うといったとんでもない噂が広がり，応募者は皆無であった。そのため，政府は同年5月，「諭告書」を出して，そうした「妄言」をまき散らして脅かす人物もいるが，工女になって製糸技術を身につけ，日本人の「教師」になってもらうことが本旨であると訴えなければならなかった。それでも集まらなかったから，富岡製糸場の尾高惇忠主任自ら長女の勇（13歳）を最初の工女として採用し，「妄言」を否定しようと試みた。結局，政府から各県，各県から各村の戸長役場へ「半強制的に割り当て」ることで，「村の上層農民や旧藩士族の娘が応募する」ようになり，1873年1月に404名が入所した。

　富岡製糸場は，原料繭の高額な買入や作業効率の悪さ，お雇い外国人の厚待遇などが原因となって，開業初期の1872年10月から1875年6月にかけて20万円を超える巨額の損失を計上した。翌1875年度こそ尾高の相場変動を利用した施策によって大幅な利益をあげたものの，続く1876年度と1877年度は2期連続の赤字決算となった。こうした状況の中で，新たに内務卿に就任した伊藤博文と速水堅曹が再建策を講じることになった。「勧奨」を目的とする富岡製糸場の損失はやむを得ないとする伊藤に対して，速水は利益を生まないならば，いくら良い製品を造り出しても「勧奨」にはならず，採算のとれない事業をどのように民間に「勧奨」するのかと反論した。速水は1879年，3代目の場長に就任して本格的な経営改革に乗り出した（中村 1992：240-243；石井 2015：26-27；今井編 2014：41-55）。

従事させた。

　内務省は，ファン＝ドールの建議に基づいてデ＝レーケやエッセルなど複数のオランダ人技師を新たに雇用し，彼らの指導を受けながら，可航化した河川と連動させて運河・疎水網を張りめぐらし，それらを利用して内陸の民間産業を振興する「水運国家建設」を進めることを企図した。その過程では，1873年2月に輸送の中心を「治水理路」に求めた「水政ヲ更生スル議」を作成した土木寮権頭石井省一郎をはじめとする土木官僚も重要な役割を演じた。

　しかし，日本は洪水に伴う水害が多く，オランダの技術では対応しきれなかった。そのため，内務官僚は日本の気候を考慮して，堤防の導入や山林の保護育成，砂防ダムの設置などを含む独自の方針に切り替えていった。官営鉄道の建設と運行はこうした内務官僚の動きと並行して進められた。先述した1875年の方針転換は，財政の困窮化によって内務省の水運重視路線と工部省の鉄道重視路線の両立が不可能になったことを意味したのである（山崎 1996；山崎 2002）。

　1875年5月，大久保利通内務卿は「商船管掌事務之義ニ付正院ヘ御伺案」（海運三策）を建議し，海運業の育成策として，①民営自由主義に委ねる，②民営の企業を合同して保護育成を図る，③官業として経営する，という3つの案を対比したうえで，財政負担と競争力の強化の点から②の有効性を訴えた。政府が同年7月に②の採択を決定したことを受けて，大久保は「商船管掌実施着手方法ノ儀ニ付伺」を提出し，育成策の受け皿として当初の帝国郵便汽船会社ではなく，岩崎弥太郎率いる郵便汽船三菱会社を選ぶことを明らかにした。政府に過度に依存した前者ではなく，自立性の高い三菱に白羽の矢を立てたのである。

　駅逓頭の前島密は1875年9月，三菱に対して政府保有の船舶13隻の無償貸下げや年間25万円の助成金の15年間交付といった保護・助成を与える一方，船舶の修繕等の義務，上海航路の維持，政府による会計検査を義務づけた「第一命令書」を交付した。

　この命令書は，兼業禁止，郵便物と官有物の託送，政府の命令による航路開

設に加え，平常時と非常時を問わず，社用の都合を問わず，政府が社船を徴用することも定めていた。三菱側からみれば，手厚い保護・助成を受ける代わりに，さまざまな義務や規制にも従わなければならなかった。しかし，三菱は政府の支援を得て，外国海運会社に対抗する競争力を蓄え，赤字を抱えるパシフィック・メール社の船舶や設備を買収したり，P&O 汽船を日本の沿岸航路から駆逐したりして海運業界で独占的な地位を築いた（武田 2011：109-117，126-138）。

大隈重信の積極財政と紙幣主義

井上馨と渋沢栄一は1873年5月に大蔵省を去るにあたって，国家財政の危機的状況を記した「財政改革ニ関スル奏議」を公表し，それは新聞に取り上げられ世間に広がっていった。大蔵省は同年6月，世間の疑念を払拭するため財政状態を精査した「明治六年歳計概算書」を公表した。井上と渋沢の「破産宣告」が正しい認識であったのか，それとも「憶測」にすぎなかったのか。その成否は定かでないものの，当時の財政状態が抜本的な対策を必要としたことは疑いようがなかった。

国家財政の舵取りを担う大隈重信大蔵卿の認識とそれに基づく経済政策の枠組みは，1875年に提出された「収入支出ノ源流ヲ清マシ理財会計ノ根本ヲ立ツルノ議」（1月），「天下ノ経済ヲ謀リ国家ノ会計ヲ立ツルノ議」（9月），「国家理財ノ根本ヲ確立スルノ議」（10月）といった一連の建議書から明らかになる。

これらの中で大隈は，日本経済の根底に潜む問題として，国際収支の不均衡と正貨の流出を強調した。図2-7に示すように，金貨・金地金の輸出額は1874年度に著しい増加を見せた。

通商条約によって保護関税政策はとれないから，正貨流出問題は，輸入品に対する「臨時特別の物品税」の賦課，輸入品の売買に対する営業税の賦課，諸官庁における国産品の使用奨励などによって輸入を抑制しつつ，抜本的な対策として輸出産業の振興を中心とする殖産興業政策を推し進めなければならない。そして，国内産業の競争力を強化するためには，道路や橋梁，港湾などインフ

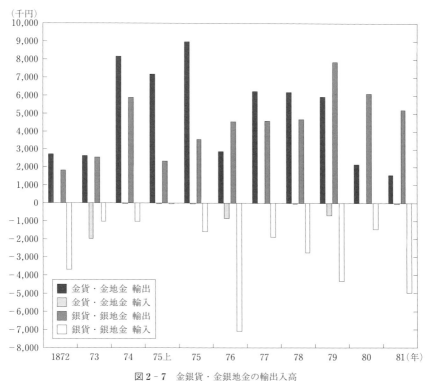

図2-7　金銀貨・金銀地金の輸出入高

(出典) 山本 (1994：92-93)。

ラストラクチュアの整備と資金供給の円滑化に資する「金融疎通」を実現しなければならない。金融制度の十分に発達していない日本において，積極的な通貨政策（不換紙幣の発行）を通じた産業資金の供給は政府に課せられた重要な役割である。彼の基本的な認識はこのようにまとめることができる。

　不換紙幣の発行が通貨価値を不安定化し経済発展の阻害要因になるという批判に対して，大隈は次のように反駁する。すなわち，閉鎖経済体制であった1840年代の1人当たり流通貨幣額6円69銭に対し，開放経済体制下の1870年代中頃の1人当たり通貨量は4円55銭にとどまる。つまり，通貨供給量は過剰どころか不足状態にある。したがって，兌換制の確立を目指す紙幣整理は「安定

恐慌」を招く誤った政策であり，通貨価値は紙幣の積極的な活用を通じた経済成長によって長期的に安定させるべきである。

　大隈は1876年8月，上記の構想を具体化する1つの施策として，国立銀行条例を改正した。この改正により，出資者は資本金の80％を4分利付以上の公債証書をもって政府に預託し，同額の銀行券発行権を獲得するとともに，残る20％の資本金は政府紙幣をもって引換準備金とすることになった。それは，国立銀行券が「政府紙幣交換の紙幣」になって，正貨との兌換の責任を免れるだけでなく，発券額を従来の60％から80％へと引き上げたことで預託公債の選択の幅を広げたことを意味する。

　改正に際して，公募発行された公債ではなく，華士族に支給された秩禄に代えて交付される金禄公債を主体とすることで，国立銀行条例は「金禄公債証書発行条例」と連動しながら，総額1億7,400万円にのぼる金禄公債に「利用ノ途」を開いた。同時に，国立銀行の設立を促し，通貨の膨張を防ぐべく1877年12月に国立銀行の総資本金額を4,000万円に制限する布告を出したものの，1879年12月までに153行が開業，銀行券発券額は3,404万円に達した（表2-2）。

　こうした拡張的な通貨政策にもかかわらず，貿易赤字を正貨輸出で補塡できたため，紙幣価値は1877年まで安定的に推移した。言い換えると，大隈は，国内の通貨に管理された紙幣を用いる一方，外貨準備には正貨を充てる「紙幣と正貨の分業」体制をとったのである。しかし，それは紙幣の管理という前提が崩れたときに経済危機を引き起こす火種を内包していた（山本 1994：37-42；岡田 1975：165-166）。

5　インフレーションの激化と政策転換

西南戦争とインフレーション

　先述した国立銀行条例の改正を契機とする相次ぐ銀行設立と銀行券の発行は，1877年2月に勃発した西南戦争に要する戦費の調達に寄与し，そうした戦費の散布と戦後の殖産興業政策の展開は，1879年以降の「不換紙幣インフレーショ

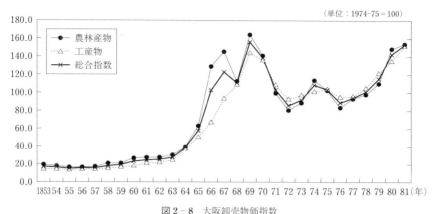

図 2-8　大阪卸売物価指数

（出典）斎藤（1975：66）。

ン」を引き起こした（図2-8）。その結果，国内の銀貨に対する紙幣の価値（紙価）の差，いわゆる銀紙格差は1877年の銀貨1円に付1.033円から1879年に1.212円，1880年には1.477円へと急落した。

　戦争勃発と物価騰貴の若干のタイムラグは，戦費が主に九州地方に傭給費や輸送費の形で散布された結果，その通貨が中央に還流するまでに時間を要したためであった。加えて，銀紙格差の拡大（インフレ期待）を背景にした投機が活発化した。農家は米価，資産家は保蔵金銀の価格の上昇をそれぞれ期待して供給を調整し，輸入業者は思惑取引を行った。そして1879年以降のインフレの激化は各方面に大きな影響を及ぼすようになる（中村　1988：日本銀行百年史編纂委員会編　1982：56-61）。

マクロ経済現象に対する大隈重信の認識

　大隈重信は1878年3月，「内国債募集之儀ニ付太政官ヘ上申案」の中で，鉄道建設，港湾整備，道路改修，鉱山開発などへの投資を目的とする公債発行を唱えた。政府はこの上申案を採択して同年5月，総額1,250万円（発行価格1,000万円）の起業公債を発行し，殖産興業政策の財政基盤を整えた。その一方で同年8月，正院に稟議した「公債及紙幣償還概算書」において，政府紙幣流

通残高1億2,000万円強を1878年度から1905年度までの28年間をかけて貨幣と交換し消却する計画を立てた。紙幣整理の始動である。ただし，1878年度から1892年度は西南戦争戦費支出のために発行された2,700万円の政府紙幣を補助貨幣に交換するにとどめ，しかも1882年度までの回収額はわずか年50万円にすぎない，漸進的な対策であった。

　こうした微温的な対策は，経済危機に対する大隈の認識に基づく。彼は，国際収支の不均衡，洋銀相場の騰貴，紙幣の増発，および物価の騰貴の関係を次のようにとらえていた。第一に，洋銀相場の騰貴をもたらす主要因は，巨額の輸入超過とそれに伴う正貨の流出と欠乏であり，副次的要因は国内外の商人の投機と正貨の退蔵である。換言すれば，紙幣の増発は洋銀相場の騰貴の結果であって原因ではない。第二に，物価の騰貴は，中国の飢饉に対する内地米の輸出とその後の凶作に起因する米価の高騰によって引き起こされたのであって，紙幣の増発とは直接関係をもたない。第三に，4円40銭という1人当たり通貨流通高は先進諸国に比して，あるいは維新前に比して少額であり，過剰どころか欠乏している。

　大隈は，経済危機の本質を①洋銀需要の過熱と②国際収支の不均衡に起因する，洋銀相場の騰貴に見出した。それゆえ，紙幣整理ではなく，①に対しては洋銀供給の円滑化，②には殖産興業政策の遂行をもって対応しようと考えたのである。しかし，世論は紙幣増発を洋銀相場と物価の高騰の"犯人"と信じて疑わない。

　そこで，大隈は「公債及紙幣償還概算書」を訂正して，2,700万円の政府紙幣の消却期間を15年間から8年間に短縮するとともに，当面の回収（截断）額を1878年度は716万円強，1879年度と1880年度は各200万円に大幅に増額した「国債紙幣銷還方法」，いわゆる「減債方案」を1878年6月に打ち出した。その提案理由は「財政四件ヲ挙行センコトヲ請フノ議」の中で説明されている。すなわち，洋銀相場の騰貴の"犯人"を紙幣増発に求めることは誤りだとしても，そうした「心理的誤認」が景気に悪影響を及ぼす恐れがあるならば，政府は紙幣整理の重要性をきちんと認識していることを世間に知らしめなければならな

いというのである（岡田 1975：167-172；山本 1983：87-90）。

　しかし，大隈の本意は，貿易不均衡の是正を目指した産業振興とそのための積極財政にあり，1878年度から1880年度にかけて，政府紙幣の消却を加速する一方でそれを上回る銀行紙幣の追加発行を行った。その結果，紙幣インフレの進行は止まらず，物価の高騰は政府財政に大きな打撃を与えた。すなわち，1877年1月の地租軽減と「地租改正＝金納固定制」下の米価上昇は，富農層をはじめ農家に「二重の減租」を施す一方，国の歳入の実質的な減少をもたらし，1880年度予算の編成を難しくしたのである（室山 1983：140-144；山本 1994：46）。

「五千万円外債案」と「地租米納論」

　財政危機を招いたことで政府内部から批判を受けた大隈重信は1880年5月，「五千万円外債案」とよばれる「正金通用方案」をポイントにした「通貨ノ制度ヲ改メン事ヲ請フノ議」を上程し，政策転換に踏み出した。これは，5,000万円の外債発行で獲得した正貨に，政府保有の準備金のうち硬貨（金銀貨幣・地金・新旧銅貨）と貸付金の返納分を加えた1,750万円の計6,750万円を紙幣消却の元資金とするプランである。大隈は，この財源を紙幣相場（銀1円＝紙幣1.155円）の時価で交換すれば，7,800万円の不換紙幣の消却が可能であり，通貨制度を「紙幣専用ノ制」から「正貨通用ノ制」へと一挙に切り替えられると説明した。なぜなら，政府紙幣をことごとく消却して正貨だけで通貨を構成するようになれば，国立銀行券も兌換紙幣となりうるからである。しかし，大隈の「外債案」は，増税による紙幣整理案を唱える佐野常民大蔵卿や殖産興業政策の短期的な効果を疑問視する河野敏鎌文部卿，「節約主義」を唱える山県有朋参議，そして「健全財政」を重視する井上馨や松方正義の反対によって実現を阻まれた（岡田 1975：175-178；梅村 1983：70-73；御厨 1981；山本 1983：90-94）。

　同様に「外債案」に反対の立場をとる参議の黒田清隆と大木喬任は，五代友厚の提起した「地租米納論」を主張した。すなわち，インフレの原因は紙幣増

発による紙価下落ではなく，巨額の輸入超過に伴う正貨流出にある。国際収支の不均衡は，地租改正＝金納化の恩恵を受けた農民が輸入品を多量に購入したために生じた。そして，輸入代金の支払いに必要な正貨の不足がその退蔵を招き，紙価の下落を加速させた。関税自主権のない現状を踏まえた場合，地租の全部ないし一部を現米で徴収する「地租米納」こそ即効性のある現実的な施策である。なぜなら，この施策によって，米価の調整手段の一部を政府が取り返すだけでなく，米価の抑制を通じた農家所得の削減により輸入超過を改善できるからである。もちろん，こうした旧来の制度に逆戻りする議論は，財政の近代化を推し進めてきた大隈や井上にはとても受け入れられるものではなく，採用されるに至らなかった（猪木 1983：109-111；御厨 1981）。

紙幣整理と官業払下げの本格始動

以上の財源論争の過程で伊藤博文と連携を強めた大隈重信は1880年9月，「財政更改ノ議」を提示し，その中で，①酒税・煙草税の増税，②府県土木費や庁舎営繕費など地方への国庫補助金の削減，③雇入外人費や外国製品購入費など正貨を必要とする政府の対外支出の削減，④官業払下げをはじめ各省庁の経費削減を通じて捻出した年間922万円の財政余剰金を使って，紙幣消却を促進することを唱えた。紙幣整理という点からみれば，財政政策は大隈の時代に転換していたのである（岡田 1975：185-189）。

このうち④の官業払下げに関して，大隈はすでに1875年1月の「収入支出ノ源流ヲ清マシ理財会計ノ根本ヲ立ツルノ議」の中で，官業であっても利益を計上して国益に資する事業は漸次担い手として相応しい民間企業に払い下げるべきとの認識を示していた。ただし，国産品の愛用を奨励しようにも，輸入代替工業化を進めなければ現実的な施策になりえない。加えて，正院財務課が1875年7月に「正院財務局設立建議」を提案して大蔵省から財政権を名実共に奪い取ろうと画策し，その案に島津久光右大臣，板垣退助，木戸孝允の両参議が賛意を示すなど，大隈（と大蔵省）は揺さぶりをかけられた。不安定な立場に置かれた大隈は結局，払下げどころか，工部省に高額な予算を割り当てた（柏原

2015)。それが殖産興業政策を展開する資金的な裏づけになったことは既述のとおりである。1874年時点の名目 GDP に占める製造業のウェイトはわずか8.5％，鉱業と建設業を含めた第二次産業でも12.3％にすぎなかったから，政府主導の工業化が急務であったことも否定できない（攝津ほか 2016）。

しかし，緊縮財政への転換を明確化した1880年5月の「三議一件」では，その1つ目に「勧誘ノ為メ設置シタル工場払下ケノ議」を打ち出し，候補に挙げた工部省と内務省の計14工場の払下げを実施した場合の損失補填額や営業資本分・興業費年賦返還金などを算出したうえで，それを準備金に加算し，かつ国債償還に充当することを主張した。そして，この建議の付録「工場払下概則」は最初のガイドラインとなったのである。

官業払下げがたびたび政策論の俎上に載せられたのは，事業継続に欠かせない利益を生み出す，つまり経営面で十分な成果をあげられなかったからである。その要因としては，外国技術に全面的に依存したこと，この点に関連してお雇い外国人の人件費をはじめコストが嵩んだこと，にもかかわらず，外国技術を消化・吸収しきれず低い技術水準にとどまったことなどが指摘される。

財政負担だけでなく，担い手としての政府（官僚）それ自体に対する批判も出された。たとえば，福沢諭吉は1877年11月に出版された『分権論』の中で次のように論じた。

すなわち，民間人が商工業に従事しようとしても，政府でなければ資金を確保できない。それどころか主要な商工業はすでに政府によって営まれている。鉱山の開発も同じである。商工業は官僚のもっとも不得手とすることなのに，政府以上に潤沢な資金をもつ主体がいないから参入できない。「事に拙なる者が巨額の資本を用ひんとして，其際に浪費乱用の弊なきは万々期す可らず」ことは，幕末・維新以来の「実験」からも疑う余地はない（小林 1977：40-42，109-111，122-123）。

このような官業の非効率性に対する批判は財政危機の中で強まり，政府は抜本的な見直しを余儀なくされた。しかし，殖産興業政策が，経営資源の乏しい民間の経済主体に代わって投資リスクを負担するにとどまらず，欧米から先端

第Ⅰ部　近世から近代へ

の技術や設備を導入したり，優秀な技術者を雇ったり，国内の人材を育成したりするコストを負担することで，近代産業の移植に小さくない貢献をしたことは覚えておきたい。

参考文献

石井寛治『体系日本の歴史12　開国と維新』小学館ライブラリー，1993年。
石井寛治『近代日本金融史序説』東京大学出版会，1999年。
梅村又次・中村隆英編『松方財政と殖産興業政策』国際連合大学，1983年。
梅村又次・山本有造編『日本経済史3　開港と維新』岩波書店，1989年。
鈴木淳『日本の歴史20　維新の構想と展開』講談社学術文庫，2010年。
中村哲『日本の歴史16　明治維新』集英社，1992年。
宮本又郎『シリーズ日本の近代　企業家たちの挑戦』中公文庫，2013年。
安岡重明『財閥形成史の研究』ミネルヴァ書房，1970年。
安岡重明・天野雅敏編『日本経営史1　近世的経営の展開』岩波書店，1995年。
山本有造『両から円へ――幕末・明治前期貨幣問題研究』ミネルヴァ書房，1994年。

練習問題

問題1
江戸時代の大判・小判，そして銭の世界から明治時代の紙幣を中心とする世界へという通貨制度の変容過程を新貨条例の内容を踏まえて論じてみよう。

問題2
日本の近代化に果たしたお雇い外国人と外国技術の役割を鉄道業や富岡製糸場の事例を参考にしながら論じてみよう。

問題3
工部省の殖産興業政策と内務省のそれとはどのような違いがあるのかを重点分野と政策目的の点から論じてみよう。

(加藤健太)

第3章

近代産業の発達

本章のねらい

本章では，明治初期の政府主導による経済政策が実施された後の時期，具体的には1880年代初頭から日清戦争が開戦する直前の時期までの日本経済の状況，民間主導による近代産業の発展の在り方などについて概説する。この時期は，日本では最初の企業設立ブームが起き，いわゆる産業革命の時代として位置づけられ，さまざまな産業において近代化が進んだ。ここでは，紡績業，鉄道業，製糸業といった産業の事例を具体的にとりあげながら，産業革命期における産業・企業の発展の在り方について述べていくことにしたい。

---

1 松方財政の展開と経済財政政策

明治十四年の政変と松方財政

前章においてみてきたように，新政府樹立後の日本においては，江戸時代からの転換を図るために，政府主導により，さまざまな政策が試行された。この時期は，日本の近代国家としての基本骨格が形成された重要な時期であったが，中央集権国家形成が進められ，その後民間部門への支援および保護というようにその形を変容させつつも殖産興業政策が推し進められた。そして，大蔵卿・大隈重信のもとで積極的な財政政策による国内産業の振興が推進され，築港・道路建設・鉄道建設など交通インフラの整備や鉱山開発などが積極的に実施された。その資金調達のために政府は1878年，起業公債を発行し，その一方で同年度からは，加速するインフレの中で紙幣整理に着手していた（杉山 2012：

200)。

図3-1　松方正義

このような中、1881年、北海道官有物払い下げ事件を発端として、明治十四年の政変が起き、それに伴い大隈重信は罷免され、下野した。そして、大隈に代わり1881年10月に松方正義が大蔵卿に就任した（図3-1）。松方はその後、1885年に内閣制度が成立すると初代大蔵大臣に就任し、それ以降も日清戦後経営期までほぼ一貫して財政を担当したが、松方の政治家としての活動の中で、財政政策への取り組みは高く評価されている。

そのなかで1880年代前半の時期については、とくに松方財政期とよばれることが多く、その政策として財政緊縮、紙幣整理、正貨主義、輸出荷為替制度、直輸出制度、中央銀行の設立などを挙げることができる。以下、松方の実施した諸政策について、やや詳しくみていくことにしよう。

松方財政と紙幣整理・中央銀行の設立

1881年10月に大蔵卿に就任すると、松方はまず天皇・政府首脳から紙幣整理に関する支持を取り付け、3カ年予算凍結方針を打ち出し、閣議の了承を得た。そして、大隈財政期に進められつつあった紙幣整理事業を強力かつ迅速に推進していくこととなった。松方は、当時の財政経済危機の解決策を漸進的紙幣整理と正貨蓄積による兌換制度の確立に求め、具体的な構想として、①緊縮財政と増税により財政剰余を捻出し、その一部で直接紙幣償却を図り、他の部分を紙幣交換準備に繰り入れて準備金を充実すること、②収支均衡化に努めると同時に、常用部の一時的資金不足を準備金から繰替支弁することによって予備紙幣の償却を速やかに行うこと、③これと並行して準備金を海外荷為替資金として輸出商に紙幣で貸し付け、その売上代金を海外において正貨で領収し、兌換準備としての正貨蓄積を図ること、④中央銀行を設立して近代的な通貨信用機

構を整備し、紙幣償却の進捗と正貨保有の増大をまって兌換銀行券を発行し、漸次政府紙幣をそれに切り換えていくことにする、ということを考えた（室山 1983：129）。

松方財政の特徴の1つとして、西南戦争に伴い増発された政府紙幣に対する整理を基調としたことがあげられるが、松方は、銀行紙幣の増発を回避して短期間のうちに政府紙幣の消却を進め、正貨を蓄積して兌換制度を確立しようとしたのであった。

表3-1　紙幣整理の動向と金利：1876～1890年

年	政府紙幣現在高 （千円）	日本銀行券現在高 （千円）	定期預金金利 （年利・東京） （％）
1876	105,147		11.69
1877	105,797		9.08
1878	139,418		9.22
1879	130,308		9.05
1880	124,940		9.73
1881	118,905		9.25
1882	109,369		9.47
1883	97,999		8.96
1884	93,380		8.46
1885	88,345	3,653	7.90
1886	67,800	39,025	6.81
1887	55,815	53,235	4.70
1888	46,734	62,995	5.42
1889	40,913	74,297	5.69
1890	34,272	102,931	5.97

（出典）三和良一・原朗編『近現代日本経済史要覧（増訂版）』東京大学出版会、2010年、64頁。原資料は、日本銀行『明治以降本邦主要経済統計』116頁、後藤新一『日本の金融統計』273頁。

なお、紙幣整理事業は大隈財政期においてすでに着手されたものであったが、積極財政論者の大隈にとって紙幣整理はあくまでも国内産業振興のための不可避的な短期的政策であったのに対し、松方にとっての紙幣整理は、通貨・金融制度の確立のための最優先の課題であった（杉山 2012：204-205；室山 2004：129-130）。

表3-1は、紙幣整理の動向について示したものである。これによると、松方財政期において多くの政府不換紙幣が流通から引き上げられたことがわかるであろう。なお、この通貨流通量の収縮は、紙幣価格の上昇をもたらし、銀紙格差を解消することになったが、後述するデフレーションの要因の1つとなった。ともかくも、松方によるこのような経済財政政策の実施は、一方ではデフレ側面を伴いながらも、近代的な財政制度、通貨信用制度の確立を可能にしたのであった。

次に，中央銀行である日本銀行の設立過程について述べることにしよう。前述のような政策構想に基づき松方は，1882年3月に「日本銀行創立ノ議」，「同創立趣旨ノ説明」を提出した。これを受け同年6月に政府は「日本銀行条例」を制定し，同条例に基づき日本銀行は同年10月に開業した。1883年には「国立銀行条例」が改定され，国立銀行の営業許可年限を20年として漸次発券権をもたない普通銀行に切り換えることが定められ，さらに1884年には「兌換銀行条例」が公布され，日本銀行の銀行券発行権の独占と銀貨兌換＝銀本位制が定められ，1886年には銀兌換制度がしかれることになった。そして日本銀行は，1885年5月より兌換銀行券の発行を開始し，政府紙幣を日本銀行券に切り換えていった（室山 1983：129-130）。

松方デフレ

「政府の不退転の決意」（室山 2004：195）による紙幣整理事業が進んだこの時期は，急速にデフレーションが進行した時期でもあり，この中でもとりわけ1882年から1886年にかけては，「松方デフレ」と称される時期にあたる。松方財政期における緊縮的な経済財政政策の展開は，西南戦争以降，一層進行していた景気のインフレ傾向を大きく転換することになった。前述のように，大量の政府不換紙幣が流通から引き上げられ，通貨流通量の減少は物価の下落を生み，金利も低下し，経済はデフレ側面へと進み，深刻な不況に陥った。物価下落のなかでも農産物価格の下落は顕著であり，デフレの影響は都市部よりも農村部において深刻であった。

この松方デフレ期に関しては，一般にデフレーションが進行して経済は深刻な不況に陥り，その不況は深刻な農業不振を反映して1884年にピークに達し，1886年頃まで続いたと理解される。しかしながら，この点については，たとえば「銀円ベース」でみるならば物価指数は顕著な上昇を示し，実際には個人消費支出が拡大し，非農業部門の生産活動が活発化して経済はプラス成長へと転換していたとし，単純に松方デフレ期＝深刻な不況期であったと説明するべきではないとする見解がある（室山 2014：142, 175）。

松方財政下のデフレ期には,確かに日本経済は不況側面におちいっていた。しかしながら,財政の急速な建て直しが図られ,それまでの時期におけるインフレ・金融閉塞を克服する役割をも果たした。また,農産物価格の下落に伴い農民にとって地租の賦課が相対的に過重になり,離村した農民は都市へと流出し,のちの企業勃興を支える低廉かつ大量の潜在的な労働者群を創出することになった。さらに,貿易収支の改善と正貨蓄積が実現し,国内市場と国内産業の保護・育成にもプラスの効果をもたらすことにもなった(杉山 2012:211-212)。

したがって,この松方デフレ期については,単に深刻な不況期であったとマイナスの側面を強調するよりも,1886年以降の本格的な企業勃興の直接的な前提条件を作り出した時期であったとプラスの評価を与え,理解するほうがよいであろう。

2 官有物払下げと民間企業の発展

官有物払下げ

明治初期から実施されていた殖産興業政策は,1880年から1881年における「工場払下概則」の制定,農商務省の成立,各府県官業施設の縮小・廃止といった流れの中で,大きく転換が図られることになった。官有物払下げの方針については,1880年11月5日に制定された「工場払下概則」により確定し,この概則の制定以降,1896年頃までの間に官有物の民間への払下げが実施されることになった。

まず,1880年11月から1884年7月までの時期は,官有業払下げの過程における第一段階にあたる,「工場払下概則」の時期(1880年11月〜1884年7月)とされる。しかしながら,「工場払下概則」では,政府資金の回収を第一のねらいとし,官業を引き受ける資力のある者を対象に払下げることに重点が置かれていたため,厳しい払下げ条件が制定されていた。したがって,払下げは思うようには進まず,政府は赤字工場の払下げによる国庫資金の回収を意図したが,

引き受け手がほとんどなく失敗に終わったとされている。

　このように，政府の期待に反して払下げが思うように進まない中，政府は1884年7月，鉱山の払下げを決定した。これにより，1884年7月以降，払下げ件数が急に増加するようになった。この様子については，表3-2をみても明らかであろう。なお，この1884年7月における鉱山払下げの決定から1888年3月までの期間は，払下げの第二段階にあたる。そして，1884年10月3日には「工場払下概則」が廃止されて払下げ条件が緩和され，払下げがいっそう本格化していくのであった。また，この時期において払下げが比較的順調に行われた背景には，概則の廃止のほかにも松方デフレの終期にあたり政府も財政的原因を払下げの第一義におかなくてもよいという背景に支えられて，その多くを無利息・長期年賦で払い下げたという要因や，払受け主体として，その産業の経験をもつ者が払い受けるようになったという要因などがあった。表3-2からもわかるように，模範工場として建設された深川セメント工場（深川白煉化石）や小坂銀山，阿仁銅山，長崎造船所，兵庫造船所などが順次払い下げられていった（小林 1977：129-148）。

　このなかで，たとえば深川セメント工場の引受け先は浅野総一郎であったが，払下げられた後に浅野セメントという会社になり，同社を中核として浅野は企業家として大きく発展をすることになった。また，藤田組や古河市兵衛なども払下げを受けており，ここで払下げられた鉱山などをもとに，のちの財閥としての成長の基礎をつくっていった。兵庫造船所は川崎正蔵に払下げられて川崎造船所となり，のちの川崎重工，川崎製鉄，そして現在のJFEスチールへの流れを生んだ。

　1887年に三菱に払い下げられた長崎造船所は，1884年にはすでに政府から工場設備を借り入れていた。これは三菱が共同運輸との間で激しい海運競争を行っていた時期にあたる。したがって，三菱への払下げに関しては，赤字続きの長崎造船所を政府が三菱に押し付けたのではないかという解釈もある。しかしながら，三菱は造船所の獲得に積極的に動いていたということが明らかになっており，むしろ造船業という新たな事業を育てるチャンスをつかんだと考えた

表3-2　官業の払下げ実施過程

払下段階	払下年月	物件	払受人	後の所属先
第一段階	1882年6月	広島紡績所	広島綿糸	
	1884年1月	油戸炭鉱	白勢成煕	三菱鉱業
第二段階	1884年7月	中小坂鉄山	坂本弥八他	
	1884年7月	摂綿篤製造所	浅野総一郎	日本セメント
	1884年4月	深川白煉化石	西村勝三	品川白煉瓦
	1884年10月	梨本村白煉化石	稲葉来蔵	
	1884年8月	小坂銀山	久原庄三郎	同和鉱業
	1884年12月	院内銀山	古河市兵衛	古河鉱業
	1885年3月	阿仁銅山	古河市兵衛	古河鉱業
	1885年5月	品川硝子	西村勝三・磯部栄一	
	1885年6月	大葛・真金金山	阿部潜	三菱金属
	1886年11月	愛知紡績所	篠田直方	
	1886年12月	札幌麦酒醸造所	大倉喜八郎	サッポロビール
	1887年5月	新町紡績所	三井	鐘紡
	1887年6月	長崎造船所	三菱	三菱重工
	1887年7月	兵庫造船所	川崎正蔵	川崎重工
	1887年12月	釜石鉄山	田中長兵衛	新日鉄
	1888年1月	三田農具製作所	子安峻他	東京機械製作所
	1888年3月	播州葡萄園	前田正名	
第三段階	1888年8月	三池炭鉱	佐々木八郎	三井鉱山
	1888年11月	幌内炭鉱・鉄道	北海道炭礦鉄道	北海道炭礦汽船
	1890年3月	紋鼈製糖所	伊達邦成	
	1893年9月	富岡製糸所	三井	片倉工業
	1896年9月	佐渡金山	三菱	三菱金属
	1896年9月	生野銀山	三菱	

(出典)　小林正彬『日本の工業化と官業払下げ』東洋経済新報社，1997年，138-139頁。

ほうが妥当であろう。このようにして87年には正式に造船所の払下げを受けた三菱では，海運業からの撤退という状況のなかでも，造船業という新たな産業への進出を果たし，収益事業として長崎造船所を再構成していくことになった（武田 1995：63, 76）。

さらに，第三段階として「三池鉱山払下規則」制定（1888年4月）以降，1896年9月の佐渡・生野金銀山払下げまでの時期は，払下げの最終段階の時期にあたる。この時期においては，第二段階の時期に政府が払下げの対象からはずし，なかなか払下げを行わなかった優良鉱山の払下げが行われた。三池炭鉱，

佐渡金山，生野銀山といった優良鉱山については競争入札が行われ，財産評価額よりも高額で払下げられることになった。その結果，三池炭鉱は三井，佐渡金山・生野銀山は結果的に三菱，といった政商に払下げられることになった。三池炭鉱に関しては，払下げ以前から三井物産が三池炭鉱の海外販売を委託されて大きな利益をあげていた事情もあり，三井としては是非とも引き受けたい事業であった。そのため，三井と三菱が競り合うこととなり，結果当時の金額で400万円を超える金額で落札されることになった（小林 1977：152-154）。

政商から財閥へ

　このようにして，1896年までの時期にかけて，政府は軍事工場と鉄道，電信などをのぞき，官営の鉱山・工場などを民間に払い下げていった。引受け先には，いわゆる政商が多く，官業払下げは結果としてのちの日本における産業化の流れや財閥の発展に大きく寄与することになった。

　明治初期は，富国強兵政策や殖産興業政策にも特徴づけられるように，政府が主導して産業化を推進する時期であった。したがって，政府のまわりにビジネスチャンスが存在し，そのチャンスをつかんで経済活動を行う商人たちは政商として，活発な企業者活動を行った。それらの代表的な事例としては，三井，安田善次郎，大倉喜八郎，五代友厚，岩崎弥太郎（三菱）などのケースが挙げられる（武田 1995：25-27）。

　それが1880年代に入ると，明治政府の初期の経済政策が大きく転換し，官有物払下げにも象徴されるように「官から民へ」の政策転換が行われた。その過程の中で，三井，三菱といった政商たちは，政府により払い下げられた事業も積極的に活用しながら，事業の多角化を推進していくようになる。1890年代には，事業の多角化が顕著にみられるようになり，こうした中で成功を遂げていった一部の政商たちは，のちに財閥とよばれる，戦前期の日本経済を牽引する大規模企業集団へと成長していくのであった。

第3章　近代産業の発達

3　企業設立ブームと近代産業の発達

「産業革命」と第一次企業設立ブーム

　1880年代後半から起こった企業設立ブームは，第一次企業設立ブームといわれ，この時期の日本について，とくに企業勃興期（第一次企業勃興期）と称されている。近世からの移行期にあった日本経済は，松方デフレとこの企業勃興を経て大きく転換することになり，近代日本としての持続的な経済成長の道をたどることになった。そして，自由経済システムのもとで，市場メカニズムも次第に機能するようになった。

　またこの時期は，産業革命が胎動した時期であるとして，日本におけるいわゆる「産業革命」期であるともいわれる。日本の産業革命は，1880年代後半に生じた企業勃興（第一次企業勃興）からはじまり，近代的な大型紡績工場や製糸工場が多数出現し，鉄道網が急速に拡充され，財閥系企業を中心に鉱山業も活況を呈したのであった（阿部・中村　2010：3）。なお日本の産業革命については，そもそも後進国日本における産業革命を議論する場合，先進国イギリスあるいは後進国ドイツなどにおける産業革命との比較で議論されなければならないということや，日本における産業革命論は，時期的には「産業化の時代」を意味あるものにした第一次大戦期にまで視野を拡大して検討される必要があるといったこと，産業革命が全社会的な構造変化をもたらしたとすれば，製造業の市場拡大を可能にした鉄道・船舶など運輸部門にも対象を拡大して考察する必要があること，地域レベルでのミクロ分析と融合して議論される必要があること，工場化を促進したエネルギー産業と動力革命の関係についても再考すべきこと，グローバル・ヒストリーの中で日本の産業革命について議論すべき必要があることなど，議論の視点やとらえ方についてはさまざまなものがある（杉山　2015：58-59）。とはいえ，産業革命を形づくる前提条件として，明治初期の段階で，日本では在来産業の基礎的な展開，明治政府の殖産興業政策，インフラの整備，金融・財政システムの整備が行われていた。そしてその上で，イギリ

スやアメリカといった先進的に産業革命を達成した諸国には遅れていたものの，その恩恵にあずかる形で，日本では比較的短期的に産業革命が達成されたのであった。

綿紡績業の発達と大規模化

　緊縮財政に特徴づけられる松方財政期には，深刻な不況を伴いながらも資本主義発展のための諸条件が生み出された。1886年以降デフレが終息すると，金利の低下，輸出の急増などの理由により景気は回復の方向にむかった。そして綿紡績業と鉄道業といった近代的産業部門を中心に，企業勃興が起こった。また，日本の産業化においては，綿紡績業のような近代的移植産業のほかに，伝統的在来産業である製糸業もリーディングセクターであったとはいえ，大規模な綿紡績業が主として大阪や東京などの都市立地型の産業であったのに対して，製糸業は地方立地型の産業であったという点において対照的であった（杉山2016：4）。このような近代産業や在来産業における産業化の動きは日本における産業革命の本格的な現出を意味し，この時期以降日本においても産業化が一層進展することになった。

　製糸業や鉄道業については後ほど詳しくみていくことにし，ここではまず近代的移植産業である綿紡績業について注目してみよう。産業革命期においては，明治初期にみられたような政府主導による近代的紡績業の発達ではなく，民間主導による産業の発展がみられた。その嚆矢として位置づけられるのは，1882年に設立された大阪紡績会社である。大阪紡績会社は，渋沢栄一のイニシアティブにより大阪や東京の実業家や有力商人，華族の資本を集めて，株式会社制によって資本金25万円で設立された（図3-2）。

　同社は，それまでの2,000錘紡が不振をきわめる中で，蒸気力を利用する1万錘以上の大規模工場であった。なお，使用する紡績機については，会社設立当初の1883年夏においては，イギリスのプラット社製のミュール精紡機1万500錘が備えられ，操業が開始された。しかしながら，ミュール精紡機は，それを操作するために熟年労働者の技術を要するものであり，当時の日本におい

て、ミュールを駆使して良質の綿糸を自由自在に紡出できる労働者は皆無に等しかった。一方、1870年代にアメリカで実用化されたリング精紡機は操作が容易であり、女性や子供でも十分に操作できるものであった。大阪紡では、1880年代後半以降、リング精紡機に切り替えを行うなど、最新の生産設備を備えていった。また、原料棉花には、低廉な中国棉を中心とする輸入棉を利用し、昼夜二交替制を採用するなどして、コスト・カットおよび生産性の向上につとめた。大阪紡は、明治期の紡績企業の行動の

図3-2 大阪紡績会社

表3-3 企業勃興期における綿糸紡績業の発展

年	会社数	錘　数 (錘)	綿糸生産高 (梱)	綿糸輸入高 (梱)
1884	19	49,704	13,221	70,623
1885	22	59,704	15,881	71,325
1886	22	71,604	15,568	82,101
1887	21	76,604	23,159	110,988
1888	24	116,276	31,862	158,132
1889	28	215,000	67,046	142,703
1890	30	277,895	104,839	106,361
1891	36	353,980	144,980	71,325

(出典) 三和良一・原朗編『近現代日本経済史要覧（補訂版）』東京大学出版会、2010年、68頁。原資料は『内外綿業年鑑』（昭和7年度版）。

モデルになったと評価でき、また、山辺丈夫（1851～1920年）による経営も、のちの専門経営者の先駆として、大阪紡の成功に大きな影響を与えた（阿部・平野 2013：46-49）。

大阪紡の経営上の成功にも触発され、1890年頃までには三重紡績（1886年）、天満紡績（1887年）、鐘淵紡績（1887年）など関西を中心に、リング精紡機をもちいた1万錘以上の大規模紡績工場の建設が相次いだ。この時期における綿糸紡績業の発展の在り方について表したものは、表3-3である。同表によると、1884年には会社数19社、錘数は49,704錘であったが、1888年には24社、116,276錘、1891年には36社、353,980錘へと増加した。綿糸生産高も、13,221

図3-3　山辺丈夫

梱（1884年）から，144,980梱（1891年）へと増加した。また，1885年には綿布の国内生産額が輸入額を凌駕することになった。

　こうして，第一次企業勃興期を契機として，日本の紡績業は大規模な近代産業としての歩みをスタートさせることとなり，紡績業はのちに，外貨獲得のためのリーディング産業としての重要な地位を占めるようになるのであった。紡績企業各社は，その後も得意分野を中心にシェアを伸ばし，競争力を高め，巨大企業へと成長していった。そして，巨大企業への成長とともに資本集中も進み，日清戦後には8大紡（鐘紡，大阪紡，三重紡，摂津紡，尼崎紡，富士紡，東京瓦斯紡，大阪合同紡），日露戦後には6大紡による資本集中がみられた。このようにして戦前期を通じ，日本の紡績業の紡績錘数は増加した。

　なお，このような近代的紡績業の発展を人的に支えたのは有能な技術者たちの存在であった。たとえば，ロンドン大学で経済学を学んだのちにマンチェスター近郊の紡績工場（ローズヒル工場）で紡績技術を学んだ山辺丈夫は，帰国後に大阪紡を中心とする大紡績会社での技術指導において，大きな役割を果たした。また，工部大学校を卒業した技術者たちも，近代的紡績企業の技術発展に貢献した。

在来産業の近代的展開

　近代産業だけでなく，製糸業や織物業といった，近世からの伝統を受けつぐ在来産業も，産業革命期においてより一層の発展をとげた。とりわけ製糸業は，前述のように，綿紡績業に同じく産業革命期のリーディングセクターとして，日本の産業化を牽引した。

　まず製糸業について述べることにしよう。製糸業は，産業革命期を通じて日本の貿易収支を支える輸出産業として，大きく発展した。製糸業は幕末開港以

第 3 章　近代産業の発達

降，日本の重要な輸出産品であり，1870年に開業した藩営前橋製糸場，1872年に開業した官営富岡製糸場など，明治初期からイタリアやフランスといったヨーロッパ諸国の技術・機械を導入した機械製糸場がみられたが，これらを模範として，1870年代後半には長野・山梨・岐阜などを中心に，器械製糸場が続々と設立された。この時期の製糸業の発展を牽引したのは，従来の座繰製糸に代わる器械製糸であり，作業能率と生糸品質が飛躍的に高まることになった（石井 1997：43）。なお，この時期に誕生した器械製糸業は，競争のはげしい生糸世界市場において日本製糸業が発展していく生産力的な基礎を与えたものとして，きわめて重要な意味をもった（石井 1972：128）。こうして，国産器械の普及で各地に製糸組合が結成され，器械製糸業というかたちで近代化を遂げるのであった。1894年には器械製糸業の生産高が座繰製糸業のそれを超え，1909年以降には座繰製糸は衰退の一途を辿ることになった。

　器械製糸工場では，養蚕農家から原料繭を低価格で購入し，若年女子労働者が長時間，低賃金で労働した。製糸業においてこうした労働力確保を支えていた大きな要因としては，その賃金（賃銀）形態をあげることができる。長野県諏訪郡製糸業において特徴的にみられた賃金制度は，「等級賃銀制」（石井 1972：291-307）あるいは「相対賃金制」（中林 2003：250-255）などとよばれる。この賃金制度については，平均からのずれに対して賃金格差をつけることにより女子労働者相互を競争させて作業能率を引き上げ，長時間労働と労働強化を図ることができ，製糸家は賃金コストを極度に引き下げることができるものであるとして，一種の労働力搾取の形態であったと評価することもできるが，その一方で，事後における労働成果の相対評価によって賃金を決定することによって，自発的な努力水準の上昇をもたらし，モラル・ハザードを効果的に抑止して労働を最適化する制度であったと評価することもできる（中林 2003：275）。ともかくも，このような賃金制度や原料費の低廉さに基づく生産費の低減，そして日本銀行・横浜正金銀行の製糸金融などにも支えられて，製糸業はこの時期において一層の発展を遂げるのであった。

　次に，織物業について述べることにしよう。製糸業と同様に，綿織物業，絹

織物業ともに産業革命期以降，その生産量は大きく増加していった。そして，在来産業がすでに専業化していたため，機業地を中心に洋式器械の模倣が開始された。

綿織物業に関しては，輸入綿糸の使用とバッタン機の導入によって，1880年代後半までには輸入品に対する対抗力は確立されていたが，1890年代になると豊田佐吉が木製小型力織機を完成させるなどし，動力を導入した近代化がスタートした。紡績企業兼営の機械製綿布と在来綿布ともに，朝鮮や中国への輸出を開始し，その後も輸出は拡大した。なお，紡績企業兼営綿布の生産がますます拡大すると，企業規模の小さな在来織物業は，のちに中小・零細企業の流れを形成するようになった。

絹織物業では，内地向けの生産が支配的であったが，1880年代後半から石川，福井において輸出向け羽二重の生産が急速に進展し，足利などの産地でも，絹織物の一部は海外に向けられるようになった（阿部・平野 2013：27）。

4　鉄道業の発達

産業革命を牽引した鉄道業

紡績業や製糸業といった繊維産業と同じく，産業革命期を牽引した産業の代表的なものとして，鉄道業を挙げることができる。明治初期においては，鉄道敷設は政府主導で行われた。初めて日本において鉄道が敷設されたのは1872年の新橋－桜木町間の鉄道であったが，これは官有鉄道であった。しかしながら，その後は私有鉄道を中心に建設が進められることとなり，1880年代になると民間主導の展開がみられるようになった。

ところで，すでに述べてきたように，松方財政は，一方では深刻な不況を伴いながらも，近代的な経済システムを創出する役割を果たした。そして，1886年以降には金利の低下，輸出の急増などから景気は急速に回復し，日本における本格的な産業化をむかえることになった。なお，松方自身も，パリ万博（1878年開催）に参加し，欧州各地を巡回した明治初期の頃から，鉄道敷設が一

国の工業化に果たす役割の大きさについて認識していたのであった（老川 2008：69）。

日本鉄道の設立

1881年に設立された日本鉄道会社は，明治政府が東京・高崎間の官営鉄道敷設計画を取り消した後，第十五国立銀行，華士族などが中心となって設立した最初の民間鉄道会社であった。とはいえ，政府が鉄道線路建設を技術的に支援し，補助金による配当保証や土地買収の優遇措置を与えるといった間接的なサポートを行うものであった。開業は1883年7月の上野－熊谷間が最初であり，その後1884年には上野－前橋間，1891年には上野－青森間が開通した。

また，1884年6月に設立された阪堺鉄道の営業成績も順調で，鉄道の収益性が徐々に世間に認識されるようになり，それ以降においては，私設鉄道の設立が相次ぐことになった。松方デフレの終息と上述の日本鉄道会社などの鉄道企業の順調な営業成績に刺激されて，1885年以降，日本各地で私設鉄道会社設立の動きが活発化し，同年から1892年にかけて実に50社ほどの私設鉄道会社の設立が出願された。しかしながら，資金調達の失敗や鉄道会社としての経営に必要な諸条件の不備などの理由により，1892年までの間に開業をみたのは12社にとどまった（青木ほか 1986：68-69）。この間に設立が計画された私設鉄道事業の資本金総額は5,700万円に達していたが，実際の払込み金額は300万円ほどであった。このように，この時期において設立が計画された鉄道会社には，投機的な泡沫会社（バブル的な会社）も多く含まれていた。

資本市場の発展と「鉄道熱」

さらに，鉄道国有化（1906～1907年）以前の日本資本市場においては，鉄道株が主な株主の投資の対象となっており，「鉄道熱」の過程においては，自由な市場関係に基づく株主募集が活発に行われた。私設鉄道は，その多くが巨額の設備投資を必要とするものであるから，株式会社形態による資本の集中や，資本市場における株式の売買を前提の条件としていた。そのため，日本鉄道を

はじめとする既設鉄道の株式は高値をよび、たとえば小山－前橋間の両毛鉄道など新設鉄道の「権利株」の中にはプレミアム付きで売買されるものが出現するなど、鉄道株ブームを引き起こした。すなわち、1886年以降の企業勃興の過程は、日本では最初の鉄道株投資ブーム、すなわち「鉄道熱」を伴って展開するのであった。日本の場合、明治期を通じて3回の「鉄道熱」を経験したが、その第1回目は1887〜1889年に起こり（野田 1980：63）、これは第一次「鉄道熱」とよばれるものである。

この第一次「鉄道熱」の過程の中で、北海道炭礦鉄道、関西鉄道、山陽鉄道、九州鉄道が設立され、このほかにも両毛、水戸、甲武、参宮、大阪、讃岐、筑豊興業などの鉄道会社が設立された。なお、この第一次「鉄道熱」は、1890年恐慌の中で一旦頓挫していくことになるが、日清戦争前後には再燃し、とくにその戦後経営期においてその動きは活発化していくことになった。これが第2回目の「鉄道熱」であるが（第二次「鉄道熱」）、主として、短距離の地方小鉄道の設立をめぐって展開されることになり、房総、青梅、北越、豊川、京都、南海などの鉄道会社が設立された（青木ほか 1986：70）。

井上勝の鉄道構想と鉄道敷設法

鉄道会社の設立、とりわけ私設鉄道の設立においては、株式ブーム――「鉄道熱」――を伴いながらその動きが進んでいったが、このような風潮に対して、当時の鉄道局長・井上勝は批判的な考えであり、1887年3月には内閣総理大臣（当時）伊藤博文に宛てた内陳書の中で、当時の鉄道ブームについて「近年流行ノ鉄道病」と表現して、痛烈な批判を行った。この背景には、井上が明治初期（1871年）に鉄道頭に就任したときから、鉄道行政の最高位に立つ者として一貫して主張してきた、幹線鉄道官営主義の思想があった。井上は、私設鉄道の弊害について自説を展開しつつ、日本鉄道会社の設立以降に政府内部において主導的であった私鉄保護政策を一貫して否定し、鉄道官設官営主義を堅持して、鉄道政策の主導権を掌握しようとした。この背景には、私設鉄道の技術水準に対する不信感なども存在した。

井上はさらに1891年7月には，自らの鉄道拡張構想を「鉄道政略ニ関スル議」としてまとめ，内閣総理大臣松方正義に提出した。この議によると，鉄道は，国防施政上から殖産興業上に至るまで，社会のあらゆる事業に便益を与え，富国強兵のためにも必要な開明の利器であるとされ，軍事と経済の両面から，鉄道敷設の意義が高く評価されていた。井上によれば，そのために今後必要とされる鉄道

図3-4　井上勝

は，約3,550マイルであり，その建設費は2億1,300万円にのぼるものであった。そしてそれに要する建設資金としては，当面は公債発行により調達するべきであるとしていた（老川 2013：187-190）。この議については，1891年12月に，鉄道公債法案，私設鉄道買収法案としてまず提出された。これらはそのときには両案とも否決・廃案となった。その背景には田口卯吉らが唱える，鉄道国有反対論の存在があった。なお，田口はイギリスの自由主義的経済政策の理論を日本における鉄道政策にも適用し，自ら独立自営の両毛鉄道の設立に尽力し，その初代社長として経営を行っている（石井 2013：27-28，35）。

しかしながら，1892年になると，これらのいったん否決・廃案となった法案は，他の議員から提出された法案とまとめて鉄道敷設法案として第3回帝国議会に提出され，同年6月に衆議院を通過し，公布された。

鉄道敷設法は，鉄道線路の建設を法定手続きにしたことや，政府の鉄道建設構想を示したという点において画期的なものであったが，私設鉄道の買収・国有化についてはまったく無視されており，それについては，次章で明らかにするように日露戦後期まで待つことになった。とはいえ，鉄道敷設法は，私設鉄道に対する政府の優越的な地域を確立するものであったと言ってよく，これにより，鉄道網整備の早い段階から，鉄道政策に対する政府の強い主導権が確保されたという点は注目に値するといえよう（青木ほか 1986：64-66）。

私設鉄道の建設と産業鉄道

　幾分のバブル的な要素はもちつつも，産業革命期において計画および実際に建設された私設鉄道は，貨客の輸送時間の短縮や運賃の低減化をもたらした。鉄道は，輸送の提供という事業内容によって周辺地域の産業化を促進するものとして（石井 2013：2），日本の産業化を下支えしていくことになった。この時期の私設鉄道の展開について表したものは，表3－4である。

　同表からわかるように，1890年代にはいると払込資本金額や開業線路，客車数などが急激に増大した。山陽鉄道や関西鉄道，九州鉄道などの幹線鉄道のほか，阪堺鉄道，両毛鉄道，伊予鉄道，甲武鉄道などの地域経済に直結した中短距離の私設鉄道が民間資本によって建設された。なお，後者に関しては，地域における産業輸送という側面において果たした役割も大きく，産業鉄道とよばれることもある。

　この時期に設立された私設鉄道の中で，ここでは両毛鉄道についてやや詳しく取り上げてみることにしよう。両毛鉄道は，1887年に資本金150万円で設立され，1897年に日本鉄道に合併された地方鉄道である。そして，その資本金150万円については，1889年度をもって全額払込みを終了している。また，両毛鉄道は，小山から佐野，足利，桐生，伊勢崎，前橋へと至る，いわゆる両毛機業地を横断する鉄道であった。両毛鉄道については，佐野，足利，伊勢崎，前橋など織物業の中心地帯を貫く「生産力の発達と市場の展開に応じて何程かの自生力をもつて発展した鉄道の少数の例」として取り上げられ，自生的な産業鉄道としての性格が評価されることや，一方でその性格については一定の評価をしつつも，本来的な産業鉄道として確立しえなかった事例として性格づけられることもある。さらに，資本市場との関わりでいうと，失敗することが多かった地方における会社設立の場面でも，両毛鉄道はとくに資金調達において大きな成功を収めた事例であるともいわれる。また，資金調達や役員就任に関しては，地元の織物買継商らとともに中央の政財界の有力者たちも大きく影響していた。純粋な意味での産業鉄道という位置づけからはやや外れると考えられるものの，両毛鉄道は両毛地方における織物業の発達とそれに伴う資本の蓄

積という前提をもとに，両毛機業関係者，地元企業家を中心として鉄道敷設運動が行われ，その後中央資本・企業家の参画も得て開業したのであり，両毛鉄道では，地方企業家が中央企業家と結びつき，資金調達や設立認可に対する便宜がはかられ，早期の会社設立が実現しえたのであった。この実現の過程においては，中央において形成されつつあった人的ネットワークを，地方企業家が有効に利用することによって，第一次企業勃興期という産業化の早期の段階において，地方においても比較的大規模な鉄道会社の設立および経営をなしえたという側面を指摘することができよう（石井 2013：21-49）。

表3-4 私設鉄道の発展：1888～1893年

年	払込資本金 (千円)	積立金	機関車 (輌)	客車	開業線路 (哩)	益金 (千円)
1888	14,997	242	55	238	407	1,481
1889	28,982	375	91	380	588	2,093
1890	39,036	513	143	606	896	2,794
1891	44,576	648	169	685	1,166	3,162
1892	48,237	762	185	743	1,319	2,893
1893	50,370	1,001	211	802	1,368	4,062

（出典）三和良一・原朗編『近現代日本経済史要覧（増訂版）』東京大学出版会，2010年，69頁。原資料は『日本帝国統計年鑑』第13回。

もちろん，ここでピックアップした両毛鉄道のような比較的成功した事例ばかりではなく，この時期に設立および設立が計画された鉄道会社の中には，失敗をした事例も多かった。とはいえ，産業革命期において鉄道業が企業勃興の1つの中心的産業となっていたことは明らかな事実であり，地方における活発な鉄道敷設の動きも伴いながら，この時期における産業化を基盤として支えていくことになった。

5 近代企業の発展と会社制度の発達

会社制度の展開

次に，この時期における会社制度の展開について述べることにしよう。企業勃興期には民間産業・企業が主導した産業の発展がみられたが，そこでの企業組織の在り方としては，有限責任の出資者が参加し，「株主有限責任制度」を

基本的な特質とする株式会社形態が多くみられた。その先駆的な存在としては近世期の大商人（鴻池家，三井家など）における同族の共同出資の形態をあげることができるが，本格的な「会社」の設立は，近代に入ってからのことになる。そして，近代における産業・企業は，株式会社という形態をとることによって大きく進展した。

　株式会社については，合名・合資会社と比較して①全社員の有限責任制，②会社機関の存在，③譲渡自由な等額株式制，④確定資本金制と永続性，という形式的特質があるといわれている（高村　1996：41-42）。そもそも日本では，所有者の有限責任が認められた株式会社のような組織は明治期まで存在せず，日本で最初の株式会社は，アメリカのナショナルバンク制度を模倣して成立した国立銀行条例（1872年11月）に基づいて設立された国立銀行であるといわれるが，国立銀行が全国各地に設立されていったことや国立銀行条例が広く知られていったこと，さらに会社制度を紹介した福地源一郎『会社弁』や渋沢栄一『立会略則』といった啓蒙書の存在は，一般に会社についての知識を広めるきっかけとなっていった。

　しかしながら，会社に関する法制度の整備は，必要性の認識はもたれていたものの，容易には実現しなかった。明治初期にみられた会社企業では，西洋の会社制度の知識に基づいて設立されたものも多く，近世のそれとは区別されるものの，やはりまだ会社ごとのバリエーションもさまざまであり，統一性を欠くものであった。1877年からのインフレ期には，会社設立は一種のブームとなり，全国の会社数は1881年の1,803社から82年には3,336社に増加したが，この時期の初歩的な会社組織は，松方デフレの時期を経て淘汰されるものも少なくなく，1885年には1,279社にまで減少した（北浦　2014：27；高村　1996：55）。

　とはいえ，このような時期においても，経営的に成功して拡大を続け，産業革命期の先駆となった企業も存在した。東京海上保険，大阪紡績，日本鉄道といった，本格的な株式会社とよぶにふさわしい会社も登場しつつあった。これらの会社の企業としての成功は，会社制度への信頼をふかめ，1882年設立の日本銀行や1885年の日本銀行兌換券の発行といった金融制度の整備ともあいまっ

て，その後，第一次企業勃興期の企業設立ブームにおける会社設立の爆発的増加に結びついていった。デフレ期には減少していた会社総数も，1890年には4,296社となった。なお，会社総数はその後も増加を続け，1900年には8,598社となった。

しかしながら，この時期の企業勃興により株式会社制度が定着をみたといっても，それは統一的な法制度に依拠したものではなかった。いわゆる旧商法が公布されたのは1890年4月のことであったものの施行は遅れ，その中の一部である会社法が施行されたのは1893年7月のことであった。会社法では，会社はいずれも法人格をもつ合名会社・合資会社・株式会社の3種とされ，その中の株式会社については，7人以上の有限責任出資で成立するものとし，商号には株主の姓は用いてはならないとされ，株式会社の文字を付すこととされた。そして，設立には免許主義が採用された。なお，旧商法に関しては，さまざまな批判が寄せられたことから廃止され，代わって，1899年3月には商法及商法施行法が公布され，同年6月から施行された。これは旧商法に対して新商法とよばれている（高村 1996：55，172-176）。

財閥と会社形態

会社に関する法制度の整備に対応して，前述したように政商から財閥への転身を図りつつあった三井，三菱といった同族的企業は，会社形態を採用するようになった。具体的には，会社法が施行された1893年には，三井では主要傘下企業である三井銀行・三井鉱山・三井物産・三井呉服店をそれぞれ合名会社組織に転換した。合名会社の場合，社員は全員無限責任であり，いったん破綻した場合には全社員が無限責任を負うことになるが，このような責任の範囲に対応して三井では，同族11家がそれぞれ4社のうちの1社だけの社員となることにし，1社が破綻した場合の影響を局部にとどめるようにした。

三菱では，岩崎家の金融資産は同家に残し，1893年6月に事業部門に関して三菱合資会社が設立された。合資会社形態を採用した理由については，その確たる動機は不明であるものの，合名会社は三井，合資会社は三菱に焦点を合わ

せて会社法が制定されたからであるという理由や，企業に法人としての性格を与えつつ，あくまで個人事業たる特色を保つためには合資会社組織が最適であるからという理由が伝えられている（長沢 1981：77）。1893年に施行した会社法（旧商法）では，会社の名称に個人名（家族名）を使用しない場合には，業務担当社員における例外を除いて合資会社の社員は全員有限責任であったので，三井や住友などと異なり社名に岩崎の名を冠しない三菱においては，株式会社の場合のように社員は有限責任たりえたのであった。新商法ではこのような規程はなくなったものの，既存の合資会社の継続は認められており，三菱はその後1937年に本社部門を株式会社化するまで，合資会社として組織が継続することとなった（長沢 1981：77-78；高村 1996：190）。

このように，会社制度の発達は，財閥の近代的組織構築および多角的事業展開の在り方にも大きく影響を与えた。またそれだけでなく，会社制度の整備・発達の過程は，次章でもみていくように，日清・日露戦争およびその後の戦後経営における産業・企業の発展にも影響を及ぼすことになった。

参考文献

石井寛治『日本蚕糸業史分析』東京大学出版会，1972年。
石井里枝『戦前期日本の地方企業――地域における産業化と近代経営』日本経済評論社，2013年。
上山和雄『日本近代蚕糸業の展開』日本経済評論社，2016年。
老川慶喜『日本鉄道史　幕末・明治編』中公新書，2014年。
杉山伸也「「日本の産業革命」再考」慶應義塾大学『三田学会雑誌』第108巻第2号，2015年。
高村直助編『明治の産業発展と社会資本』ミネルヴァ書房，1997年。
寺西重郎『日本の経済システム』岩波書店，2003年。
中西聡・井奥成彦編『近代日本の地方事業家――萬三商店小栗家と地域の工業化』日本経済評論社，2015年。
野田正穂・原田勝正・青木栄一・老川慶喜編『日本の鉄道――成立と展開』日本経済評論社，1986年。
室山義正『松方財政研究――不退転の政策行動と経済危機克服の実相』ミネルヴァ

書房，2004年。

練習問題

問題 1
松方財政は，それ以前の時期の大隈財政と比べてどのような特徴があったであろうか，論じてみよう。

問題 2
産業革命期においては，在来産業部門ではどのような発展がみられたか，論じてみよう。

問題 3
産業革命期における紡績業と鉄道業の展開について論じてみよう。

（石井里枝）

第4章
日清・日露戦争と日本経済

本章のねらい

　本章では，日清戦争が開始された1894年から第一次世界大戦に突入する直前までの時期における日本経済の動向について，日清戦争，日露戦争という2つの国際的な戦争とその後の戦後経営の在り方に光をあてながら明らかにすることにしたい。この2つの戦争を経て日本は欧米列強と肩を並べる国に成長していくが，いまだ不十分な面を多く残しながらの出発であった。では，実際にどのような過程を経て成長していったのであろうか。本章では，こうした日本経済の成長の過程について知るために，日清・日露戦争とその後結ばれた条約，そして産業発展の在り方にも注目しながら詳しくみていくことにしよう。

1　日清戦争の開戦と日本

日清戦争の開始

　1894年春，朝鮮において東学党という団体を中心とする大規模な農民の反乱が起こった。東学とは，1860年に創始された民衆的宗教であり，儒教を中心に仏教や道教，伝統的な民間信仰を習合し，天人合一・反外勢といった主張を唱えて影響力を強めていた。1894年2月に東学党が全羅道の古阜で蜂起し，甲午農民戦争が開始された。なお，甲午農民戦争には，逐洋斥倭（日本と西洋の駆逐），尽滅権貴（特権階級の打倒），駆兵入京（ソウル進撃）という3つのスローガンがあった（原 2014：45-46）。

　この内乱を契機として，日本は1894年6月に朝鮮に出兵し，朝鮮の内政改革を要求するなど，開戦工作を行った。朝鮮への出兵を決めた時点の日本政府の

なかでは,伊藤博文首相の対清避戦方針と,陸奥宗光外相の対清対決方針とが対立していた。当初は前者(避戦方針)が政府の方針であったが,のちに撤兵後清国と共同で朝鮮の内政改革を行うのではなく,撤兵せずに日本単独でも朝鮮の内政改革を行うという対清対決方針が決定された(石井 1997:95)。

清国も朝鮮からの要請に応じて派兵し,1894年7月末には日本は対清全面戦争に踏み切ることに決め,8月には日本が清国に宣戦布告して日清戦争が開始された(1894〜1895年)。この間,同年7月には日本はイギリスとの条約改正交渉を進め,日英通商航海条約が締結されていた。なお,この戦争は朝鮮における支配権をめぐる日清両国の争いであったといえ,東アジアにおける国際秩序に大きな影響を与えるものであった。日清戦前の日本経済は,健全財政原則を重視するいわゆる「小さな政府」路線にたつものであったが,戦後には財政は軍拡至上主義路線となり,その性格を変容させた。また,欧米諸国による中国の利権獲得競争の開始により,東アジアの国際環境は大きく変化した。

日本の勝利と戦費調達

日清戦争の結果についての諸外国の大方の予想は,初戦では日本軍が優勢であったものの,長期的には清国軍の数がものをいい,清国が勝利するのではないか,というものであった。日本国内での予想も,その大半は超大国清国との戦争に勝利するとは思わず,とくに4,000トン級の海防艦しかもたない日本軍(海軍)は7,000トン級のドイツ製新鋭甲鉄艦「定遠」,「鎮遠」を有する北洋海軍に勝てるか否かについては,疑念を抱くものも多かったという(石井 1997:103)。陸軍についても同様に,清国に勝利するとは思われていなかった。しかしながら,こうした大方の予想に反し,黄海海戦で日本軍は清国艦隊を破り,陸軍は朝鮮の主要都市を占領し,遼東半島へと進出し,結果,この戦争に勝利した。

なお,日清戦争における戦費の調達は大きな問題であった。当時の歳入規模が1億2,000万円であったのに対して,日清戦争の臨時軍事費特別会計の収入は2億2,500万円,支出は2億円に及んだ。そして,多額の戦費を補ったのは

大量の公債であった。後述するように日本は下関条約によって多額の賠償金を，またその後の三国干渉に関して多額の報償金を得ることになり，こうした歳入によっても，戦費は補塡された。

2　日清戦争の勝利と国際秩序の変化

下関条約の締結

　清国との間の戦争は，上述のように大方の予想に反して日本の勝利に終わった。そして，1895年4月17日には，下関春帆楼において日本国全権伊藤博文首相と陸奥宗光外相，清国全権の李鴻章・李経方父子の間で日清講和条約（下関条約）が締結された。この条約では，①朝鮮が独立自主の国であることが認められ，また②遼東半島，台湾，澎湖列島が日本に割譲されることになった。

　さらに，③賠償金として清国は日本に，庫平銀2億両（3億1,100万円）を英貨で支払うことなどが取り決められた。①により日本の朝鮮に対する影響力は強まることになり，また②により日本は軍事的・経済的に重要な地域を支配することになったが，とりわけ遼東半島は満洲への玄関口として重要な位置を占めるものであり，遼東半島の日本への所属は，すなわち清国が日本に支配されることを意味したので，そのことは諸外国，とくに清国への支配を画策しつつあったロシアにとっては大きな脅威として映ることになった。そのためロシアは，ドイツ，フランスを誘って遼東半島の清国への返還を求めて，いわゆる三国干渉を行った。日本側は干渉を排除することを試みるも失敗し，その結果，日本は清国から3,000万両（4,500万円）の報償金を得ることの代わりとして，清国に遼東半島を返還した。清国は，賠償金2億両のほかに報償金3,000万両を上乗せしなくてはならず，外債依存の困難な財政状況に陥ることになった。なお，台湾の日本への割譲により，台湾は日本の植民地として，その後の日本の植民地経営のモデルとなっていった。

　また，④清国は沙市，重慶，蘇州，杭州の4つの港を開港し，日本は長江上流域の航行権と上海，蘇州，杭州間の内水航行権を得た。これにより，日本は

清国内陸部までの進出を行うことが可能になった。さらに，⑤開市・開港場における製造業営業のための内地工業権が承認され，開港場における工場建設が法的に認められることになった。

遼東半島の割譲は陸軍の要求，台湾・澎湖列島の割譲は海軍が要求したものであったが，内地における権利の承認（最恵国条項）は，日本にとって緊要なものではなかった。しかしながら，こうした条項は，条約に対する欧米諸国の干渉を恐れていた日本政府が，列強の支持を得るために入れられたともいわれている。当時の批評では，日本が欧米諸国に贈った「経済上の賄賂」であるとさえいわれた。当時の日本には，まだ清国に資本輸出ができるほどの資本蓄積はみられなかったため，この内地工業権の承認は，むしろイギリスをはじめとする欧米諸国にとって有利なものであり，最恵国条項で利益を得るのはイギリスをはじめとする欧米資本であることは明白であった（原 2014：62；石井 1997：110）。このようにして，日清戦争後の条約締結は，その後の欧米諸国による清国における勢力範囲の設定への道をもひらくことになったのである。

日清戦争勝利後の東アジアの国際環境

日清戦争は，朝鮮における支配権をめぐる日清両国の争いであったといえ，東アジアにおける国際秩序に大きな影響を与えるものであった。近世期日本においては「日本型華夷秩序」意識に基づく外交を目指していた日本は，幕末開港以降，欧米諸国との条約を批准することで，国家主権に基づく欧米的なフレームワークをモデルとした国際秩序を目指していた。その一方で，東アジアにおいては中国を中心とする伝統的な華夷秩序が依然として存在する状況にあった。このように，日清戦争前の東アジアにおいては，欧米的な国際秩序のほかにも中国を中心とする伝統的な国際秩序が残されていた状況であったといえる。しかしながら，日清戦争後の下関条約においては，朝鮮が独立自主の国であることが認められ，中国への朝貢廃止が承認されるなど，伝統的な華夷秩序意識に基づく秩序に終止符がうたれることを意味していた（杉山 2012：17，241）。また，清国の敗北によって日本国民の意識としても，排外的感情と西洋を畏敬

する感情が高まったといい，そういった意味でも，日清戦争は清国に対する感情の一大転換点になった戦争であるとも位置づけられている（原 2014：77）。

またさらに，中国をめぐる欧米諸国の利権獲得競争も開始されることになり，欧米諸国は借款供与や租借権の獲得などを通じて中国に勢力を伸ばし，経済的な支配を強めていった。そして日本もこれ以降，東アジアにおける勢力範囲の設定を行っていくようになった。日清戦争後の東アジアは，国際環境も大きく変容を遂げることになり，欧米的な国際秩序の中に位置づけられ，展開していくことになった。

3　日清戦後経営

日清戦後経営期の日本経済

日清戦争は，いわゆる「小さな政府」から「大きな政府」へ，日本の財政規模を一挙に拡大させた（中村 1990：14）。

日清戦争後の財政経済政策は，日清戦後経営とよばれるが，具体的には，まず①陸海軍備の拡張を最優先課題として，陸海軍工廠の新設，拡充が行われた。このことは，日清戦争賠償金の支出総額3億6,000万円のうちで海軍拡張費は1億4,000万円，陸軍拡張費が5,680万円にのぼったことからもわかるであろう。また，産業政策としては，②製鉄所の設立や③海運・鉄道事業の改良および造船業の奨励，④電信・電話事業の拡張などが図られた。以下，これら日清戦後経営下の産業政策について，1つずつ詳しくみていくことにしよう。

製鉄所の設立

②製鉄所の設立に関していうと，それまでの近代日本における産業分野としては綿紡績業などの軽工業が中心であったが，製鉄業を中心とする重工業に力点が置かれるようになった。とりわけ，三国干渉により日本は「臥薪嘗胆」をスローガンに，陸海両軍における軍拡の方向を目指すことになった。したがって，軍備拡張のためにも，それを支える重工業の発展の必要性は大きかった。

第Ⅰ部　近世から近代へ

表 4 - 1　歳入・歳出の内訳：1880～1910年

(単位：100万円)

年	歳入				歳出			
	総額	租税	地租	公債	総額	行政費	軍事費	国債費
1880	63.4	55.3	42.3		63.1	27.2	12	22.4
1885	85.3	64.4	43.3	9.2	83.2	35.6	20.5	24.1
1890	106.5	66.1	40.1		82.1	32.3	25.7	20.3
1895	118.5	74.4	38.7		85.3	32.8	23.5	24.2
1900	295.9	133.9	46.7	43.6	292.8	117.5	133.1	34.8
1905	535.3	251.3	80.5	73.9	420.7	321.5	34.5	49.1
1910	672.9	317.3	76.3	3.6	569.2	196.9	185.2	154.3

(出典) 日本銀行統計局編『明治以降本邦主要経済統計』日本銀行統計局, 1966年。

　産業化の方向性に関しては，それまでは「官から民へ」という流れであったものの，日清戦後経営における軍拡は緊急の課題であり，重工業の育成を民間部門に委ねる余裕はなく，政府が主導してその育成を図ることになった。なお，「製鉄所設立建議案」(1895年2月4日衆議院において決議）によると，「製鉄事業ノ軍備上及経済上ニ必要ナルハ固ヨリ言ヲ俟タズ，今ヤ我国国内外ノ形勢ハ頗ル其ノ急ヲ告グルモノアリ。而シテ此ノ大事業ヲ起スニ方テハ，完全ナル調査設計ヲ要スルハ論ナキナリ……」とされている（三和・原編 2010：80)。

　調査の結果，福岡県の八幡村（現北九州市）に官営の八幡製鉄所が建設されることになった。原料鉄鉱石は，当初は国内産のものを用いる予定で，赤谷鉱山（新潟）の開発が進められたが，それでは不足する需要を満たすことができないため，清国の大冶鉱山との間で購入契約を結び，1901年に操業を開始した。八幡製鉄所は，釜石鉄山田中製鉄所に続く国内2番目の製鉄所であり，鋼材年産目標は9万トンの，大規模製鉄所であった。操業後の八幡製鉄所においては，操業開始の翌年の高炉の故障により2年間操業を停止するという事態に見舞われたものの，その後は生産設備も拡張され，生産量も拡大した。銑鉄生産量も1901年の2万4,000トンから第1期拡張後の1906年には10万トン，鋼材生産量は1901年の2,000トンから1906年には6万3,000トンに増加した。その後も拡大を続け，1914年には銑鉄生産量で21万1,000トン，鋼材生産量では22万1,000トンにのぼった（三和・原編 2010：81）。

海運・鉄道事業の改良および造船業の奨励

次に、③海運・鉄道事業の改良および造船業の奨励についてみてみることにしよう。日本における海運業の展開では、まず明治初期からの三菱会社による牽引が重要な役割を果たしたが、政府の

図4-1 八幡製鉄所

政策転換を経て1885年に三菱会社と共同運輸とが合併して日本郵船が設立された。同社では1893年に日本の紡績業界やインドのタタ商会といった内外からの要請を受けてボンベイ航路を開設したのを皮切りに、1896年には欧州航路、米国航路、豪州航路など次々に遠洋定期航路を開設していった（柴・長沢 1981：332-333）。日清戦後経営期には政府による強力な助成策が出され、海運業では艦船も大型化し、遠洋航路も次々と開拓された。この時期の法整備として重要なものは、1896年に公布された造船奨励法と航海奨励法である。

造船奨励法は、総トン数700トン以上の鉄鋼製汽船の造船に対して、トン数および製造機関馬力数に応じて奨励金を交付するものであった。三菱造船所、川崎造船所、大阪鉄工所などの造船所を中心に奨励金が交付され、1897年から1912年までの間に、船体奨励金763万6,980円、機関奨励金152万9,105円の計916万6,085円が交付された。そして113隻、トン数で340万559トンの船が、この法律の適格船として建造され、船舶自給率も増加した（三和・原編 2010：81-82）。

また、航海奨励法は、総トン数1,000トン以上で1時間に10海里以上の最強速力をもつ製造後15年未満の鉄鋼製汽船が、日本と外国、または外国諸港の間で貨物、旅客の運搬を営業する場合に、航行距離と巡航速度に応じて航海奨励金を交付するものであった。しかしながら船舶の建造国について規定されてい

なかったために奨励費の交付額が1899年には395万7,000円にのぼることになってしまい（97年には70万9,000円），そのために政府は同年3月に航海奨励法を一部改正し，外国製の船舶に対しては交付額を半減することにした。さらに，1909年には奨励金対象船舶は，3,000トン以上，速力1時間12海里以上とする遠洋航海補助法が成立し，1910年1月に施行されて航海奨励法は廃止された（三和・原編 2010：84-85）。このような奨励金交付の成果もあって，船舶の大型化，高速化と遠洋航路の開拓が進み，日清戦後において海運業および造船業の拡張がみられたのであった。

　鉄道事業に関していうと，前章でも述べたように，日清戦争前の1892年6月に鉄道敷設法が制定され，軍事と経済の両観点から全国的な鉄道建設の構想が示されていた。そこでは，第一期予定線として，中央線（八王子－甲府－名古屋），山陽線（三原－下関），佐世保線（佐賀－佐世保）といった軍部の要求によるものや，北陸線（敦賀－直江津）のように地元の要求によるものなどが挙げられていた（石井 1997：140-141）。日清戦後においては，戦後の企業勃興とも相まって，とくに私設鉄道において急速に開発が進められ，数多くの地方鉄道が設立された。また，官営鉄道と私設鉄道相互の連帯輸送も進み，鉄道網の組織化・効率化が図られた。常磐線，北陸線，山陽鉄道などが開通し，主要都市間をむすぶ全国的な鉄道網の整備が進められた。

電信・電話事業の拡張

　次に，④電信・電話事業の拡張についてみてみることにしよう。まず電信網の拡充に関していうと，第一次企業勃興期において県庁所在地をはじめとする主要都市間にはすでに設置されており，電報料金も全国同一の原則がほぼ達成されていた。日清戦後期においては，電信よりもむしろ電話網の本格的な拡充が行われたことが注目に値する。情報伝達の迅速性や正確性にすぐれた電話網の整備は，情報ネットワークの拡充という面において，より大きな意義を有するものであった。日清戦争後の電話需要の増加はめざましく，交換局についていうと，1897年に京都，98年に名古屋に設置された後，年々増加の一途を辿っ

た（杉山 1990：144-146）。加入者数についてみても，1893年度には約2,700人であったが，1903年度には約3万5,000人に増加した。

　こうした日清戦争後の電話需要の増加要因としては，公衆通信手段としての電話のメリットが広く知られ始めたことを挙げることができる。また，企業勃興（第二次）の影響で企業の新設が増加するなかで産業化も急速に進み，通信需要の増加もみられた。さらに，無料架設が実施されたうえに使用料金が通話度数にかかわらず一定であったことも，増加の大きな要因であった。内国通常郵便物引受数は，1893年度の31,974万通から1903年には89,694万通へと増加し，有料電報発信数も，1893年度の616万通から，1903年度には1,633万通へと増加した（藤井 1998：67；藤井 2005：134-135）。

　このような電話需要の一方で，財政的な制約から設備の拡張が追いつかず，政府による電話供給は常に不足した。積滞数は増加し，1893年度末には1,797人，1903年度末には2万1,033人にのぼった。このようななかで，大都市においては電話機が高額で売買されることもあった。この状況を政府が放置していたわけではなく，日清戦争後には，第一次電話交換拡張計画（1896〜1903年度）が実施され，総額1,279万円の資金が投入された。また，第一次拡張計画においてとくに重要であった点は，交換加入者の増加と市外線の増設であった。なお，日露戦後には，政府は再び電話交換事業の拡大に踏みきり，第二次電話交換拡張計画が実施された。これら2度の拡張計画を通じ，積滞も一方では増加したものの，中央および地方の主要都市における分局および交換局の新設により，電話の利用はこの時期において急速に拡大した（藤井 2005：137）。

金融政策の展開と企業勃興

　さらに，このような産業基盤における拡充のみならず，日清戦後経営を財政的に支えるために，積極的な金融政策も展開され，普通銀行とならんで政府系特殊金融機関も数多く設立された。1897年に設立された日本勧業銀行は，輸出振興と生産力の増強のために，地方産業に不動産抵当で低利の長期資金を融通する金融機関で，その下部機関として1898年から1900年にかけて各府県に農工

銀行が設立された。また，1899年には台湾開発の産業金融や貿易金融のための台湾銀行が設立され，1900年には北海道開発のために北海道拓殖銀行，1902年には動産抵当銀行として，工業への長期資金を供給する日本興業銀行が設立された（落合 2008：110）。また，日本銀行も積極的な金融政策を行い，1899年には保証準備発行限度額を1億2,000万円に拡大し，通貨供給量を増加させて信用供与を拡大した。こうした政府系金融機関の整備・拡充も，資金供給面から日清戦後経営を支えることになった。なお，1895年に日清戦争が終結すると，同年7月の日本銀行の公定歩合引下げを契機として景気が好転し，日清戦後経営に伴う財政膨張にも支えられて，企業設立ブームが起こった。この時期のブームでは銀行の設立も相次ぎ，こうした民間銀行の設立も，そこに集められた資金が諸産業に投下されるという意味において，資金面で戦後経営を大きく下支えすることになった。なお，この時期の企業勃興では，製糸業や織物業における新規の工場設立が相次ぎ，そのほかにも銀行業や機械工業，鉄鋼業の分野においても活発な企業設立がみられた。

4　金本位制の確立と条約の改正

金本位制の確立

この時期において，アジアの貨幣制度では銀本位制が中心であった。日本では，1871年公布の新貨条例により金本位制に移行していたものの，対外的には銀本位制が継続し，1886年の銀兌換制度の実施により，実質的に銀本位制が追認されていた。しかしながら，国際的な状況では，欧米諸国（諸外国）では多くの国々が銀貨鋳造の制限や本位銀貨の廃止などを打ち出し，金本位での貨幣制度が確立していた。たとえば，金本位制を採用している国から日本が兵器をはじめとする重工業製品を輸入する場合，銀価の低落は輸入抑制の効果を生じさせるために問題となる。実際に，1890年代に入ると国際的な銀価の低落が顕著になり，金銀比価は93年には26.47倍にまで低下した。このような中，日清戦争開始前の1893年10月には，勅令により貨幣制度調査会が設置され，幣制改

革の可否について検討が始められた。この調査会は，会長（谷干城），副会長（田尻稲次郎大蔵次官），委員20名で構成され，委員の中には阪谷芳郎，川田小一郎，渋沢栄一，益田孝，田口卯吉らの名もあった。調査会では金本位制，銀本位制それぞれのメリットとデメリットについて慎重に議論・検討が重ねられた。

　設置当初においては，渋沢栄一をはじめとするメンバーを中心として，輸出に有利であるとして銀本位制の維持を求める意見が多数であった。しかしながら，松方正義が蔵相に就任した1895年3月頃からは委員会の議事が紛糾し始めた。1886年の銀本位移行当時から金本位を志向していた松方には，日清戦後経営の一環として，通貨制度を確実な基礎のもとに置き，欧米列強と肩を並べるという，経済面における「脱亜入欧」の発想があった。結局のところ欧米諸国との為替相場安定などの目的により金本位制を採用する方向にむかうことになり，金本位制に移行するための貨幣法は1897年3月に議会に提出され成立し，同年10月に貨幣法が施行された。日本にとって，金準備の不足が金本位制への移行に際しての最大の問題であったが，日清戦争時の賠償金（遼東半島報償金を含む）庫平銀2億3,000万両（3億5,000万円余）をロンドンにおいて金で受領したものを正貨準備として，純金2分を1円とすることとし，1897年10月には金本位制に移行した。これは，「新貨条例」当時の金価値を半分に切り下げてのスタートであった（中村 1985：64-76, 106）。

　ところで，前節までにみてきたように，日清戦争とその勝利の過程を経て，日本は東アジアにおける相対的に優位な立場を得ると同時に，国際社会において欧米諸国との対等な地位を模索するようになった。対外信用を示す国際的指標である金本位制の実施により，日本は経済的にも国際的な地位を確立し，外債発行や外資導入の道が開かれることとなった。とはいえ，実際に外債発行が軌道にのるのは，1902年の日英同盟締結以降のことであり，これによりロンドン金融市場と結びついたことが大きく影響した。また，正貨準備の維持と充実が金本位制下での経済運営には不可欠の条件であったが，日清戦後経営のために貿易収支は1896年以降巨額の輸入超過に転じた。そのため，金本位制に転じた日本は，早くも正貨危機に直面することになった（中村 1985：84；杉山

2012：250）。このように，経済的な意義としては，金本位制は有効な手段であったとは必ずしも言いえないものの，日本が一等国としての立場を確立・維持するために，経済の論理よりもむしろ政治の論理に導かれて行った判断であったといってよいであろう。

条約の改正

　金本位制の確立のほかに，日清戦争後において日本が国際的に一等国としての地位を確立するためには，幕末開港期に諸外国と結ばれた不平等条約を改正する必要があった。具体的には，不平等条項である治外法権の撤廃と関税自主権の回復を行うことが，優先される目標となった。明治初期において日本政府は条約改正に向けての努力を行っていたものの，実現には至らず，改正が実現したのは1899年になってからのことであった。そして，領事裁判権が廃止され，最恵国条項の双務化および関税自主権の部分的回復が実施されることになった。関税自主権の回復は部分的なものであり（完全な回復は1911年より），年輸出額5万円以上の品目は，原則として協定税率のままとされたため，関税改正がそれまでの産業や貿易の構造を変革することはあまり期待されなかった。とはいえ，条約の改正に伴う関税率の変更により，関税収入は毎年1,000万円の増収となり，逼迫していた政府財政にプラスの効果をもたらした（杉山 2012：251）。

　これに対して，領事裁判権の撤廃（治外法権の撤廃）に基づく外国人の経済活動の自由化がもたらす影響のほうがはるかに大きいと考えられ，外資の導入や外国人の内地雑居への危惧の声もひろがった。しかしながら，実際には外国人による直接投資は少なく，居留地制度が撤廃された後も内地雑居に関しても予想に反して問題にはならず，外国商人の活動にも大きな変化はみられなかった。

　このように，金本位制の確立や不平等条約の是正は，その実施直後の時期においては期待されたような効果はまだみられなかったが，この2つの出来事によって，不完全ではあるものの日本は国家的な独立および欧米列強との対等的な立場を得ることができ，明治初期からの政府の目標が一応は達成されたということができる。すなわち，日清戦後経営期には，東アジアを中心とする国際

的な環境が急激に変化する中で日本経済が再編されたのであり（中村 1985：111），国内的にみても国際的な関係においても，その後の日本経済の方向性を決定づける大きな転換点を意味していたといえよう。

5　日露戦争の開戦と日本経済

日露戦争の開戦と戦費の調達

日清戦争における勝利と金本位制の確立，条約改正によって日本は欧米列強との対等な関係を確立しつつあったが，その一方で中国や朝鮮といった大陸をめぐる覇権争いは激しくなっていった。ここで精力的に大陸への勢力拡大をはかっていたのは，ロシアやイギリス，フランスであった。また日本も福建省に勢力範囲を設定し，勢力拡大をはかろうとした。

1900年に清国では義和団事件が起き，日本も8カ国の連合軍（日本・イギリス・フランス・ドイツ・ロシア・イタリア・オーストリア・アメリカ）に参加し出兵を行った。なお，このなかで日本は，清国の近くにあり，迅速に派遣できる能力があったため，連合軍のなかで非常に目立つ役割を果たしたという。その鎮圧後の1901年には北京議定書が締結され，欧米諸国の中国国内における軍隊の駐屯や一部地域での治外法権化が認められることになった。ロシアは議定書の締結後も満洲（中国東北部）の占領をつづけ，このことは他の欧米諸国だけでなく日本にとっても脅威となった。

日本は，同じく東アジアにおけるロシアの脅威の増大を懸念したイギリスと，1902年に日英同盟を締結した。この同盟は，「極東ニ於テ現状及全局ノ平和ヲ維持スルコトヲ希望シ且ツ清帝国及韓帝国ノ独立ト領土保全トヲ維持スルコト及該二国ニ於テ各国ノ商工業ヲシテ均等ノ機会ヲ得セシムルコト」を目的としていた（第1回日英同盟協約）が，基本的には経済権益の相互防衛のための軍事同盟であり，ロシア・フランスとの対抗関係を意識して成立したものであった（原 2014：84-86）。

そして，日英同盟を背景に日本政府内では，満洲での駐屯をつづけ，韓国へ

表 4-2 日露戦争関係軍事費
(単位：千円)

財源	収入額	構成比(％)
一般会計繰替	189,000	9.5
公債・国庫債券一時借入金	1,555,872	78.3
歳計余剰その他	172,255	8.7
特別会計資金繰入	67,000	3.4
軍資献納金	1,500	0.1
雑収入	500	0.0
	1,986,127	100

(出典) 三和・原編 (2010：72)，原資料は，『明治大正財政史』第1巻，228-229頁。

の侵略をも開始したロシアとの戦争も辞さないという結論に達し，1904年2月の日本海軍による仁川・旅順での奇襲攻撃にはじまり，日露戦争が勃発した。翌1905年1月にはロシア東洋艦隊を旅順に封じ込め，同年2～3月における奉天会戦では日本陸軍が勝利し，5月にはロシアのバルチック艦隊を日本海海戦において壊滅させた。その後，アメリカ大統領T. ルーズベルトの仲介によりポーツマス条約が結ばれて終結したが，この日露戦争は，単純に日本とロシアとの間の軍事戦争であったという見方はできない。日本はアメリカ・イギリスからの，そしてロシアはフランス・ドイツからの資金および技術における援助を受けて行った，一種の「代理戦争」という性格を有していた（石井 1997：180）。

　日露戦争に先立って早くも正貨危機におちいっていた日本では，戦費の捻出も大きな課題となっていた。日本側の総戦費は，日清戦争時の約10倍に及ぶものであり，公債・国庫債権の発行および一次借入金，増税等の収入などによって賄われた。表4-2では，日露戦争における軍事費の内訳を示している。

　このうちで，収入の多くを占めた公債の発行では，国内において5度にわたる国債が，また海外において4度にわたる英貨公債が発行された。日清戦後期において確立した金本位制に基づき外債も多く発行され，これも戦費調達に大きな役割を果たし，外債発行額は公債発行額の約56％にのぼった。なお，日本の外債発行を担当したのは，日本銀行副総裁の高橋是清（1854～1936年）であり，高橋はこれ以降，財政家としての地位を確立していくことになる。また，増税の過程においては，地租・営業税・所得税などの増税および織物消費税・相続税などの新設が行われ，煙草・塩の専売制の実施によっても歳入の増加がはかられた。すなわち，戦費の捻出のために国民に実質的な負担を多く強いる

ことになった（杉山 2012：256-257）。

ポーツマス条約の締結

前述のように大方の予想に反して日本が奉天会戦，日本海海戦に勝利した後，1905年9月1日には休戦議定書が調印され，ついで同月5日には，アメリカのルーズベルト大統領の斡旋によりポーツマス条約（日露講和条約）および付属協定が調印された。ポーツマス条約では，韓国に対する日本の指導・保護・監理の措置が妨げられないこととされ，実質的な日本による韓国の保護国化の承認，ロシアの満洲からの撤兵と満洲の行政権の清国への返還，樺太の一部（北緯50度以南の）割譲，旅順・大連の租借権の日本への譲渡，旅順－長春間の東清鉄道およびその付属利権と炭鉱の譲渡などが規定された。しかしながら，この条約に賠償金の規定はなく，日本はロシアからの賠償金を得ることはできなかった。日本国内にはこの条約を不満とする声が多く，講和条約調印の当日には，東京において講和反対の運動が起き，大事件にまで発展した。無賠償が確定すると，賠償金獲得への期待から上昇しつつあった株価は一気に下落し，戦時外債の累積が財政を逼迫させるのではないかという予測から，翌年にかけて株価は低迷した。しかし，同年9月の南満洲鉄道の株式募集を機とする株式ブームの影響により一転，好況に転じ，その後はいわゆる日露戦後における企業勃興が起こった。とはいえ，戦時外債は日本政府の負担となり，1908年以降は財政整備が大きな課題となった。

なお，この戦争においては，戦時資金のみならず，兵力も多数動員された。日露戦争のための動員総兵力は，陸軍だけでも108万人台に達し，そのうちの戦死・戦病死者は8万1,455人に達した（海軍の戦死者は2,925人）（石井 1997：186）。このように，日露戦争において日本は国民の資金的・人的負担を多く伴ったのであった。

6　日露戦後経営と日本経済

日露戦後経営

　日露戦争以降，第一次世界大戦までの時期の財政経済政策については，日露戦後経営とよばれる。日露戦後経営は，総じて日清戦後経営の延長線上にあるものともいえるが，日清戦争の時と比べてはるかに厳しい状況のもとにスタートするものであった。

　しかしながら，この時期において，軍備の拡張，鉄道の国有化および拡張，運輸・通信事業の整備拡張，植民地経営，治水・港湾の整備などの公共事業，教育施設の増設なども積極的に行われた。財政的には困難をきわめる中，このような積極的な戦後経営を資金的に支えるのに大きな役割を果たしたのは租税収入であり，増税も度々実施された。こうして，日露戦後経営期における財政規模は，急速に膨張していった（杉山 2012：260）。

　また，日露戦後期は，官僚と貴族院を握る桂太郎と，政友会総裁西園寺公望が交互に政権を交代する「桂園時代」であったことがよく知られている。官僚側は消極財政を推し進めようとする一方で，政友会側は積極政策を実現しようとした。一見正反対の目標をもつ政権が交互に展開し，実際には相互に依存しあう形で政権が維持され，戦後経営が展開された（中村 1985：89）。そしてこの時期においては，かつてのように金融・運輸・紡績にかたよることなく，鉱業・製造業・金属・機械・化学・食料品など，多くの産業分野において新企業が設立された。また，水力発電や都市ガスなどの発展も目立つようになり，これは後の都市化の流れへの萌芽の段階をなすものであった（中村 1990：31-32）。

鉄道国有化

　日露戦後経営期において，鉄道の国有化は運輸・通信政策の中でも重要な課題であった。鉄道国有化に関しては，繰り返し提起されてきた問題であったが，日清戦争後からは経済的な視点からだけでなく軍事的な視点から，その必要性

が説かれており，官営鉄道と私設鉄道相互の連帯輸送が進展したが，日露戦後期になると国際的な要因もあいまって，一貫輸送体制の必要性がより一層説かれることになり，軍部を中心に鉄道国有化への動きがより一層強まることになった（石井・桜井 1986：101-113）。1906年3月に公布された鉄道国有法では，一地方の交通を目的とする鉄道を除き，一般輸送のための鉄道はすべて国有化されることになり，北海道炭礦鉄道，日本鉄道，北越鉄道，甲武鉄道，総武鉄道，関西鉄道，山陽鉄道，九州鉄道といった17社の私設鉄道会社が，1906年から1907年にかけて国有化された（野田 1980：289）。鉄道国有化により鉄道全体に占める国有鉄道のシェアは，営業マイルの90.9％，輸送人キロの83.8％，輸送トンキロの91.4％を占めることになった（石井・桜井 1986：121）。国鉄は陸上輸送機関としての独占的な地位を占めるようになった一方で，私鉄は地域社会に密接した地方交通機関として普及していくことになった。このようにして，鉄道国有化により国内の統一的な鉄道輸送網が

図4-2 桂太郎

図4-3 西園寺公望

整備されることになり，軍事的・経済的にも統一的かつ効率的なネットワークが形成された。

　さらに，鉄道国有化の動きは単に国内的な鉄道網の整備のための手段にとどまらず，1906年には韓国の京釜鉄道が買収され，さらに同年には満洲において，長春鉄道を継承した南満洲鉄道株式会社が設立された。また，台湾においては，縦貫鉄道の建設が進められ，1908年4月には全線が開通した（石井・桜井 1986：125-131）。このように，鉄道国有化の影響は，単に日本国内における鉄

電力業の発展

さらに鉄道国有化は，資本市場における投資対象の変化という影響をももたらした。鉄道国有化以前の日本資本市場においては，鉄道株が投資家の最大の投資対象であったが，国有化により投資対象に変化が生じ，国有化前の鉄道株に代わり，電力株が投資家の主な投資対象となった（野田 1980：315）。そしてこのような投資先の変化は，日露戦後における電力業のめざましい発展を資金的に支える結果となった。

東京電灯が出力1万5,000キロワットの駒橋水力発電所を建設し，1907年に東京までの長距離送電に成功したことを契機として，全国的にも大規模な水力発電所の建設が相次いだ。そして，自家用等を含む全国の総発電力において，1912年には水力発電が火力発電を追い抜く，いわゆる「水主火従」が実現することになった。（東京電力株式会社編 2002：89, 112）。発電所と送電設備の建設には多額の資金が必要になるが，これを大きく支えたのが株式による資金調達であり，中央の大資本家だけでなく，地方の投資家や地域住民も多く投資を行った。このような中央・地方双方での資金調達にも支えられて，電力事業は都市部だけでなく地方においても，大きく広がりをみせていった（石井 2013：103-108）。

鉱山業の展開

この時期においては，鉱山業の新たな展開も注目に値する。石炭業および産銅業を中心とする鉱山業は，機械設備への投資額も巨額になる。そのために鉱山業は，三井，三菱，住友を中心とする財閥による支配が早い時期から進んだ産業分野であった。明治前半期からすでに輸出産業として重要な役割を果たしていたが，日清・日露戦後経営期には産業化の一層の進展に伴い，国内需要の拡大もみられた。こうした市場の拡大のなかで，鉱山業の生産量はめざましく

拡大していった(武田 1992：63-64)。

たとえば,石炭業についてみてみると,前章でもふれたように,三池炭鉱は三井に払い下げられていた。三池炭鉱の払下げに関しては,三井と三菱による激しい競り合いがみられていたが,その後の展開の中でも九州地方における炭田の開発,買収をめぐって競争がみられた。のちに九州における産炭量が鈍化すると,三井,三菱ともに北海道への進出を行った。三菱が1907年に夕張炭鉱を実質的に獲得し,美唄炭鉱の開発に乗り出すと,三井は1910年には北海道炭礦汽船の経営権を完全に掌握した。財閥系企業が寡占的な競争の展開の中で,積極的な経営戦略を推進していった(武田 1992：66；杉山 2012：286)。

植民地経営

日清・日露戦争を経たのちの20世紀初頭には,日本は欧米諸国に同じく植民地経営にのり出すことになった。具体的には,台湾,朝鮮,関東州において植民地支配・経営が開始され,主として鉄道と金融に関する国策会社が設立され,経済開発に関する広範な事業領域が与えられることになった。

まず日清戦後において,下関条約に基づいて台湾が日本に割譲され,日本は清国に代わって台湾を領有することになった。1895年には台湾総督府が設置され,経済開発が活発に行われるようになった。また,1897年には台湾銀行法が施行され,1899年には産業金融や貿易金融を担う台湾銀行が設立された。台湾銀行は発券銀行としての機能を有し,台湾開発のための中心的な金融機関となった。1904年からは土地調査事業が開始され,インフラの整備も進められていった。総督府の手によって,日台間や台湾沿岸の定期航路の開設や,官営縦貫鉄道も敷設された。

また,日本にとって,台湾の領有により製糖業における原料(粗糖)の供給地を確保できたことの経済的な意味は大きかった。日本の台湾領有は,日本の製糖業にとってまさに「一つの救援」であり,台湾における植民地経営では,近代製糖業の発展が大きな役割を果たした。このようにして,台湾では近代製糖業の移植は,領有後まもなくして進められ,1900年には台湾製糖が設立され

た。なお，同社は三井財閥系の企業であり，1902年には三井物産と一手販売契約を結び，安定した販路が確立された。政府が直接に経営に関与することはなかったものの，同社の「準国策会社」的な性格についても指摘されている。そして，税制での優遇措置や奨励政策の実施，台湾銀行による砂糖融資などが行われ，総督府は同社に補助金を支給するなど，糖業保護政策がとられた。台湾製糖の好調な経営動向にも触発され，日露戦後経営期になると明治製糖や大日本製糖などが創立された（涂 1975：60-69；久保 2016：30-37）。なお，台湾における製糖業の発展によって，総督府の歳入は潤沢となり，この資金をもとに鉄道・港湾建設なども進められた。

　朝鮮の植民地化への道程については，日朝修好条規を締結した明治初期に遡ることができるが，日清戦争後の1895年10月には，閔妃虐殺事件を契機として日本は韓国において親日政権を成立させた。そして，日露戦争が開始されると，日本は韓国に軍隊を派遣して，日韓議定書によって韓国の内政に介入した。1905年には第二次日韓協約が締結され，1906年には京城に統監府が設置され，韓国は日本の保護国となった。これにより韓国の植民地化が進展した。なお，1910年には日韓併合条約が締結され，統監府にかえて朝鮮総督府が設置された。植民地経営の中では鉄道建設も勢力的に行われ，京仁鉄道や京釜鉄道が開通し，さらに日露戦後には朝鮮半島の縦貫鉄道も完成した。なお，京仁鉄道や京釜鉄道といった韓国での鉄道建設に大きな役割を果たしたのは，渋沢栄一であった。また，金融システムについていうと，1904年から日本は韓国の幣制改革に取り組み，1911年には朝鮮銀行法が制定され，それまでの第一銀行による銀行券の発券から朝鮮銀行による発券に切り替えられることになった（石井 1997：115-116）。

　さらに，中国東北部（満洲）についていうと，前述のように日露戦後のポーツマス条約によって旅順 - 長春間の東清鉄道およびその付属利権の譲渡が行われ，日本は本格的に植民地経営にのりだすことになった。1906年には遼東租借地の統治と租借地および鉄道の守備という任務を持ち，民政部と陸軍部からなる関東都督府が設置され，さらに，満州での鉄道経営のために南満州鉄道株

式会社が設立された。このように，植民地支配を維持・拡大する過程においては，軍事的な視点が優先する側面が強くみられたのであった（古屋 1966：224-227）。

国際収支の悪化から第一次世界大戦へ

本章では，日清・日露戦争という19世紀末から20世紀初頭にかけて日本が経験した対外戦争と，それが日本経済にもたらした影響などについて論述した。19世紀後半から始動した近代日本のあゆみは，日清・日露両戦争を経て，国際的にも一等国としての地位を確立しながら，一国内での展開・発展から，植民地経営も含む対外的な関係にまで広がりを見せていくのであった。

また，2つの戦争とその後の戦後経営においては，経済的な発展と同時に多くの経済的な負担も伴うものであった。一方では，産業化の一層の進展とそれに伴う貿易規模の拡大という正の側面もみられたが，その一方では，外債に大きく依存し，欧米諸国に対する後発的な貿易構造が脱却できないままに進められていった国際化や産業政策，金融政策は，次第に行き詰まりを見せ，国際収支の不均衡，経常収支の赤字が一層拡大するという負の側面もみられたのであった。実際，日露戦後期から第一次世界大戦が勃発するまでの時期において，世界的な不況の影響をうけて1907～1908年，1914年に不況を経験し，本格的な好況は発生しなかった。この時期について「不況の慢性化」，「不況の長期化」とよぶべきか否かについては，慎重に考えなければならないものの，確かに国際収支の危機という構造的な問題に直面する状況にあった（高村 1980：210；中村 1985：104-105）。このような日本経済の状況を一気に打開することになったのが，次章において述べる第一次世界大戦の勃発であった。

参考文献

石井寛治『日本の産業革命――日清・日露戦争から考える』朝日選書，1997年。
橘川武郎『日本電力業発展のダイナミズム』名古屋大学出版会，2004年。
久保文克『近代製糖業の経営史的研究』文真堂，2016年。

第Ⅰ部　近世から近代へ

西川俊作・山本有造編『日本経済史5　産業化の時代（下）』岩波書店，1990年。
橋本寿朗・武田晴人編『日本経済の発展と企業集団』東京大学出版会，1992年。
原朗『日清・日露戦争をどう見るか――近代日本と朝鮮半島・中国』NHK出版新書，2014年。
藤井信幸『通信と地域社会』日本経済評論社，2005年。
山本有造『日本植民地経済史研究』名古屋大学出版会，1992年。

練習問題

問題1
日清戦争後において締結された下関条約の内容と，日露戦争後において締結されたポーツマス条約とを比較して，その相違点について論じてみよう。

問題2
日清戦争と日露戦争における戦費の調達方法には，どのような違いがあったのかについて論じてみよう。

問題3
日露戦争後における植民地経営の在り方について論じてみよう。

（石井里枝）

第Ⅱ部

近代日本の成長

―――― 第Ⅱ部の概要 ――――

　第Ⅱ部「近代日本の成長」では，1914年の第一次世界大戦勃発から1945年の太平洋戦争終戦までの約30年間の日本経済について論じている。
　第5章では第一次世界大戦の勃発から戦後にかけての，主として「大戦ブーム期」における日本経済の在り方について，この好景気下での重化学工業を中心とする産業の発展や貿易の変化にも注目しながら論じている。日本経済はこの時期，従来の軽工業に加えて，重化学工業にまで及ぶ幅広い分野で産業のさらなる発展を遂げ，輸出拡大によって貿易収支が改善した。そして日本の国際的地位も向上し，重化学工業の発展や輸出大国という先進国の姿を具体的なものとした。第6章では，1920年恐慌から関東大震災，金融恐慌，昭和恐慌といった相次ぐ経済危機の出現によって，ともすると暗いイメージとして捉えられがちな1920年代の日本経済の動向について，同時期にその一方において進展した都市化や電化，それに伴う新しい生活様式の開花の様子を織り交ぜながら論じている。第7章では，世界恐慌の影響が波及する中で昭和恐慌や満洲事変，金本位制の動揺など重大な試練が課された1930年代の日本経済の在り方について，国際関係や政党政治にも光をあて論述している。民政党内閣は，緊縮財政と金本位制復帰で国内外問題の解決を図ったが，国際環境の変化の中でその目論みは頓挫することになった。以後，高橋財政（政友会）下の積極財政路線で景気回復・輸出拡大を進めていくが，それは一方で軍事費の膨張をともない，軍部の発言力を強める結果となった。第8章では，日中戦争から太平洋戦争へと没入し，戦時統制経済が進行していった1937年から1945年にかけての日本経済について論じている。この時期には，経済政策が戦争目的に収斂し，生産・貿易・労働などが国家による統制の下で管理されることになった。この時期には軍需産業に偏重しながらも重化学工業化が進み，産業構造に変化がもたらされ，労使関係や国民生活にも変化が生じた。地主制が動揺し，女性の社会進出が進むといった社会経済的な変化も見られ，こうした点は戦後の日本経済の在り方にも影響を与えることになった。

（石井里枝）

第5章
第一次世界大戦と輸出ブーム

―― 本章のねらい ――

　第一次世界大戦期の「大戦景気」は，近代日本の中でも稀にみる好景気であった。条件が整えば，どのような「成功」が可能なのか。第一次大戦は，これを日本社会に体感させた。この「成功」の体験は，重化学工業の発展や輸出大国という先進国の姿を具体的なものとし，その後の日本経済にとって再現したい目標として機能した。そのような「成功」の具体像を一時的とはいえ体験した時代として，第一次大戦期を理解してほしい。この特別な状態は，まずは貿易の変化として日本経済に入っていき，ひいては日本全体を好景気へと導いた。そこで本章では，その過程への理解を深めてもらうために，とくに貿易統計に表れた変化を比較的多く紹介している。

1　欧州大戦の勃発

第一次世界大戦期の概観

　1914年6月28日にボスニアの首都サラエボでオーストリア皇太子夫妻が殺害された。これに対し7月28日にオーストリアがボスニアに宣戦布告を行うと，それぞれの利害と同盟関係から，ドイツ，ロシア，フランス，イギリスといった各国が参戦し，戦争の規模が拡大した。これが第一次世界大戦である。もちろん，「第一次」という表現は「第二次」の存在を前提にしたものであり，当時にあっては，単に「世界大戦」とするほか，「欧州大戦」「欧州戦乱」という表現が使われていた。これは，日本では，この大戦をヨーロッパにおける戦争と理解していたことを示している。この大戦は，戦車，飛行機，潜水艦，さら

第Ⅱ部　近代日本の成長

には毒ガスまで使用されるという点で，地理的な広がりだけでなく，戦闘自体も従来の戦争とは異なっていた。この新しい戦争によって，ヨーロッパは多大なダメージを受けた。この大戦に対し，日本は日英同盟をもとに参戦した。もっとも，ドイツの植民地であった青島の占領や地中海への艦船の派遣はあったものの，日本の国土は戦乱の外にあり，日本の経済活動が直接的に戦闘に巻き込まれることはなかった。この機に大隈内閣は，いわゆる対華二十一箇条要求を中国の袁世凱政権に行った。これは，ドイツが力を持っていた山東省での権益を確保するとともに，関東洲や満洲の権益を強めるものであった。

しかしこの大戦は，日本経済に大きな影響を与えた。元老の井上馨は大戦を外交上の「天佑」（井上馨公伝記編纂会 1934：367）と評したが，大戦前にさまざまな問題を抱えていた経済の面でも，これはまさに天佑（天の助け）となった。幕末の開港以降，ヨーロッパ諸国の製品との厳しい国際競争に喘いできた日本経済にとって，大戦は国内外の市場における競争を弛緩させるものであった。この大戦の経済的な帰結は，①輸出拡大による貿易収支の改善と正貨の蓄積，②ヨーロッパ製品の輸入途絶と代替する国内産業の成功，③物価の上昇と実質賃金の低下，④農業から第二次・第三次産業への労働力の移動と都市の成長，とすることができる（中村 1985：116）。

マクロデータ

表5-1は1913年から1919年の国内純生産をまとめたものである。1914年には減少しており，のちに来る「大戦景気」は出現していなかった。しかし1915年からは拡大に転じ，1919年は1913年の約3倍となっている。部門別で伸びが著しかったのは鉱工業である。1914年こそ微減であったが，その後の拡大により，約4倍に達した。また，全体に占める鉱工業の比率は，1919年こそ下がったものの，1918年までに2割から3割へと重みを増していた。農林水産業は，1913年から1919年までの伸び率では全体の変化と大差ないが，その間の動きは異なっていた。全体が上昇に向かった1915年にも，農林水産業は減少を続けており，1916年でも大戦前の水準に戻っていない。全体に占める比率も，1913年

の35.9％から1916年には26.7％へと大きく落としていた（大川ほか 1974：202）。

1913年と1919年を比べると，政府財政の規模は，一般会計は2倍，特別会計は2.4倍となっている。一般会計をみると，大戦

表5-1　国内純生産（1913～1919年）

（単位：100万円）

	国内純生産A	農林水産業B	B/A（％）	鉱工業C	C/A（％）
1913年	4,860	1,747	35.9	960	19.8
1914年	4,418	1,348	30.5	957	21.7
1915年	4,640	1,289	27.8	1,130	24.4
1916年	5,966	1,593	26.7	1,677	28.1
1917年	7,859	2,173	27.6	2,250	28.6
1918年	10,475	3,307	31.6	3,112	29.7
1919年	14,350	5,032	35.1	3,755	26.2
1913年/1919年（％）	295.3	288.0		391.1	

（出典）大川ほか（1974：202）より作成。

開始の1914年には，景気が悪いなか前年比で13％増えている。その後，1915年と1916年は1913年と同程度であったが，1917年からは，これを大きく上回るようになった。この間に一般会計の歳出は2倍に増えたが，租税収入は1.8倍にとどまっていた（日本銀行統計局 1966：132-133，138-139）。

物価は大戦の後半に急激に上がった。消費者物価は1915年まで下がり，1916年から上昇に転じたが，それでも1913年の水準には達していなかった。しかしその後，前年比で1917年には2割，1918年には3割を超える上昇となり，1919年もその傾向が続いた。このような物価の大きな変化に対し，賃金は硬直的であった。製造業の男性の日当は，1915年には下がるが，その幅は小さく，物価の下落が大きいため，実質賃金は上昇していた。しかし物価上昇が始まった1916年からは，額面では増えているものの，物価上昇ほどではなく，実質賃金は1918年まで減少を続けた（大川ほか 1967：135，243）。

開戦当初は，日本経済は不況であった。1915年になると，経済は上向き始めた。第一次大戦期の日本経済の特色とされる主な出来事は，この1915年以降の局面でのものであった。

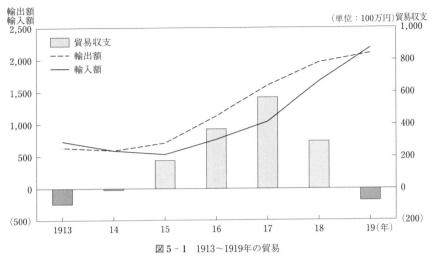

図5-1 1913〜1919年の貿易
(出典) 東洋経済新報社 (1935：358, 368) より作成。

2 貿易の拡大

全体の傾向

図5-1は1913〜1919年の日本の輸出入の総額と，その収支をまとめたものである。全体像をみると，大戦の間には輸出入とも増加しており，1913年との比較で，1919年には輸出が331.9％，輸入が298.0％となっている。ただし，その伸び方は輸出と輸入で異なっていた。

輸出入とも，1914年には減少した。その原因としては，戦闘の当事国による貿易の制限，海上交通の困難，為替の滞りといった大戦に伴う世界的な混乱があった。しかしそれだけではなく，米価の低落といった国内要因も存在した（『外国貿易概覧』大正3年：4）。

1915年になると，輸出は1913年の水準以上にまで増加したが，輸入は引き続き減少を続けた。ヨーロッパの戦争当事国は，軍需品への生産の集中や，輸出の制限を行っていた。これに運賃の高騰と船腹不足も加わって，ヨーロッパか

第5章　第一次世界大戦と輸出ブーム

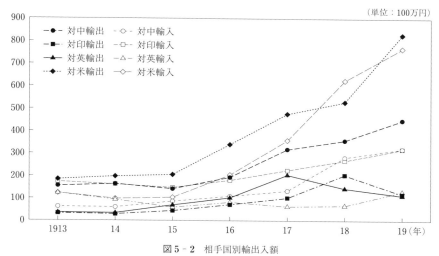

図5-2　相手国別輸出入額
（出典）東洋経済新報社（1935：349-368）より作成。

らの輸入は，日本だけでなく，各国で減少していた。大戦前の日本では総輸入額の3割をヨーロッパからが占めており，それが大きく落ち込んだのである。同時に，従来はヨーロッパ製品が根づいていたために日本製品の参入の難しかったインド，オーストラリア，南洋等の地域では，物資不足がおこり，日本製品の輸出につながっていた。日本の輸入が増加したのは1916年からで，これは国内景気の好転を受けてのことであった。

　大戦が終結した1918年からの輸出と輸入にも違いがあった。ともに増加しているものの，輸出が対前年比で122.4％，107.0％と伸びが鈍化して2年間で3割しか増えなかったのに対し，輸入は161.0％，130.3％と伸びて2年間で2倍に増えた。

　輸出入の変化の違いは，貿易収支となって表れた。大戦前の1913年には1億円近い輸入超過になっていた。この年に限らず，大戦前の日本は入超傾向にあった。この幅が開戦の1914年に463万円まで縮小し，1915年には輸出超過へと転じている。これ以後，大戦が終わった1918年まで，日本の貿易収支は黒字が続き，とくに1917年には，5億6,719万円にまで拡大した。貿易収支の黒字化

は，大戦終結後の速やかな輸入拡大と輸出の頭打ちによって幕を閉じ，1919年には再び輸入超過へと戻ったのである。

貿易相手の地域別の構成では，大戦の舞台となったヨーロッパからの輸入の減少が顕著である。1913年には総輸入額の30％をヨーロッパが占めていたが，1918年には5％にまで落ち込んでおり，金額でも2億2,029万円から8,279万円へと大きく減少した。この間，他の地域が占める比率は，アジアからは50％前後であまり変化はなく，北中米からが17.0％から38.0％へと高めていった（アメリカだけでは16.8％から37.5％）。輸出先の構成では，1918年までは，輸入ほどの変化はなく，ヨーロッパ向けの比率が低下し，1913年の23.3％から15.2％に下がったが，金額としては倍増していた。しかし大戦後の1919年には，大きな変化があった。ヨーロッパ向けが1億円以上減少して割合も10％を切ったのに対し，北米向けは3億円近く増えて40％を超えるまでになった。

欧米やアジア以外では，規模は大きくないが，アフリカや大洋州との貿易が増えた。その中でも南アフリカやオーストラリアとの貿易の拡大が著しかった（東洋経済新報社 1935：349-368）。

欧米との貿易

第一次大戦により直接的に影響を受けたのは，ヨーロッパとの貿易である。日本は日英同盟をもとに連合国側として同盟国側と敵対関係になった。その同盟国側の中ではドイツとの関係が深く，1913年の時点で総輸入の9％がドイツからであった。とくに機械類では1914年でもイギリスに次いで2番目に多く，その25％をドイツから輸入していた（東洋経済新報社 1935：680）。染料輸入に至っては，人造藍の90.3％，アニリン染料の88.2％をドイツから輸入していた（『外国貿易概覧』大正2年：601-604）。このような同盟国側の国々との貿易は，連合国側による海上封鎖もあり，大戦によってわずかなものになった。

日本が与する連合国側の国々も，戦時物資の確保の観点から取引に制限をかけており，海運の困難とともに，貿易に影を落とした。イギリスは，1913年には総輸入の16.8％を占め，日本の重要な輸入相手国であった。しかし開戦によ

り，その輸入は減少し，1918年には4.0％を占めるのみになった。

　これに対し1913年に3,287万円であったイギリスへの輸出額は，大戦に入っても減少せず，開戦の1914年は微増であり，翌1915年には倍増した。1917年には2億0,265万円にまで拡大し，総輸出額中の割合も，1913年の5.2％から12.6％へと増大した。この年，イギリスへの輸出で最も多額だったのは汽船（16隻，6,399万円）であった。これは，大戦前の対イギリス輸出では皆無の品目である。これに次ぐ輸出品は，銅（塊及錠，3,064万円）であった。銅は大戦前にも主要な対イギリス輸出品であったが，その量は1913年の1,307万斤から1917年には4,164万斤へと激増していた。

　同じく輸出が増えたのがフランス向けであった。フランスは，1913年には6,023万円を輸出して全体の1割弱を占め，日本にとってヨーロッパ最大の輸出先であった。開戦直後こそ半減したものの，1915年には増加に転じ，1918年には1億4,220万円へと増えていった。この対フランス輸出のうち，最も多い品目が生糸である点は大戦前と同じだが，大戦前にはなかった汽船（8隻，2,726万円）が2番目に多い輸出品となっていた。

　イギリスへの輸出の増加が日本以上に著しかったのがアメリカである。これにより，アメリカは空前の好景気を迎え，アメリカによる輸入も大きく増加した（橋本 1985：51-53）。日本にとって，アメリカは大戦前における最大の輸出先であった。それは全体の3割に相当しており，大戦中もその割合は維持されていた。その輸出額は1915年までは微増にすぎなかったが，1916年からの2年間は，対前年比で67％，41％と大幅に増加した。

　これに対しアメリカからの輸入は，1914年こそ2割減であったが，1915年からは増加し，1916年には前年の倍に増え，その後も増加が続いた。これは，従来ヨーロッパから多く輸入していた機械や鉄などのアメリカへの依存の強まりと，綿花輸入が英領インド並みに増えたこと（繰綿輸入量の内訳は，1913年が英領インド62.1％，アメリカ26.7％，1919年が英領インド45.7％，アメリカ39.8％）が要因であった。この結果，日本の総輸入が3倍となった1913年から1919年に，アメリカからの輸入は6倍以上に増加し，アメリカは英領インドやイギリスを抜

き最大の輸入相手国となった（『大日本外国貿易年表』各年版）。

アジアとの貿易

　第一次大戦期に，アジア間の貿易は急拡大した。その総額は，1913年に1億6,730万ポンドであったが，1920年には5億4,558万ポンドへと3倍以上に膨れ上がった（杉原 1996：95）。このアジア間貿易の一角を占める日本の貿易も半分近くは，対アジアのものであった。その相手先の中心は，英領インドと中国である。大戦前にあっては，英領インドが最大の輸入相手国であり，中国はアメリカに次いで2番目の輸出相手国であった。

　英領インドからの輸入額は，1914年と1915年に減少し，1916年から増加に転じている。これは総輸入や対アジア輸入全体と同じ傾向であるが，増加時の伸び方は，より緩やかであった。総輸入や対アジア輸入全体の金額は，1919年は1913年の3倍になっていたが，英領インドからの輸入は2倍にも達しなかった。これに対し英領インドへの輸出は，好調に増加していた。1914年こそ減少したものの，その後は急拡大し，1918年には1913年の6.8倍にあたる2億円以上の輸出をみた。これは，大戦下の英領インドで宗主国イギリスからの輸入が滞ったことによる。これに代わって日本製品が求められたのであるが，そのなかには綿製品もあった。たとえば1918年の対英領インド輸出額の21.0％を「生金巾及生シーチング」が，14.2％を細糸綿糸（「綿糸20番以上」）が占めていた。これらは1913年にはそれぞれ1.2％と3.0％と英領インド向け輸出品としての重みは大きくなく，この間に，数量で55.3倍と22.7倍に輸出が増加したのである。このような日本製品の輸出拡大は大戦に起因したものであったため，大戦終結後の1919年には，前年の6割弱に減少した。しかしそれでも，1917年よりは多額の輸出であった。大戦によって日本製品のインド市場における存在感が高まったことは間違いない。

　中国からの輸入は，大戦中に急増した。1919年には1913年の5倍以上に増えて3億円を超え，総輸入額に占める割合も，8.4％から15％前後に増大した。この結果，英領インドからを上回り，中国はアジアのなかで日本の最大の輸入

相手国となった（全体ではアメリカ）。中国への輸出は，アメリカに次ぐ2番目の地位を維持したが，総輸出額や対アジア輸出全体に比べれば，伸びは小さかった。それらは1913年から1919年の間に3倍以上に増えていたが，対中国輸出は2.3倍にすぎなかった。また，中国へは1914年に続いて1915年にも輸出が減少しているが，これは日貨排斥によるものであった。大戦の前後を比較すると，主力輸出品であった綿製品に違いがみられる。1913年の対中国輸出額のうち32.4％を占めていた太糸綿糸（「綿織糸20番マデ」）は，1919年には9.5％にまで比重を落としており，変わって最多の項目となったのは「生金巾及生シーチング」で，10.8％を占めた。

　英領インドや中国の他で日本との貿易が大きく変化したのは，関東州である。1913年から1919年の間に，輸出・輸入とも5倍以上となり，輸出が1億5,013万円，輸入が1億6,239万円にまで拡大した（『大日本外国貿易年表』各年版）。

粗製濫造と規制

　第一次世界大戦による輸出の拡大は，さまざまな商品に及んだ。これにより，日本製品の質に対する批判が問題となった。これが，粗製濫造問題である。この問題は大戦前から存在していたが，輸出の拡大によって，より顕著なものとなった。「粗製濫造」とはいうものの，必ずしも使用に耐えない粗悪品の横行という問題だけではなかった。品質の不整一，見本品との相違，荷造の不備による輸送上の欠損，契約期日の不履行などを含む，輸出に関する幅広い批判であった。大戦期の輸出拡大は，ヨーロッパ製品との競争に勝利したものではなく，その不在の間隙をぬって実現したにすぎなかった。そのため，この問題が注目された背景には，ようやく進出した輸出市場を大戦終結後に失うことへの警戒があった。

　粗製濫造の原因の解明と改善が求められ，その中には「商業道徳」の問題として機会主義的な行動を指摘するものもあった（岡 1916）。しかし単に倫理的な面だけでなく，市場情報や契約への理解不足といった輸出への不馴れからくる面や，小規模な生産者における優れた機械や技術者の不在，大戦による原材

料の入手困難，優秀な技術者の不足など，構造的な課題も指摘されていた。これらは容易に解決できるものではなく，粗製濫造の防止には，個々の商工業者自身による改良以外の方法も必要とされた（横浜輸出協会 1917）。

　これを担うことになったのが，同業組合や政府であった。日本製品への評判の悪化を防ぐために，それらの関与が強まっていった。輸出向けの石鹸，缶詰，マッチ，メリヤス，ガラス製品などで取締規則が定められた。そこでは，地方長官が許可するか，同業組合か同業組合連合会による検査を受けなければ，営利目的の輸出ができなくなった。政府は同じ製品について同業組合の間で検査に違いが発生することを防ぐために，各地の同業組合をまとめる同業組合連合会の結成を促し，検査の統一を図った。さらに政府は，1916年3月に重要物産同業組合法を改正し，公正な検査のために，検査員の選任などへの政府の監督を強化していった（松本 1993：48-49）。

3　輸出関連産業の発達

商　社

　輸出の拡大は，貿易に携わる商社に多くの機会を与えた。開国以降，日本の貿易は日本の商社だけでなく外国商社も，これを担っていた。外国商社の中ではイギリス商社の力が強かったが，次第にドイツ商社の活動も活発になり，大正初期までには次第にその勢力を伸ばしていた。しかし大戦により，これらの外国商社は後退を余儀なくされた。貿易が拡大する一方で外国商社が撤退する事態は，日本の商社にとって絶好の機会であった。

　この機会をとらえて成長した代表格が，神戸を拠点にした鈴木商店である。砂糖取引からスタートした鈴木商店は，支配人の金子直吉の経営の下，大戦前にはすでに製糖業や製鉄業に進出し，徐々に経営を拡大していた。そして大戦の勃発を好機とし，開戦の3カ月後には，すべての商品や船舶に「買い」を行うという方針を打ち立てた。さらに高等教育機関の卒業生を採用し，事業規模を急拡大させた。大戦前，日本の商社では三井物産が非常に強く，圧倒的な地

位にあった。これを鈴木商店は1917年に抜き，最大の総合商社となった。

その他の商社としては，財閥内の販売機構が総合商社として独立したものがあった。古河商事，浅野物産，久原商事，三菱商事がそれである。元来は財閥の鉱山の生産物を販売していたが，次第に社外品も扱うようになり，大戦期の好機に，これが独立した。そのほか，茂木合名のように売込商や引取商が事業を拡大して総合商社化したものもあった。

図5-3　金子直吉

このように新たに参入してきた商社に対し三井物産は，大戦期の好景気の中にあっても，他の商社ほどには積極的な姿勢をとらなかった。その取引額自体は増えていたものの，日本の貿易額全体ほどの伸びはなく，三井物産のシェアは低下した。三井物産は「放胆ニ先センヨリハ厳ニ小心ニ過グルヲ可」とするという方針を採っていたのである。もっとも，現場の判断により三井物産でも見込商売は拡大していた。しかし他よりも早く，1919年には取引を抑制し，大戦後のダメージを回避することができた（大森ほか　2011：101-111）。

海　運

大戦により，世界全体で貨物輸送用船舶が不足となった。これは，参戦国による徴用，潜水艦などによる攻撃の危険，航路の迂回による輸送日数の増加が原因であった。日本では貿易品の半分ほどを運んでいた外国の船会社の撤退や規模縮小があった。その一方で，日本の輸出は絶好の機会を得ており，外航海運への需要は高まっていた。このことは，日本の海運業を大きく成長させ，世界の海運に占める日本の地位は，大戦前の第6位から大戦後には第3位へと上昇したのである。

近代の海運業には社船と社外船という区分がある。社船は，航海奨励法や遠

洋航路補助法などにより政府の補助を受けて海外との定期航路を運航していた海運企業であり，日本郵船や大阪商船などがこれにあたる。この社船以外のものが社外船とよばれていた。社船の中では，日本郵船と大阪商船が，この成長の中心的な担い手であった。外国の海運会社が配船を減らす中で，両社は定期航路や臨時便を増やしていった。とくに日本郵船は，戦場であり危険の多いヨーロッパへも増便した。戦争中にも対ヨーロッパ輸出が拡大できたのは，このためであった。貿易量の多いアメリカへの定期航路では，両社と東洋汽船（浅野系）で半分以上を占めるようになり，ボンベイ航路ではすべてが日本郵船と大阪商船の船となった。

定期航路だけでなく，不定期船の著しい増加も海上輸送力の確保に貢献した。社外船がその担い手であり，この第一次大戦期に飛躍的に伸びた。社外船による遠洋航海（欧州，大西洋，太平洋，インド，豪州の各航路）への配船は，1914年11月の時点では5万4,483トンであったが，4年後の1918年11月には40万5,187トンへと大きく増加した。当時の社外船主の代表的なものに，三井物産船舶部があった。1916年から1917年の運航船腹総量をみると，社船の代表格である日本郵船が46万トン，大阪商船が40万トンであったのに対し，三井物産船舶部は128万トンと，それぞれの約3倍を有していた。

この三井物産船舶部の運航船128万トンの内訳は，社有船は10万トンにすぎず，定期傭船が33万トン，臨時傭船が85万トンであった。第一次大戦期の海運の急成長は，傭船によって支えられていたのである。このような大口の傭船者や，それに応じる船主の増加により，多くの仲介業者も生まれた。彼らについての情報が集まる神戸が，傭船市場としての機能を高めていった。（大島 2003）。そして，この海運の隆盛によって，急速に資産を増やした「船成金」が現れるようになったのである（浅原 1978；中川 1980）。

造船と鉄鋼

海運業の活況は，造船業へと波及した。日本の海運業からの需要だけでなく，先述のように汽船をイギリスやフランスに輸出するようになっており，国内外

の船舶需要は著しく高まっていた。大戦中に失われた船舶が31隻13万トン，諸外国に売渡されたものが184隻39万トンありながらも，大戦終結時には開戦時の2倍の約300万トンの船を日本の海運が保有するに至った（山下 1984：87）。

この船舶需要に，国内造船業が応じていった。年間に造られた汽船の総トン数は，1913年間の5万トンから1918年には63万トンに拡大していった。商船を建造するための造船業は，1913年末の5社，6工場，17船台（船の建造や修理のための台）であったが，1918年10月には52社，57工場，157船台へと生産能力を高めていった（安藤 1979：101）。この造船業の拡大の特徴は，船を必要とする海運業自体が造船に進出したことである。日本汽船（久原系）は大阪鉄工所の株を1915年末から買い占め，山下汽船は1817年上期には浦賀船渠の最大株主となった。また，東洋汽船を系列にもつ浅野は，自ら浅野造船所を設立し，造船業に参入した。

このような造船業の拡大には，大きな問題があった。資材となる鉄鋼の不足である。他の産業でも鉄は求められており，「鉄飢饉」とよばれる供給不足に陥っていた。とくに造船用の鋼材は，大戦前にはイギリスやドイツからの輸入に依存していた。宣戦を布告していたドイツからの輸入はもちろん途絶えたが，イギリスも1916年4月に鉄鋼輸出を禁止し，さらにアメリカも1917年8月に輸出禁止となった。これにより日本の造船業は，多くの注文を抱えつつも，生産の継続が困難となった。この事態を解消するために採られたのが，アメリカとの「船鉄交換」であった。これは，アメリカから鉄鋼の供給を受け，その一部をアメリカ向け船舶の建造にあてて引き渡し，残りの鉄鋼で国内から注文のあった船を造ったのである。

船鉄交換は鉄飢饉の緩和には貢献したが，抜本的な解決策ではなかった。そこで造船業は，鉄鋼業への進出を図った。川崎造船や浅野造船は鉄鋼の社内自給を目指し，八幡製鉄所の指導を受けつつ，鉄鋼部門を立ち上げた。しかしそれらの生産が開始される頃には大戦が終結し，鉄飢饉の解消には間に合わなかった。

既存の鉄鋼業にとっては，この時期は成長の機会であった。高収益を背景に，

民間の鉄鋼業は設備を拡充させた。その結果，国内鉄鋼業に占める官営製鉄所の割合は，大きく低下したのである（村上 1985）。

繊維工業

　重化学工業の発展は，軽工業の衰退を意味するものではない。軽工業のうち，それまで日本の工業化と輸出を牽引していた繊維工業は，大戦期を経ても重要な地位を占めていた。

　大戦は，参戦したヨーロッパ諸国に軍需を中心として多くの需要を生み出した。その恩恵に最も浴したのはアメリカであり，日本同様に好景気を迎えた。このことは，同国を主な輸出先としていた日本の生糸生産にとって追い風となった。アメリカは世界最大の生糸市場であり，大戦直前の時点（1911～1913年）で世界の生糸の3割を集めていたが，その3分の2は日本からの輸出であった。ただし，開戦当初のアメリカ市場は不況となり，1914年の秋には生糸価格が暴落した。その対策として，政府出資の帝国蚕糸が設立され，買い支えが行われた。輸出生糸の大多数を占めた機械製太糸の総輸出額は1915年まで減り，総輸出量も1914年は減少であった。これは，大戦前までアメリカに次いで輸出の多かったフランスとイタリアへのものが激減したことによる。しかしアメリカの景気が1915年の後半から良好になっていくと，それらヨーロッパ向けの低迷を補って余りあるほどに，対アメリカ輸出が増えていった。1917年には，機械製太糸の輸出量は1913年に比べて4割近くも増加した。その間にアメリカ向け輸出は7割も増えており，日本の機械製太糸輸出に占めるアメリカ向けの割合も，70.9％から86.7％へと上昇した（『大日本外国貿易年表』各年版）。主力輸出品である生糸が，それまで以上にアメリカの需要に支えられていたことがわかる。アメリカによる日本産生糸輸入の拡大は，これが軍需のある綿織物や毛織物の代替品となったことに加え，好景気による所得水準の向上によっていた。このような輸出に支えられて，1919年には国内生糸生産が1913年の1.7倍となり，農家の収繭量は1.6倍に増え，桑の栽培面積も16％拡大した（農林省 1955：68, 72）。そして，春蚕を中心とした一代交雑種の普及や煮繰の分業化など，品質

向上のための革新も進んでいったのである。

　綿業では綿布の輸出が好調であった。大戦によりイギリスの海上輸送は支障をきたし，アジアへの供給が減少した。このイギリス製綿布に代わりアジア市場で増加したのが日本製品であった。それとは対照的に，綿糸の輸出量は減少しており，1918年には綿布が綿糸を輸出額で上回るようになった。その綿布の生産では，紡績企業による兼営が進み，織物産地での生産も増加した。このうち織物産地では，後述する電力を動力とした力織機化が進んでいた。なお紡績企業では，大戦直前に三重紡績と大阪紡績が合併し東洋紡に，大戦末には尼崎紡績と摂津紡績が合併して大日本紡績になり，これらと鐘淵紡績による三大紡績体制が形成された（高村 1985）。

　繊維工業の中で大戦による悪影響が長引いたのが毛織物である。これは，それまで良質な羊毛をイギリスやオーストラリアに依存していたことによる。軍服などに使用する毛織物は軍需品であり，イギリスは自国とオーストラリアの羊毛輸出に制限をかけた。イギリスとの交渉とともに，南アフリカやアルゼンチンなどからの輸入を図り，この不足を埋めようとしたが，十分な量を輸入することはできなかった（北野 2009）。

4　輸入代替と内需向け産業の発達

化学工業

　輸出の増大を起点として国内生産が増えた造船や製鉄に対し，輸入の杜絶によって拡大したのが肥料や染料を作る化学工業であった。肥料工業では，とくに窒素肥料の生産が大戦中に開花した。日露戦争以降，肥料の3要素（窒素，燐酸，カリ）のうちの窒素については，大豆粕が購入肥料の首位となっていた。しかし硫安（硫酸アンモニア）の輸入も急速に増えており，そのほとんどはイギリスからであった。このイギリス産硫安の輸入が大戦によって止まったのである。

　硫安の国内生産の試みは大戦前から始まっており，日本窒素肥料が1909年に，

電気化学工業が1913年に設立された。しかしこれらにより市場へ硫安が供給されるのは1914年からであった。大戦中，その生産は順調に拡大し，1919年には両社の硫安生産量は合わせて7万トンを超えた。1913年の輸入量が11万トンであり，そのうちの3分の2に相当する量を国内生産で賄うことができるようになった。両社は高い収益性を確保し，経営を軌道に乗せることができた。大戦後に輸入が再開すると利益率は低下したが，生産量は合計で7万トン程度を維持しており，1920年や1921年でも自給率は50％以上を保っていた（石井 1985：125-127；大塩 1989：44-56）。

既述のように，染料の輸入は大戦前には9割をドイツに依存しており，その国産化が必要となった。そのなかで，比較的低級な硫化染料では速やかな自給が進んだ。その担い手となったのは，大戦前に輸入染料を扱っていた中小の染料・織物業者であった。これに対して高級染料は，コールタールを扱う東京瓦斯，大阪瓦斯，三井鉱山などで研究が進められたが，1916年に政府の補助金を受ける日本染料製造が設立され，これの生産にあたった（谷口 1983）。

硫安も合成染料も，大戦前には供給のほとんどを輸入に依存していた。しかし国際競争が緩んだ大戦中に速やかに産業として成立し，国内生産が増加した。これらは，大戦前に輸入品によって市場が開拓されていた。たとえば硫安は，1896年に最初の輸入があり，日本の肥料市場に登場した。そこから，農家の信用を獲得して普及するという過程を，大戦前に輸入品が果たしていた。そのような前史の上に，大戦中の化学工業の勃興は成り立っていたのである。

電力・機械

大戦中に，電力業も大きく伸びた。総発電力は，1913年に45万キロワットであったが，1919年には79万キロワットへと増大した。水力発電の拡大が（1913年29万キロワットが1919年58万キロワット），これに貢献した。その代表的なものが，1914年に完成した福島県の猪苗代水力発電所であった。ここから東京の田端変電所までの227kmで，11万ボルトの高電圧による送電が行われた。大規模発電所による大量の発電と高圧による送電ロスの抑制によって，発電所から

遠く離れた東京において拡大する電力需要を満たしたのである。これは，都市部の電灯需要に応えるとともに，中小工場の動力化にもつながっていった。製造業における原動機の総馬力数のうち，電動機は1913年には29％にすぎなかったが，1919年には57％を占めるようになった。

このような電力業の発展は，重電機器を製造する電気機械工業の国内における成長を促した。猪苗代水力発電所では主要な機械は輸入品であった。しかし1915年には日立製作所が1万馬力水車を製造し，1918年には三菱長崎造船所が1万2,500キロワットタービンを2台製造した。このように重電部門では，外国に負けない技術水準を実現することができた（南 1965：206, 223；石井 1985：120-121；中村 2015：246-248）。

大戦期の工作機械工業では，国内需要が拡大していた。イギリスからアメリカへと相手を変えて輸入は続けていたが，国産化を進め，さらに輸出を行うようになった。この発展の担い手には3種類あり，官需や軍需を受けた比較的大規模なもの，東京や大阪で民需に応えて安い旋盤などを作っていた小規模生産者，そして地方工業都市の生産者があった。そしてそれらが，細分化された需要に応えていた（沢井 1981）。

電気機械工業や工作機械工業は，大戦前にも一定の発達をみていた。これに対し，大戦前には未発達であったのが紡績機械工業である。その機械を用いる紡績業自体はそれまでに著しい発展を遂げていたが，使われていた機械は輸入品であった。その輸入元の大半はイギリスであったため，大戦により紡績機の供給が大きく不足し，これが大戦中における紡績業の発達のネックとなった。ただし，この紡績機械工業の未発達は，技術的な問題ではなかった。ユーザーである紡績会社の輸入品使用方針や商社の利害との関係であったという（石井 1985：121-123）。大戦は，そのように従来は固定化していたやり方に風穴を開けるものであった。

農林水産業

大戦中には，農業も低迷していたわけではない。農家戸数も増えており，そ

の内訳では，専業が増え，兼業が減っていた。土地所有の形態については，農家ごとにみると，自作のみの農家は減って自小作農と小作農が増えており，土地ごとにみると，小作地だけでなく自作地も増加していた。農家の経営耕地面積では，5反未満が減少し，それ以上の広さを耕す農家が増加していた（農林省 1955：2-4，10）。耕地の貸借を積極的に利用した規模の拡大を図ったことで，零細な農家が減ったと考えられる。ただし，当時好調であった他産業に比べると，その発展は見劣りするものとなっていた。そこで農商務省は1917年に副業課を設け，家畜の飼育や藁製品製造などの副業による収入の途を奨励した（石井 1985：133）。

林業については，大戦期には需要の増加があった。鉱業の発展は坑内で使用する坑木の，鉄道の延伸は枕木の需要を拡大させた。電力の発展も，木材需要を増やした。山間部の水力発電所と消費地である都市を結ぶ遠距離送電のための施設が整備され，都市部では小口需要が増加し送電網が伸びていった。これらには，電線を支える多くの電柱が必要であった。また，パルプ輸入の減少は国内のパルプ生産を増加させたが，それは国内パルプ用材の消費量を拡大させた（山口 2015）。

水産業でも，大戦期にはいくつかの変化があった。明治末に始まった漁船の動力化は，大戦中に大きく進展した。1913年に1,674隻であった動力漁船の数は，1919年には4,032隻にまで増えていた。当初は静岡，三重，鹿児島などが先行していた動力化であるが，大戦中には北海道，岩手，宮城，茨城，千葉といった東日本の太平洋岸にも広まっていった。カムチャッカなどロシア領内で行う露領漁業では，この時期にサケ・マスの缶詰生産が急拡大した。そこでは，日魯漁業や輸出食品など，比較的経営規模の大きな企業を中心に，競争が激化していた。しかしロシア革命の発生により，合同や政治的支援の必要が高まっていた。大戦の影響を否定的に受けたのは，トロール漁であった。1908年に始まったトロール漁の船は1912年には139隻にまで増えており，既存の漁民との間で紛争を生むまでになった。しかし大戦による船舶需要の高まりによって，トロール船は貨物船や監視船として求められるようになった。これにより，多

くのトロール船は改造され，1918年にはわずか6隻にまで減少していった（二野瓶 1999：152-155，212-221；神長 2014：75-85）。

5 社会の変化

都市化

　大戦による好景気は，都市へと人口を集めるものであった。1913年から1919年の間に，たとえば東京市と大阪市という2大都市の人口は，それぞれ15.9％（204万人→236万人）と14.0％（139万人→158万人）増加した。内地（北海道，本州，四国，九州，沖縄）の増加率は7.3％であり，東京や大阪の人口増加は2倍のペースであった（『東京市統計年表』『大阪市統計書』各年版）。

　好景気は人口だけでなく，都市における企業活動を活発にし，その新設や拡充が起きた。そのことは，工場やオフィスのための用地の需要を高め，1915年末には大阪で，翌年には東京で，その不動産価格を上昇させた。土地・建物の取引も増加し，不動産仲介業が盛んになった（橘川・粕谷 2007：65-90）。

　都市の中心部における工場やオフィスへの需要は，増加する人口のための住宅供給に影響を与えた。地価の上昇は貸家投資への意欲を減退させた。都心部では住宅を壊し，工場やオフィスへの転換が進んだ（小野 2014：21-66）。たとえば東京市の都心部にある麹町区，神田区，日本橋区では，有租地（地租のかけられた土地）のうちで宅地の面積が減少していた。ただし，他の12区では住宅が増加し，東京市全体では3.2％増えていた。その代わりに急速に減少したのが，田，畑，山林であった。田は70.0％，畑は57.3％，山林は68.1％も減少し，市内南部に位置する芝区，麻布区，赤坂区の3区は，田の統計から姿を消していった（『東京市統計年表』各年版）。

　都市の拡大にあっては，食料品をはじめとする日用品の流通を改善する必要があった。そこで設けられたのが公設市場である。これは，建物を市が用意して小売店がテナントとして入るもので，価格を明示した販売を行った。このような都市下層民向けの市場の設立は大戦前から議論されており，大戦末の頃に

第Ⅱ部　近代日本の成長

なると，東京商業会議所や大阪市会でも建議が行われた。そして1918年4月に大阪で開設されたのを皮切りに，6大都市（東京，大阪，横浜，京都，名古屋，神戸）で次々と公設市場が開かれていった（原田 1991：117-125；藤田 2003：227-247）。

社会問題への関心

　1918年7月23日に，値上りしていた米の県外輸送の中止を求めて，富山県魚津町の女性たちが米屋に押しかける出

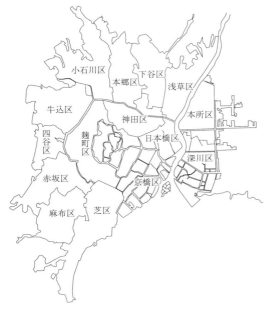

図5-4　東京市15区

来事が発生した。これが，よく知られる米騒動の最初の行動である。この行動自体はすぐに鎮静化するが，同県内で同様の出来事が続き，8月3日に同県西水橋町で行われた行動が報道され，西日本を中心に米騒動は広まっていった（武田 2009：121-142）。

　この米騒動の発生には，当時の社会状況のいくつかが要因として挙げられる。1つは，米価の昂騰である．東京市内の米相場（標準米下等）をみると，1918年8月までの1年間に80％も上昇していた。2つ目は，長期的傾向としての米消費の増加である。明治後半から，大麦など米以外の穀物の主食としての消費が減り，米飯が一般的なものとなっていた。そして下層の人々は，東南アジアから海上輸送で運ばれた輸入米を消費するようになっていた。3つ目は，新聞の大衆化である。米騒動の広まりは，新聞記事による情報伝播が寄与していた。なお，大戦中の新聞社は厳しい競争をくり広げていた。その競争での戦略として，野球，サッカー，ラグビーといった，今日にも続く学生スポーツの全国大

会を新聞社が行うようになったのも，第一次大戦期であった。

「成金」とよばれる急成長した富者が現れる中で，富の偏在に対する関心も高まった。1916年の9月から12月に，京都帝国大学教授の河上肇による「貧乏物語」が『大阪朝日新聞』に掲載された。これは，イギリスのような先進国にも貧困があることを紹介し，貧困対策を説いたもので，翌年に刊行された単行本はベストセラーになった。河上のほかにも，生存権を提唱した福田徳三（慶應義塾，東京高等商業学校）や，労働者の家計調査を行った高野岩三郎（東京帝国大学）など，社会政策学会を中心に，経済学者にとっても貧者の問題は議論の対象となった（杉原・長 1979：111-114，119-124）。

すでに述べたように，物価上昇により，大戦の末頃には実質賃金が下落していた。1917年に起きたロシア革命にも刺激されつつ，実質賃金の下落は労働運動を激化させ，1919年には2,388件もの労働争議が発生した。1912年に設立された友愛会も，協調主義から戦闘的な面を強めた組織に性格を変えていった（杉原・長 1979：140-141）。このような労働問題への懸念は，国内だけのものではなかった。1919年には，政府，使用者，労働者の代表が出席する国際労働会議が開催されており，大戦後の国際的な課題となっていた。

制度・インフラの整備

米騒動による寺内内閣の倒壊を受けて首相となった原敬は，「四大政綱」として国防の充実，産業の奨励とともに，教育の振興，交通網の整備をかかげた。これらは原内閣以前から進められていたものであったが，大戦期という比較的好調な経済状況の中で，積極政策の一端として財政規模の拡大を伴いつつ打ち出された。そしてそれらは，その後の日本で経済活動に寄与していく社会的基盤の整備であった。

教育では，この時期に高等教育の拡充方針が決定された。1917年に臨時教育会議が設置され，翌1918年に答申が出された。その答申に基づいて定められたのが，高等諸学校創設及拡張計画と大学令である。高等諸学校創設及拡張計画は1918年の議会に提出され，官立の高等学校10校，高等工業学校6校，高等農

業学校4校，高等商業学校7校，外国語学校1校，薬学専門学校1校をつくり，帝国大学の4学部を新設し，医科大学5校と商科大学1校の昇格，実業専門学校2校と帝国大学6学部の拡充を，6年間で行うというものであった。大学令では，それまでの帝国大学に加え，公立や私立の大学や単科大学の設立も可能となった。これにより，1919年には公立の大阪医科大学が，1920年には東京高等商業学校が単科大学の東京商科大学になり，私立の早稲田や慶應義塾も正式な大学となるなど，既存の高等教育機関が大学へと昇格した。この高等教育機関の拡充は，進学希望者の増加に対応するものであるとともに，産業界の要求に応えるものであった。そしてこれら高等教育機関は，昭和の日本経済を支える人材の供給源となった（文部省 1972：482-496）。

　交通機関のうち，鉄道は「速成普及」をかかげる原の政友会内閣の下で予算措置が拡充された。これにより，1892年成立の鉄道敷設法で示された9,713マイルの鉄道網は，そのすべてが実現の緒についた。道路は1919年に道路法が制定され，国道や府県道の整備が進められることとなった。港湾は，1917年の神戸と門司に始まり，青森，長崎，清水，横浜，下関の港の改修が，順次開始された。これらの交通網の整備は，軍事的な側面もあったが，人や物を運び経済活動の円滑化に貢献するものであった。いずれも大掛かりな工事を伴うものであり，その完成が大戦後になるものも少なくない。しかしそのための制度の確立や整備の加速化が，大戦期に進んだのであった。その一方で，これらの長期にわたり継続する工事は，その後の財政において負担ともなった（中村 1985：118-122）。

6　大戦の遺産と宿題

　1914年と1918年に陰りはあったものの，本章の対象期間は，概して好景気であった。それまでとは異なる貿易の状況が，この好景気をもたらしていた。すなわち，連合国側と同盟国側の双方による輸出の減少，連合国側による輸入増とそれに伴うアメリカの好景気，そして海上輸送力の不足である。これらは，

大戦前の日本経済が抱えていた課題のいくつかを一時的に解消させた。たとえばそれは，国内外の市場における国際競争での勝利であり，その競争力の乏しさが阻害要因となっていた近代産業の成功である。

一時的とはいえ達成した成功は，日本経済にさまざまな遺産を残した。まず，新しい輸出市場の確保である。ヨーロッパ製品の不在をついて広まった輸出先は，大戦の終結とともに再び厳しい競争に曝された。しかし，大戦中ほどには日本製品の輸出は容易ではなくなったものの，その間に得た市場のすべてを失ったわけではなかった。輸出の急増によって注意が喚起された粗製濫造問題は，外国との取引の経験を輸出に関わる人々が積んだことの現れであった。そして産業組合（連合会）や検査を通じ，民間の経済活動に対する政府の関与の深まりをもたらすことになった。

さまざまな産業での成功は，多くの企業を育てた。好景気は規模拡大や動力化への積極的な投資を可能にした。大戦終結による景気の低迷は，それらを過剰な生産力に転化させたが，整理統合を経て，その担い手は各産業で残り続けていった。そして産業の新しい成功は，労働運動や社会問題への関心の高まりとともに，広く所得水準と賃金水準を上昇させた。

第一次大戦は，日本経済に多くの新しい機会を与えた。一時的にせよ，それまでできなかったことを可能にした，まさに「天佑」であった。それは，緩やかに進行していた経済・社会の変化にアクセルを効かせるものであった。

大戦景気の結果としてさまざまな遺産がもたらされた一方で，解決が先延ばしにされて，宿題として日本経済に残されたものもあった。それが金本位制への復帰である。大戦によりイギリスでの為替決済が難しくなり，日本はアメリカのニューヨーク市場にこれを頼るようになった。そのアメリカが1917年9月に金本位制を停止すると，日本も金輸出・金兌換を止めた。これにより日本も金本位制から離脱したが，大戦終結後には，その復帰が問題となった。1919年6月に，アメリカは金本位制に復帰した。しかし日本がアメリカの復帰に合わせて金本位制に戻すことはなかった。これにより，その復帰は，その後の時代に課題として残されたのである。

第Ⅱ部　近代日本の成長

参考文献
井上寿一『第一次世界大戦と日本』講談社現代新書，2014年。
大石嘉一郎編『日本帝国主義史1　第一次大戦期』東京大学出版会，1985年。
大蔵省主税局『外国貿易概覧』各年版。
大蔵省編『大日本外国貿易年表』各年版。
小野浩『住空間の経済史——戦前期東京の都市形成と借家・貸間市場』日本経済評論社，2014年。
杉原四朗・長幸男編『日本経済思想史読本』東洋経済新報社，1979年。
中村隆英著，原朗・阿部武司編『明治大正史（下）』東京大学出版会，2015年。
二野瓶徳夫『日本漁業近代史』平凡社選書，平凡社，1999年。
速水融・小嶋美代子『大正デモグラフィ——歴史人口学で見た狭間の時代』文春新書，2004年。
山口明日香『森林資源の環境経済史——近代日本の産業化と木材』慶應義塾大学出版会，2015年。

練習問題
問題1
第一次大戦期の英領インドに向けた綿製品輸出の変化について論じてみよう。

問題2
第一次大戦期に「船鉄交換」が行われた理由を論じてみよう。

問題3
第一次大戦期に硫安（硫酸アンモニア）工業が成功した理由を論じてみよう。

（高橋　周）

第 6 章
恐慌と生活様式の変容

本章のねらい

　この章で対象とする1920年代は，2つの異なるイメージで語られる。1つは，1920年恐慌から関東大震災，金融恐慌，昭和恐慌といった具合に経済危機が頻繁に訪れて，人々が生活苦に見舞われた暗いイメージである。もう1つは，都市化と電化の進展に伴い新しい生活様式，たとえば，洋装に身を包みカフェで"お茶"したり，百貨店でショッピングしたりする，明るくモダンなイメージである。

　本章では，恐慌と震災という危機に際して，経済主体の1つである政府がどのような対策を講じたのかという点を，当時の銀行と企業の関係に焦点を合わせて説明する。同時に，「慢性不況」下における生活様式の変容とそれを可能にした条件に解説を加える。こうした作業を通じて上述したコントラストを描き出したい。

1　バブル崩壊

1920年恐慌の発生と商社の破綻

　第一次世界大戦終結後の1919年末からブームに沸いた日本経済は1920年3月15日の東京株式市場の大暴落，4月初旬の増田ビルブローカー銀行の破綻を契機とする再度の暴落，それに続く同月中旬の商品市場の崩落，5月の七十四銀行の休業をきっかけにした銀行取付けの頻発，さらに6月以降に発生した英米の戦後恐慌の影響も受けて，深刻なリセッションに突入した。いわゆる1920年恐慌である（武田 1983：342-343）。

その打撃を最も強く受けたのは，大戦ブーム時に事業を急拡大させた商社であった。たとえば，茂木商店は生糸と絹織物を中心に綿花や羊毛，機械，金属，医薬品・工業薬品へと貿易業務の取扱品目を広げただけでなく，「機関銀行」であった七十四銀行から融資を受けて株式，不動産，鉱山，船舶などに活発な投資を行った。ところが，同店が恐慌に伴う生糸相場の惨落で巨額の損失を計上すると伝えられると，その情報は預金取付けと為替尻の回収を引き起こして七十四銀行を休業に追い込み，それが今度は大幅な債務超過に陥った茂木商店の資金繰りを逼迫させて破綻に至らしめた。文字通り「共倒れ」であった（上山 1997：382-387）。

古河財閥の一角を占めた古河商事も同様に恐慌の煽りを受けて破綻した。同社は1919年初頭，銅の価格下落に直面した古河鉱業の「社銅売止め方針」の決定を受け，その打開策として雑貨，とりわけ豆粕（肥料）の取引に関心を向けた。古河商事は社品（銅・電線）の市場としては狭隘な大連での取引を拡大するため，大戦中から倒産した商社の肩代わりをする形で豆粕取引を開始していた。当初は取引所を通じた地道なビジネスを展開していたが，1919年春からの戦後ブームと豆粕価格の急騰を背景に，大連出張所の浅野貞一主任はさらなる値上がりを期待して先物取引を積極化し，投機合戦にのめり込んでいった。ところが，彼の期待は恐慌の発生によってもろくも崩れ去り，古河商事に約2,600万円もの損失を与える結果をもたらした。そして，この「大連事件」は単に商社の破綻に止まらず，古河財閥のその後の発展に著しい制約を課すことになった（武田 1995：163-171）。

日本銀行による信用秩序の維持

預金取付けの頻発（図6-1）と破綻銀行の続出という事態に対して，日本銀行は信用秩序の維持を図るべく，以下のような救済融資を実施した。

①為替銀行に対しては，コールマネーの返済資金と為替資金を供給した。
②取付けにあった銀行に対しては，「必ずしも常軌の方法」によらず支払準

備資金を供給した。
③一時的な経営危機に見舞われたものの、再建可能性の高い銀行に対しては、救済資金を供給した。
④「取引先商社」および「特殊事情を有する商社」に対しては直接資金を供給した。
⑤株式市場をはじめ、生糸、綿糸、砂糖、羊毛、織物、銅、銑鉄など主要商品に関連する企業に対しても、市中銀行を通じて特別融通を実施した。

図 6-1　1920年11月6日の預金取付け
　　　　（東京貯蓄銀行銀座支店）
（出典）武田（1992：156）。

　こうした措置に関して日本銀行は1920年5月、融資を過度に抑制すれば、さらなる「財界動揺」を招き、企業や銀行の倒産を惹起して回復不能な状態に陥るおそれがあり、とくに銀行が「流言飛語」によって預金取付けに見舞われた場合、支払準備の不足分を補うことは日銀の「責務」との認識を示した。そして実際、6月に「財界動揺」はひとまず沈静化した。その融資額は2億4,214万円にのぼったが、そのうち84.6％は1920年末までに返済され、翌年4月末には一部の銀行支払準備資金（②）を除いてすべて回収された。とはいえ、商品別の救済（⑤）という従来にない「特別融通」は1920年代を貫く日銀の「救済機関」化の端緒となった。
　反動不況に対して、企業が生産制限や思惑輸入の停止、「投売り処分」などを講じて在庫の圧縮に努めた結果、物価の下落は1921年4月に底を打って上昇に転じた。7月頃から紡績株を中心に株式市場に資金が流れ込み、綿糸・米穀市場も活況を呈し、次第に投機的な色彩を帯びるようになった。中間景気の出現である。ただし、1921年上期の輸出額と輸入額は前年同期の半分に落ち込んでおり、実体経済は回復とは言い難い状態にあった。

景気の過熱は資金需要を拡大させて，金利の上昇をもたらした。こうした金融逼迫の中，日本銀行が1921年9月に発した警告によって株式市場は再び暴落し，商品市場も10月以降沈静化して中間景気は終息した。そして1922年2月の石井定七商店の破綻をきっかけに取付け騒ぎが発生し，金融システムは大きく動揺した。すなわち，同年10月に京都の日本商工銀行，11月には京都の日本積善銀行や熊本の九州銀行などが相次いで休業を発表し，関西を中心に中国，九州，北陸そして東京方面にも及ぶ広範な預金取付けが起きたのである。

日本銀行はこの危機の原因を一部銀行の「平素不謹慎・不堅実な経営」ないし「放漫経営」によるものであり，「財界の根底に於ては毫も動揺を来したるものと認められず」と考えていた。しかし，金融システムの安定化を図るべく，銀行に対して預金払戻資金または支払準備資金として正規の貸出を行うとともに特別融通も実施し，その金額は1億7,000万円に達した（日本銀行百年史編纂委員会編 1983：13-14, 20-22, 25-34；石井編 2001：108）。

2　震　災

関東大震災と震災手形

金融危機の終息も束の間，1923年9月1日，日本はマグニチュード7.9を記録した関東大震災に見舞われた。建物・機械設備などの焼失・倒壊・破損による民間損害額は東京市だけで25億5,000万円に達した。それは，民間企業にとって借入金の担保価値の著しい下落のみならず，元金とその利息を返済する手段の喪失も意味し，自らも店舗の焼失・倒壊の被害を被った銀行にとっては回収困難な巨額の債権（不良債権）を抱えたことを意味した。こうした危機的な状況に対して，政府は9月7日，支払猶予令を公布・施行し，被災地に拠点を構える企業ないし個人の債務履行を一定期間猶予した。いわゆるモラトリアムである。

この緊急措置は9月末で撤廃されることになったため，銀行の保有する「震災地関係手形」の処理が重要な問題として浮上した。そこでまず，手形割引の

仕組みを確認しておこう。

　企業は商品やサービスを提供した代金として取引先から現金ではなく手形を受け取ることがある。銀行は企業からこの受取手形を支払期日前に買い取って現金を渡す。現金化にあたって，銀行は期日までの金利を割引料として受け取る。これを手形割引という。銀行で割引された手形は，支払地の銀行（支払銀行）が上記の取引先から取り立てて資金を回収（決済）する。支払猶予令はこの取立，言い換えれば，取引先の支払いを猶予したわけだが，その廃止によって債務の履行（支払い）をしなければならなくなる。しかし，震災の被害を受けた企業は支払能力を著しく低下させていたから，その回復まで時間を与える必要がある。他方，この間，銀行には決済されない「震災手形」が滞留することになるため，金融当局は銀行に資金を供給しなければならない。

　その手段として政府は9月27日，日本銀行震災手形割引損失補償令（損失補償令）を公布・施行し，財界の安定と金融の円滑化を図った。すなわち，震災により甚大な被害を受けた企業（商工業者等）を債務者とし，かつ一般銀行の割り引いた手形を日銀に再割引させるとともに，2年間の取立猶予を設定した。この間に債務者は資産を整理したり，事業を再開したりして支払能力を回復させること，そして，銀行は手形を資金化して投融資に振り向けることが期待された。ただし，こうした枠組みを使っても，企業に債務が残り続けることに変わりはない。仮に，猶予期間を終えたときに債務を返済できなければ，日銀が損失を被ってバランスシートを痛める可能性は否定できない。そこで，政府は，日銀の納得を得るために1億円を限度に損失を補償したのである。損失補償令の施行によって，支払猶予令の撤廃後も金融界はとりあえず動揺することなく推移した（日本銀行百年史編纂委員会編　1983：48-52, 56-61）。

解決されない問題

　ただし，上記の2年間という猶予期間（1925年9月末）は2度にわたって延長され，震災手形の処理は政府の懸案事項として残り続けた。したがって，日本経済の抱える問題はこれらの施策で解決したわけではなかった。とくに企業

の収益が改善しないことは景気回復の足を引っ張った。

　第一に，国際市場に復帰した欧州企業にとって日本は格好の輸出市場となり，鉄鋼や機械など競争力の劣る国内産業は輸入品の圧力によって価格の低迷に苦しめられた。第二に，大戦中の物価高騰と労働運動の高まりは賃金水準を引き上げ，生産コストを膨張させた。しかも，先述の日本銀行による救済措置は「財界整理」を遅らせて物価の下落を抑制し，それを前提にした労働者の「組織的圧力」が賃金の切下げの阻害要因となった。さらに，こうした事態は輸入圧力を強め，輸入超過を引き起こした。第三に，企業の借入金依存度が低下しなかったため，銀行は資金の固定化を免れなかった。経営状態の不安定な企業ないし銀行が短期資金の調達に奔走したこともあって，全般的に高金利状態が続いた。それは，合理化投資に要する資金の調達を難しくし，企業収益の改善を妨げる要因となった。

　しかし反面，賃金水準の上昇はホワイトカラー層の形成を通じて消費を促すと同時に，高金利は資本市場を介した資金調達を活性化させて，後述する電力業などの設備投資を促す効果をもたらした（武田 1983：347-352；武田 1992：166-168）。

3　金融恐慌

震災手形の名目と実態

　先送りを続けてきた震災手形の処理は1927年3月の震災手形損失補償公債法と震災手形善後処理法（震災手形関係2法案）の公布によって一応の決着をみた。それらは次の方針に沿った法律であった。

①震災手形の再割引に伴う日本銀行の損失を補償するため，政府は1億円を限度額とする国債を発行する。
②未整理の震災手形のうち，日銀の損失となって政府からの補償を受けた金額を差し引いた残額をベースにして，「震災手形所持銀行」に国債を貸し

付ける。
③「震災手形所持銀行」は手形債務者との間で最長10年間の年賦償還貸付契約を結んだ場合に限って，政府に対し②の貸付を請求できる。
④②の貸付条件は金利5％以上，期限10カ年以内とする（日本銀行百年史編纂委員会編 1983：233-234）。

政府は1月26日，震災手形関係2法案を議会に提出したが，その審議は紛糾を極めた。震災手形問題を解決せずに本格的な景気回復は見込めないという日銀の認識は妥当であった。しかし，当時の勢力図では，若槻礼次郎首相の率いる憲政会は少数与党であり，野党・政友会の賛同を得ることなしに法案を通すことができなかった。しかも，震災手形の名目と実態の間には大きな乖離があり，政友会はその点を痛烈に批判し政府に揺さぶりをかけた。すなわち，被災者の救済という名目と実際の手形債務者は異なるのではないか。換言すれば，銀行に巨額の震災手形を持ち込んだのは，大戦ブームで巨額の利益を手にし，積極的な投資を行ったものの，戦後の反動不況によって一転，巨額の損失を被った有力資産家（政商）ではないのか。当時，大蔵省文書課長として国会論戦を目の当たりにした青木徳三は，政友会が，浜口雄幸内務大臣と片岡直温大蔵大臣は同じ高知県出身という理由から震災手形関係2法案を通して鈴木商店の金子直吉を救済しようとしていると吹聴したと回顧している（安藤編 1993：25）。

政府は公表しなかったものの，台湾銀行が最大の「震災手形所持銀行」ということは周知の事実であった。実際に1926年12月末の震災手形の残高は，台銀が最大の約1億円にのぼって全体の半分近くを占め，しかもその大口債務者には鈴木商店の名前があがっていた。他方，1924年3月末の震災手形の大口債務者をみると，鈴木商店・鈴木合名は債務額で7,189万円，総額に対する割合で16.7％に達していた（三和・原編 2010：111）。つまり，実態としては，鈴木商店をはじめバブル崩壊後の資金繰りの悪化に苦しむ大企業が，震災手形に便乗して巨額の融通を日銀から受けていたわけである。したがって，震災手形の問題は，台銀と鈴木商店の債権・債務関係を整理せずに最終的な決着をつけるこ

とは困難であった。

片岡直温大蔵大臣の失言と恐慌の発生

　政友会は若槻内閣を追い詰めるチャンスと捉えて，連日厳しい追及を繰り返す。そして，1927年3月14日午後の衆議院予算委員会で，片岡直温大蔵大臣は政友会議員の追及に対して，野党の言い分もわかるが，問題を先延ばしにしたら，日本の金融界は立ちいかなくなる。「現ニ今日正午頃ニ於テ渡辺銀行ガ到頭破綻ヲ致シマシタ」と答弁した。かの有名な片岡の「失言」である。

　この段階で東京渡辺銀行は休業を決定していたのか，それとも「片岡失言」によって休業を余儀なくされたのかを断定することは容易でない。しかし，東京渡辺銀行（図6-2）が，同じ渡辺一族の経営するあかぢ貯蓄銀行とともに休業したのは翌15日だったから，少なくとも14日正午の時点では「破綻」していなかった。だからこそ「失言」といわれるのである。

　この休業をきっかけに19日から24日にかけて中井銀行，左右田銀行，八十四銀行，村井銀行など10行が預金の集中的な引出しにあって次々に休業を発表した。ここで名前を挙げた銀行はいずれも東京手形交換所社員銀行として信用力も高く，広範な取引先を有していたため休業のインパクトは大きかった。この第1次動揺では，貸出資産の悪化が銀行取付けの主な要因となった。休業銀行の多くは震災手形を保有しており，資産内容に疑念をもたれていた。それゆえ国会審議の過程で震災手形の保有状況に関する情報が露呈したことでパニックが引き起こされたのである。こうした事態に対して，日本銀行は金融システムの動揺を鎮めるために預金引出しに備えて各行に資金を供給し，その額は14日の2億2,797万円から23日には6億3,007万円へと2.8倍も増加した。日銀の救済融資に加え，震災手形関係2法案が23日に成立したことで銀行界の混乱はようやく沈静化した（日本銀行百年史編纂委員会編 1983：169-173；是永ほか 2001）。

　以上のように，金融システムの危機を増幅させた要因としては，戦前期日本の銀行・企業間関係の特徴である「機関銀行」の存在が重要である。
　「機関銀行」は「銀行の株主が特定の企業ないし企業グループの株主と共通

であり，その企業ないし企業グループに優先的に貸出を行うような銀行」と定義される。株主に加え，役員兼任関係も広範に確認されている。たとえば，茂木商店にとっては七十四銀行，村井家の事業（村井合名，村井貿易）にとっては村井銀行，左右田家の事業にとっては左右田銀行を典型例として挙げられる。

銀行は通常，多様かつ幅広い企業に貸出先を分散することで，債権回収が不能になるリスクを抑制する。他方，企業も借入先を広げることで，取引銀行の破綻に伴う資金ショートなどのリスクの回避を図る。つまり，「機関銀行」関係にみられる特定の企業に対する融資の集中と固定化（特定の銀行からの借入の集中と固定化）は，企業と銀行の共倒れリスクを高める（寺西 1988：195-196）。こうした「機関銀行」関係の不健全さは，上記の銀行がいずれも経営破綻に追い込まれたことに示されよう。

図6-2 東京渡辺銀行休業の張り紙
（出典）浅井（1999：335）。

鈴木商店と台湾銀行の末路

与野党間で激しい論戦を巻き起こした震災手形関係2法案は，金融恐慌の発生を受けて，運用に際し厳正公平な審査を行うことと，台湾銀行に対して適切な処理方策を講じることの2点を附帯決議として付したうえで1927年3月23日にようやく成立した。

前述のとおり，震災手形の最終的な処理にあたって，台湾銀行と鈴木商店の問題は避けて通れなかった。両社は極めて密接な関係にあり，それは次の数値から明らかになる。すなわち，鈴木商店の台銀からの借入金は1922年末の1億7,737万円から1924年末に2億4,683万円に膨らみ，借入金全体に占める割合も54.3％から62.3％へと上昇した。他方，台銀の鈴木商店，鈴木合名および関連

会社に対する融資は1924年末の2億7,590万円から1927年4月16日時点には3億5,229万円に増え，融資額全体に占める割合も35.1％から48.9％まで上昇した（三和・原編 2010：112）。つまり，鈴木商店は台銀からの融資に過度に依存し，台銀は鈴木関係融資に集中しており，まさに一蓮托生であった。それは，鈴木商店に融資していた他の銀行が震災手形の処理をめぐる議論の過程で次第に警戒心を強め，融資を引き上げたことを意味する。

1927年3月の第1次動揺は，台湾銀行と鈴木商店双方の経営危機を顕在化させた。台銀は，金融機関どうしが短期資金を融通しあうコール市場を使って資金を調達していたが，銀行の休業が続き，金融不安が高まると，出し手であった銀行が台銀向けコールの回収に動いたため資金繰りの逼迫に見舞われた。資金繰りに窮した台銀は3月24日，鈴木商店に対する新規融資の停止を通告し26日に「絶縁」するに至った。約5億円にのぼった借入金のうち3億7,900万円を台銀に依存していた鈴木商店に返済能力はなく，4月4日に不渡りを出して事実上の「倒産」に至った。同社の「倒産」は回収不能な債権の滞留という形でそのまま台銀に跳ね返り，かつ上記のコールの引上げもあって同行を存亡の岐路に立たせた。こうした状況に直面して政府は4月13日，台銀の応急的な救済のため，緊急勅令で日本銀行の非常貸出および損失補償を行う方針を閣議決定した。しかし，枢密院が17日に台湾銀行救済緊急措置令案を否決したことで，若槻礼次郎内閣は総辞職し20日に政友会の田中義一内閣が成立，大蔵大臣には高橋是清が就任した。

この間に金融危機が深刻化したことを受けて，日本銀行は市中銀行に対する金融支援を実施し，とくに「特殊手形」（特別融通）の形で行った台湾銀行向け貸出は急増した。借り手の台銀は，株式や社債など有価証券はもちろん，不動産や各種手形まで担保として差し入れなければならなかった。結局，特別融通は4月14日から16日の3日間だけで4,320万円にのぼり，16日時点の残高は1億3,774万円に達した。ここに至って日銀は台銀に対する資金援助の停止を決断，台銀は18日に島外支店の休業を余儀なくされた。

台湾銀行の休業とそれに続く近江銀行の休業を契機に第2次動揺が発生し，

4月21日に十五銀行も休業に追い込まれると「国民の銀行に対する信用は根底から崩れ，ここに玉石混淆，全銀行を焼き尽くす全面的，全国的未曾有の銀行取付け」が起こった。そのため，田中内閣は4月22日，3週間のモラトリアムを実施するとともに，臨時議会を召集して5月4日から「日本銀行特別融通及損失補償法案」と「台湾ノ金融機関ニ対スル資金融通ニ関スル法律案」の審議に入り，一部修正を経て3日後の5月8日にこれら2法案を成立させた。前者は日銀が市中銀行に対して支払準備金の特別融通を行い，政府は5億円を限度に日銀の損失を補償することを内容とする法律であり，後者は日銀の台銀向け融資に2億円の政府補償を行うことを定めた法律であった。

　この第2次動揺においては，貸出資産の悪化ではなく，むしろ手元流動性を示す預金準備率の低い銀行ほど激しい預金取付けに襲われた。パニックはコール市場をはじめ「銀行間貸借市場」の機能不全をきっかけに起こり，上記の2法案に基づく日銀の特別融通，言い換えれば最後の貸し手機能の発揮によって終息した（日本銀行百年史編纂委員会編 1983：196-198；桂 1989：194-195；是永ほか 2001；高橋 1955：639）。そして，金融恐慌の教訓は1927年銀行法の中に生かされたのである。

金融システムの再構築

　1920年代に相次いだ銀行界の動揺は，「機関銀行」とよばれる銀行・企業間関係のもつ共倒れリスクの顕在化によって増幅された。したがって，金融システムの再構築にあたって，政策当局はこの不健全な関係にメスを入れることを中心に据えた。

　それは1927年3月に公布され，1928年1月に施行された銀行法として結実した。同法の特徴としては第一に，銀行の企業形態を株式会社に限定したことが挙げられる。法律上，合名会社や合資会社に比して，情報開示義務の厳しい株式会社化を強制することで，株主総会や監査役によるモニタリング機能の活用を企図したのである。同時に，施行細則の中で，主務大臣（大蔵大臣）に提出する業務報告書を用いて自己資本比率や大口融資，支払準備，保有不動産など

詳細な情報開示を行うルールを定めた。この点に関連して，銀行検査の体制も強化された。たとえば，1927年5月，大蔵省銀行局に検査課を新設するとともに銀行検査官を6名から18名へと大幅に増員し，2年に1回の検査を実施できる体制を整えた。また，書面検査についても，業務報告書だけでなく，銀行の監査役の作成した監査書を毎営業年度ごとに2回提出することを義務づけた。1928年6月には日本銀行に考査部を設置し取引先銀行の調査（考査）も開始した。

第二に，普通銀行の最低資本金を原則100万円に設定し，かつ既存銀行にも5年間の猶予期間内にこの条件を満たすことを義務づけた。原則以外の金額としては，勅令をもって指定する地域（東京と大阪）に本支店を置く銀行の場合は200万円，人口1万人未満の地域に本店を構える銀行の場合は50万円に設定した。銀行法公布時点で存続する普通銀行1,420行のうち，条件を満たさない銀行は807行に達した。重要なのは，当該銀行が最低資本金をクリアする際に，行政指導を通じて原則，単独増資を認めず，合併によることとした点である。そのねらいは小規模銀行の退出と銀行統合を同時に促進することにあった。その結果，1928年から「無資格銀行」の存続猶予期間の期限となる1932年にかけて銀行統合は加速度的に進展し，1行当たりの経営規模も拡大した（図6-3）。

第三に，銀行法は銀行役員の兼業を制限した。これは，「機関銀行」関係のうち銀行役員と融資先企業の役員の兼任が，貸出審査の実質的な機能を阻害し，資金の固定化と不良債権の発生を引き起こしたことを踏まえた規定であった。さらに，上記の銀行統合は役員兼任関係を排除する効果をもった。すなわち，「被吸収銀行」（吸収合併によって消滅した銀行）の兼任役員が統合に伴って新銀行の役員から排除されたため，兼任関係も同時に解消されたのである。こうした傾向は，意思決定に重要な役割を演じる執行役員（頭取，副頭取，専務，常務）に限定した場合により顕著であった。つまり，金融恐慌を契機とする銀行合併の波は，「機関銀行」関係を解消する効果を発揮し，金融システムの安定化に寄与した（浅井 2000：146-149；岡崎・澤田 2003；寺西 2004：156）。

しかし，日本経済はこれをもって回復の道を歩み始めたわけではない。1929

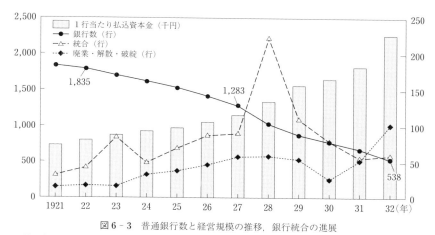

図6-3 普通銀行数と経営規模の推移，銀行統合の進展
（注1） 1行当たり払込資本金と銀行数は左の軸，統合と廃業・解散・破綻は右の軸に対応している。
（注2） 1932年の銀行数と1行当たり払込資本金は三和・原編（2010）を利用した。
（出典） 後藤（1968：525），三和・原編（2010：113）。

年10月24日のニューヨーク株式市場の大暴落に端を発した世界恐慌の余波を受けて，さらなる試練に立たされるのである。

4 経済成長

冒頭で言及したとおり，1920年代は恐慌と震災と金融危機に襲われた暗い側面だけでなく，経済成長とそれがもたらす「モダンライフ」という明るい側面も持ち合わせていた。

日本の実質国民総生産（GNP）成長率は1920年代前半の4.0％から後半に2.3％へと低下し，不況の様相を呈した。ただし，総設備投資の対GNP比率（実質）はそれぞれ11.9％と13.8％に達した。民間部門について，1920年代前半は公益事業で行われた建設投資が目立ち，とくに電力業のウェイトが大きかった。産業別粗国内生産の構成比によれば，鉱工業は1919年に18.7％，1924年も18.8％と横這いであったのに対し，運輸・通信・公益事業・建設業は同じ期間に10.3％から17.6％まで伸びた。1929年の数値はそれぞれ23.6％と19.0％だ

から，前者はウェイトを高め，後者は横這いに転じたことになる。要するに，1920年代の経済成長は，第一次世界大戦期の輸出主導型から電力や鉄道といったインフラストラクチャーの整備を中心にした内需主導型へと転換したのである（中村 1971：138-145；橋本 1988：100-101）。

電力業の発展と企業間競争

　日本電力業は1910年代に入って以降，大容量水力開発と遠距離高圧送電を本格化し，電源構成は火主水従から水主火従へと変化していった。その結果，発電コストの低減による電気料金の引下げを実現し，その消費量を大幅に伸長させた。とくに，昼間用・動力用の電力料金を夜間用の電灯料金よりも低位に設定したことは，電灯需要以上に電力需要を拡大させる要因となった。さらに，大容量水力開発と遠距離高圧送電の結合は，新規参入者にビジネスチャンスを与え，「電力戦」とよばれる激しい競争を引き起こした（橘川 2004：55-57）。

　以上の点を数値で確認しておけば，1920年から1929年にかけて，消費電力量は電灯で約15億kWhから約28億kWhへ1.8倍，電力で約22億kWhから約93億kWhへ4.1倍，合計で約38億kWhから121億kWhへと3.2倍も増加した。他方，発電電力量は同じ期間に約47億kWhから151億kWhへ3.2倍の伸びを示した（図6-4）。

　ところで，当時の電力業の産業組織は，発送配電一貫経営・地域別9分割・独占を特徴とする戦後の9電力体制とはかなり異なっていた。大規模な発電部門を擁しながら基本的に供給区域をもたない（配電部門の弱い）卸売電力企業や逆に需要に見合った発電設備をもたず，外部から「買電」する電力企業も少なくなかった。また，地域独占は法的に認められておらず，重複供給の余地が残されていた。しかも，1920年代初頭の電気事業者数は800超にも達し，電力企業はときに激しい競争に晒された。

　1920年代は，所管官庁の逓信省が電灯と小口電力の重複供給を許可しなかったのに対し，大口電力に限りそれを認める方針に転換したこともあって，電力業の企業間競争の主戦場は電灯市場から電力市場へと移っていった。そして，

積極的な設備投資やM&Aを通じて圧倒的な地位を誇るようになった「5大電力」は、1920年代半ばから後半にかけて熾烈な「電力戦」を繰り広げた。

「5大電力」は、関東地域に基盤を置く東京電灯、中部地域と北九州地域を拠点とする東邦電力、関西を主な活動地域とする宇治川電気という小売電力企業3社と、大同電力と

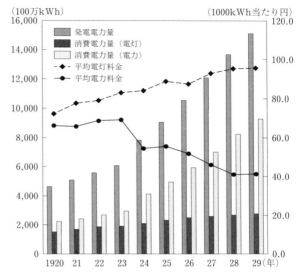

図6-4 電力発生量と電力消費量、電力料金の推移
(出典) 南 (1965：196, 198, 222) より作成。

日本電力という卸売電力企業2社で構成された。電気供給は一般的に差別化の難しいサービスのため価格競争に陥りがちである。「5大電力」間の競争は、卸売電力企業が大口需要家の争奪を狙って、小売電力企業の供給区域に攻撃を仕掛けたことで勃発するケースが目立った。それは、電力料金の割高だった東京電灯の供給区域が低い料金設定による侵入を招きやすかったことや、大同電力と日本電力が電気事業者向けの卸売だけでは消化できない余剰電力を抱えていたことに起因していた。

具体的な事例として、東邦電力の関係会社である東京電力と東京電灯の「電力戦」を取り上げよう。東京電力は1926年11月以降、割高な電力料金に不満を抱いていた日清紡績や日本製粉などの大口需要家に対し、価格を武器に切り崩しを図って、1927年6月までに約2万7,000キロワットの契約を獲得した。そのうち東京電灯からの切替えは80％に達した。こうした事態に直面して、東京電灯は大口電力料金を大幅に引き下げて対抗せざるをえなかった。その後も両

社の競争は鉄道省や東京市をめぐって激しさを増していった。「電力戦」は当事者間の電力需給契約や営業協定によって解決されるケースが多かったが，このケースは1928年4月の両社の合併によってようやく幕を下ろした（橘川 2004：84-86；橋本 2004：82-84，88-92）。

新産業の勃興

上述のような「電力戦」は，電力料金の低下をもたらし（図6-4），硫安やレーヨンなどの「電力多消費型産業」の発展，あるいは余剰電力の利用を狙った電機メーカーの家電販売を促す1つの要因となった。

たとえば，レーヨンの場合，第一次世界大戦後の国内外における成長とレーヨン糸輸入関税の引下げに向けた動きとその実現（1926年3月）を背景に，1920年代半ば以降，三井物産による東洋レーヨンの設立（1926年1月），大日本紡績による日本レイヨンの設立（1926年3月），倉敷紡績による倉敷絹織の設立（1926年6月），東洋紡績による昭和レーヨンの設立（1928年3月）といった具合に新規参入が相次いだ。レーヨン各社は長期かつ低料金の電力購入契約を結び，エネルギーコストを抑えながら工場を運営して生産量を伸ばし，絹糸に代わる新素材を広めていった（橋本 1988：103-104）。

他方，電灯の消費電力量は料金の上昇もあって，電力には及ばなかったものの，1920年代を通じて緩やかに増加して家庭の電化を促した（図6-4）。たとえば，大戦ブームに乗って業況を拡大させた東京電気（現・東芝）は関東大震災後，積極的な設備投資と作業能率の改善によって生産コストを削減し，1924年から1925年にかけて各種電球の価格を引き下げて電灯のさらなる普及に努めた。さらに同社は余剰電力の家庭電化への利用を狙って，1927年3月，芝浦製作所やGEなどと家電製品の代理販売契約を結び，アイロンや扇風機などの販売に乗り出した（東京芝浦電気株式会社編 1977：31-32）。

とはいえ，この時期の家庭電化は黎明期を迎えるに止まった。家電によって家事労働が代替されるようになるのは，戦争と復興を経た高度成長期を待たなければならなかった。

第 6 章　恐慌と生活様式の変容

帝都復興

　経済成長を牽引した建設投資の中で公共事業（道路，橋梁，港湾，水道など）を中心とする政府投資の役割は大きく，とくに震災復興に力を注いだ1920年代半ばの伸びは著しかった（中村 1971：138-142）。その様子を確認しておこう。

　関東大震災発生の翌日に当たる1923年9月2日に発足した第2次山本権兵衛内閣は帝都復興の舵取りを後藤新平内務大臣に託した。

　東京市研究会会長や東京市長，東京市政調査会長などを歴任した後藤はその日のうちに①遷都の否定，②30億円の復興費，③先端をゆく欧米の都市計画の採用，④地主に対する断固たる姿勢を柱とする基本方針を固めた。①は東京市民の動揺を抑えるためのメッセージであった。東京は日本の首都であり，政治の中心であり，「国民文化の淵源」であるから，その復興は単に1つの都市の「形態回復の問題」ではなく，国の発展と国民生活の改善の根幹をなす。震災は「理想的帝都建設」のための「絶好の機会」であるがゆえに，「一大英断をもって帝都建設の大策」を確立し，その実現に努めなければならない。彼の理念はここにあった（越澤 2011：202-205）。

　後藤新平は，焼失地域の土地を一度にすべて買い上げて区画整理を行うとともに，南北，東西に幅70m以上の幹線道路を整備し，路面電車ではなく，高架線と地下鉄線によって市街交通網を整備するという壮大な構想を描いた。その買上費用は50億円と見積もられた。しかし，現実は後藤の構想とは懸け離れたスケールに萎んでいく。まず，大蔵大臣の井上準之助が財政政策のトップとして，復興予算の上限を公債の償還できるギリギリに設定する考えを示し，11月中旬の最終原案は7億2,000万円に落ち着いた。次いで11月24日から26日に開催された帝都復興審議会で，この政府原案は枢密顧問官の伊東巳代治によって徹底的に攻撃された。いわく，区画整理による減歩は財産権の侵害にほかならない。この予算規模は国家の財政基盤を危険にさらす。外国から借金して復興するなどとんでもない。確かにこうした「攻撃」は，政府予算の規模が15億円前後の時代であったことを考えると，まったく的外れというわけではない。しかし，そこには，内閣を揺さぶるという政治的な思惑や辣腕を振るう後藤に

対する「政治的な嫉妬」も強く作用していた。結局，帝都復興は5億7,481万円という大幅な減額とそれに応じて計画を縮小したうえで，ようやく動き出したのである（越澤 2011：218-227；武田 1992：182-185）。

スケールこそ小さくなったとはいえ，復興の成果はけっして小さくない。昭和通り・第一京浜，大正通り（現・靖国通り），晴海通り，浅草通り，本郷通り，日比谷通りなど，震災前は悪路で有名だった東京の都心と下町の主要な道路はこのときに整備された。防火帯や避難所として重要なインフラと認識されるようになった公園についても，三大公園（隅田，錦糸，浜町）と小学校に隣接する52の小公園が新設された。そして小学校は，水洗トイレの採用と畳敷きの作法室の不採用という形で，モダンな設計の建物として新設された。その際，帝都復興院の理事兼建築局長であり，かつ東京帝国大学教授でもあった佐野利器が重要な役割を演じた。なぜなら，水洗トイレは贅沢，作法室を設置すべきと強く主張する東京市教育局に対して，佐野が水洗トイレは子どもの衛生のみならず，市民の衛生意識の向上にも有用であり，お辞儀を稽古するような時代ではないから作法室は必要なく，最も重要な理科教育のための理科室なら積極的に設置すると譲らなかったからである（越澤 2011：265-281）。

都市化と交通網の整備

1920年から1929年にかけて，東京府の人口は370万人から530万人，大阪府のそれは259万人から346万人に膨らみ，大都市への集中が進展した。震災の影響を受けた東京の場合，東京市の人口は約210万人で大きな変化はなく，上記の増加は周辺地域で生じた現象であった。

日本国有鉄道（国鉄）は，山手線の電化や京浜間の電車の運転開始に続き，1919年3月に中央線が東京に乗り入れたことで，中野から東京，品川，池袋を経由して上野に至る「の」の字の直通運転を実現し，1925年11月には神田・上野間の完成により山手線の環状運転を行うようになり，東京の南，西，北から都心に直通する交通ネットワークを形成した。そして，山手線の駅を起点に京王電気軌道の京王線，池上電気鉄道の池上線，目黒蒲田電鉄の目蒲線，東京横

第 **6** 章 恐慌と生活様式の変容

―― *Column* ③　地下鉄の誕生 ――――――――――――――――――

　1920年代の日本鉄道業は，地下鉄という新たな一歩を踏み出した。日本初の地下鉄開業を成し遂げた早川徳次は1917年7月，東京軽便地下鉄道を設立し，品川－新橋－上野－浅草間と上野－南千住間の路線敷設を申請，2年以上を経た1919年11月に地方鉄道法に基づく免許を付与された。同社は1920年3月，目黒－築地－押上間，巣鴨－万世橋間，池袋－高田馬場－飯田橋－大手町－洲崎間の3路線の免許をもつ東京鉄道を合併して，東京地下鉄道の設立を企てた。ところが，このタイミングで1920年恐慌に見舞われてしまう。当然，前途は多難を極めた。

　大戦ブーム時に出資した株主の中には事業の将来性に不安を感じ，会社の解散と出資金の返金を求めるものすらいた。結局，資本金を4,000万円から1,000万円に減額してなんとか設立にこぎつけたものの，外債発行による資金調達計画の進行中に関東大震災が発生し，地下鉄そのものに対する不安はより一層強まった。ここに至って，早川は大川平三郎の意見を取り入れて，品川－浅草間という当初の計画を上野－浅草間へと大幅に縮小したのだが，それでも資金不足に変わりはない。この窮地を救ったのは大倉喜八郎であった。彼は，建設工事に大倉組を単独指名するのであれば，建設費の支払いを完成後まで待つ旨の提案をした。これに乗った早川は1925年9月起工，1927年6月完成という工事期間で大倉と合意し契約を結んだ。

　何しろ日本初の地下鉄工事である。着工から8カ月目の1926年8月，田原町で路面下を掘り進んでいたときに地盤が崩落し，ガス管が折れ曲がって噴き出たガスに引火したり，同年10月には豪雨に見舞われた浅草栄久町でトンネルの両側が崩れ，市電の線路が陥没したり，大水の流れ込みやすい地下での工事は事故にも苦しめられた。そうした苦難を乗り切り，計画より約半年遅れの1927年12月30日午前6時，上野発・浅草行きの一番電車が駅を出た。運転時間にしてわずか4分50秒，しかし，この地下鉄に乗ろうと上野駅から上野広小路近くまで500mの行列ができたという。東京地下鉄道は多くのひとの期待を背負いながら出発したのである（佐藤 2004：11-13；中村 2013：90-102, 119-121, 131）。

浜電鉄の東横線，小田原急行鉄道の小田急線，西武鉄道の西武線といった私鉄各社の線路が放射線状に郊外へと延びていった。

こうした動きと並行しながら，震災を契機に中産階級の人々が郊外に移り住むようになり，山手線の駅に近い地域は住宅地へと姿を変えていった。ここにビジネスチャンスを見出したデベロッパーは，渋沢栄一をはじめ有力財界人が主導して設立した田園都市の田園調布開発に象徴されるように，積極的な宅地開発を進めて，新宿や池袋，西荻窪などの駅付近に分譲地を展開した。大阪の場合，市内交通に占める国鉄のウェイトは小さく，交通網の拡充は主に私鉄によって担われた。しかも，南海鉄道，大阪鉄道，阪神電気鉄道，阪神急行電鉄（旧箕面有馬電気軌道），及び京阪電気鉄道の関西大手5社が明治期に京阪神間のネットワークを構築したため，1920年代は既存路線の部分的な延伸に止まった（野田ほか編 1986：189-197；武田 1992：186-189；宇田ほか編 1995：30-31，総務省統計局HP「日本の超統計系列 第2章 人口・世帯」）。関西地域における電鉄企業の経営行動で注目すべきはその多角的な事業展開にあった。

世界初のターミナルデパートの誕生

阪急百貨店，近鉄百貨店，阪神百貨店，西武百貨店，東急百貨店，名鉄百貨店，東武百貨店。いずれも電鉄企業が多角的事業の一環として手掛ける百貨店である。その起源は1920年代まで遡ることができる。なぜ電鉄企業は百貨店を経営したのか。

その先駆者である阪神急行（阪急）電鉄の小林一三は，東京の呉服系百貨店が「何万人」かの顧客を獲得するために，巨額の費用をかけて自動車で送迎したり，一足の下駄を配達したり，催し物を行ったりすることを「およそ馬鹿馬鹿しいこと」と述べたうえで，阪急は毎日15〜16万人の乗降客を抱えるから，駅に百貨店を構えれば「黙っておってもお客様が来て下さる」。顧客を呼ぶためのコストを抑え，安売りをすれば「きっとお客様に満足して頂ける」ことを百貨店事業に乗り出した理由にあげた（小林 2000：190）。駅の利用者を顧客に囲い込めば，送迎などしなくてもビジネスとして成り立つ可能性に着目したのである。

1925年6月，阪急電鉄は直営阪急マーケットを5階建ての阪急ビルの2階と

第6章　恐慌と生活様式の変容

3階にオープンした。阪急ビルは，貨客の増加に対応するために敷設した神戸線と宝塚線の専用線の完成に合わせて改築された梅田駅とともにターミナルビルとして新設された。開業から半年後の12月の売上高は13万9,000円にのぼり，上々の船出といえた。とくに人気を集めた商品のロールケーキは宝塚新温泉内の製菓場で作った自家製であり，

図 6 - 5　第 1 期阪急梅田ビル
（出典）阪急百貨店社史編集委員会編（1976）。

1920年10月に開業した阪急電鉄直営の梅田阪急食堂でも好評を博していた。供給の追いつかなくなった阪急電鉄では1927年 2 月に直営製菓場を新設し，ロールケーキの製造コスト削減と品質向上に努める一方，第 2 弾としてエクレア型シュークリームの生産も開始し，阪急マーケットに供給した（阪急百貨店社史編集委員会編　1976：82-83，88-89）。

来客数の目覚ましい増加は売り場の容量を超過し，顧客の満足度を低下させるリスクを高めた。そこで阪急電鉄は1927年11月，「本格的百貨店の建設」に着手し，1929年 4 月に地下 2 階地上 8 階の第 1 期ビルを国鉄大阪駅前に完成させた（図 6 - 5 ）。

そして 4 月15日午前 9 時，「実用本位」というコンセプトに基づく，食料品と日用雑貨を中心にした品揃えと充実した食堂を特徴とする世界初のターミナルデパート，阪急電鉄直営・阪急百貨店をオープンした。現在の百貨店の高級なイメージとは異なり，阪急百貨店は「大衆」を顧客ターゲットに設定し，当時「大衆化路線」を進めていた先発の呉服系百貨店との差別化を図るねらいもあって，大量廉価販売を経営方針にかかげた（阪急百貨店社史編集委員会編　1976：100-105）。

第Ⅱ部　近代日本の成長

　そうした方針は「大衆本位」主義という小林一三の経営理念に基づいていた。彼は「大衆から毎日現金をもらってする商売には貸し倒れがあるじゃなし，商売がなければないように舵をとってゆけばよい。誠に大衆本位の仕事ほど安全なものはない」との信念をもっていた（小林　2000：187）。この「大衆」相手の現金商売は電鉄と百貨店だけでなく，娯楽（宝塚歌劇団，球団）へと広がる多角的な事業展開を貫く理念であった。そして，その成功は他社の模倣・追随を招き，電鉄企業のビジネスモデルとして確立していった。

　ここでいう「大衆」は主に電鉄企業の開発した郊外の住宅地で暮らし，鉄道を利用して都心の企業に勤めるサラリーマンとその家族を指していた。1920年代はそうした新しい社会階層が形成されつつあり，不況の中で消費を下支えする役割を果たしたのである。

5　モダンライフ

　1920年代の「大衆」はどのような生活を送っていたのだろうか。サラリーマンと職業婦人，そしてモダンガールに焦点を合わせてその一端に接近してみよう。

サラリーマンの懐事情

　第一次世界大戦期に急成長を遂げた日本企業は1920年代に一転して厳しい試練に立たされた。大手メーカーのトップマネジメントは生産の合理化を進めると同時に，情報通信技術と輸送手段を駆使して地理的に分散した本店と支店，工場の活動を調整するため，ホワイトカラー従業員の適切な配置など合理的な組織の編成と運営をしなければならなかった（由井　1995：20-21，26）。

　ここに登場するホワイトカラー層こそ，この時代に厚みを増した社会階層のサラリーマン（俸給生活者）であり，比較的高学歴のエリートたちであった。1924年時点で日本の義務教育就学率は98％超に達したが，中等教育就学率は20％に届かず，高等教育就学率はわずか1％にすぎなかった。とはいえ，高等

教育機関の充実に伴い大学や専門学校の卒業生は増える一方，企業側は景気に応じて採用人数を調整したから，就職難に直面する学生も少なくなかった。実際，大学・専門学校卒業生の就職率は1923年の82％から1928年に54％まで低下した。その中にあって，とくに法文経系の学生は厳しい就職活動を強いられた。金融恐慌の翌年（1928年）の就職率は理工系76％と農林系の59％に対して，法文経系は38％に止まった。不況下の就活は理系に有利というのは近年の動向と似ている。

　入社後の初任給は学歴によって明確に差がつけられた。国立と私立の差や帝国大学（帝大）と高等商業学校（高商）の差である。たとえば，「5大電力」の一角を占めた東京電灯の場合，帝大（東京，京都）と東京高商は75円，神戸高商は70円，その他の地方高商と慶應，早稲田は60円，立教と法政は55円，各商業学校と中学校は35円といった具合に小さくない差をつけていた（1924年）。また，現在と違って昇進のスピードは速く，40歳前後で「重役」とよぶべき地位（取締役，監査役）に就くことも珍しくなかった。住友財閥系企業の場合，勤続15年くらいで「相当の役付地位」が与えられて，月額800円から900円の報酬を手にし，ミドルマネジメントの部課長の月給も400円ないし700円に達したといわれる。東京の工場労働者の平均世帯収入は72円に対し，俸給生活者のそれは123円（1921年）であったから，難関を突破して大企業に就職したサラリーマンは比較的豊かな生活を営むことができた。こうした中産階級が消費を主導していくのである（武田 1992：196-207；岩瀬 2006：112, 128）。

職業婦人とモダンガール

　都市ないし郊外のサラリーマン家庭において，共稼ぎ世帯は少なく，女性（主婦）は主に低収入の内職で不足する家計を補った。炊事も洗濯もすべて手作業の時代だから，そもそも家事労働にかなりの時間を割かなければならなかった。一方で，1920年代は，女性が政治意識を高めた時代でもあった。1925年3月に普通選挙法が成立して，満25歳以上のすべての男性に選挙権が与えられると，婦人参政権獲得期成同盟会は同年4月，「『普選』はまだ完成されていな

第Ⅱ部　近代日本の成長

図6-6　職業婦人（タイピスト）
（出典）石川編（2009：56）。

い，『婦選』が残っているのだ，という抗議」（市川房江）の意味を込めて普選獲得同盟に改称するなど女性の参政権を求める運動が活発化した（石月　2001：65）。

こうした運動の背景として，職業婦人に象徴される女性の社会進出を指摘できる。『国勢調査』を用いた女性の有業率は1920年の36.6％から1930年に33.0％に低下し，世界恐慌の煽りを受けて男性以上に数値を下げたものの，3人に1人は仕事に就いていたことになる。とはいえ，1930年の産業別構成比によれば，その過半（60.4％）は農林業だが，工業は13.5％，商業も13.8％に達する。ただし，いずれも中小規模であれば夫婦や家族で営まれたであろうし，工業の場合は紡績や製糸など繊維産業に集中する傾向にあったから，必ずしも職業婦人のイメージに合致しない。結局，大阪地方職業紹介事務局『職業紹介年報』や東京市社会局『職業婦人に関する調査』などの資料から把握できる，1920年代中頃の職業婦人は358万人，女性人口に占める割合は13％と見積もられた（田崎　1990：165-168；村上　1983：55-56）。

工場労働者を除くと，彼女たちは看護婦，電話交換手，女中給仕，住込みの家事使用人，速記者・タイピストなどの職業に就くケースが多かった（図6-6）。

のみならず，サラリーマンの登場と踵を接して，事務員やデパートガールなど新しい職業も増えつつあった。また，職業婦人の出身階層も「生活の脅威を逃れんが為めに就職を余儀なくせられた下層階級」だけでなく，「中流階級」へと広がっていった。たとえば，大衆化を進めた百貨店では，急増する顧客とその要求水準の高まりに対応するべく，女性店員を補強すると同時に彼女たち

の専門性を高める必要に迫られた。とくに震災後の婦人客の増加は、婦人用品売場の拡張に加えて、商品知識を身につける店員として女性に光をあてるきっかけとなった。その結果、男性店員を上回る数の女性店員が働く売場も出現したのである（田崎 1990：175, 183-184；近藤 2005：29）。

　他方、洋服を颯爽と着こなし、切り揃えられた断髪につけボクロ、眉毛を描き足し、爪にはマニキュアを塗ってトレンドの先端をゆく女性たちが大正末期に現れた。彼女たちは「モダンガール」（モガ）とよばれて流行語にもなった。

　ただ、洋装はこの時期にそれほど普及したわけではない。考現学の今和次郎や吉田謙吉が1925年5月の「銀婚式奉祝」の日に「銀座を歩く人達」を調査した結果によれば、京橋－新橋間で出会った男性318人のうち洋服は217人（約68％）、対する女性は92人中わずか2人（約2％）にすぎず、ほとんど和服であった。量ではなく質を重視すると、たとえば洋画家の石井柏亭が1926年5月、「今日洋装をしている婦人達は大てい幼ない時代から洋服を着つけていたので自然に上手に着ごなせる様になった」と記した。また、資生堂は1921年4月、三須裕の発案でパリから子ども服を取り寄せて「子ども服と鏡台陳列」を開催したり、翌年2月に子供服科を設置して武林文子をパリから招いたりした。子供服は経済的かつ衛生的であったため普及が相対的に早かった。また、橋口信助の住宅改良運動によって広まった和洋折衷様式の家で椅子に腰かける生活を続けた結果、女性の体格も向上し洋服が似合うようになりつつあった。加えて、『資生堂月報』（1929年5月）は「日本人に向き相な、春の服装をパリの流行の中からひろって見ます」などファッション情報を発信し、読者の琴線を刺激した。女性の洋装化は子どもの成長を経て少女、そして大人へと推移しながら、抵抗感の少ない世代を形成していくことでゆっくり進んでいった（石川 2009：62-63；和田 2011：65-69）。

　参考文献
井上寿一『戦前昭和の社会――1926-1945』講談社現代新書、2011年。
井上寿一『政友会と民政党――戦前の二大政党制に何を学ぶか』中公新書、2012年。

第Ⅱ部　近代日本の成長

岡崎哲二『日本の工業化と鉄鋼産業——経済発展の比較制度分析』東京大学出版会，1993年。
北田暁大『広告の誕生——近代メディア文化の歴史社会学』岩波現代文庫，2008年。
武田友弘『戦前の生活——大日本帝国の"リアルな生活誌"』ちくま文庫，2013年。
武田晴人『財閥の時代——日本型企業の源流をさぐる』新曜社，1995年。
竹村民郎『大正文化　帝国のユートピア——世界史の転換期と大衆消費社会の形成』三元社，2004年。
橋本寿朗『大恐慌期の日本資本主義』東京大学出版会，1984年。
橋本寿朗・武田晴人編『両大戦間期日本のカルテル』御茶の水書房，1985年。
三和良一『戦間期日本の経済政策史的研究』東京大学出版会，2003年。

練習問題

問題1
1920年代初頭に商社が相次いで破綻に至った理由を先物取引という用語を使って論じてみよう。

問題2
電鉄企業が多角化戦略の一環として百貨店事業に乗り出した理由を小林一三の経営理念と関連づけながら論じてみよう。

問題3
1920年代の電力業で展開された企業間競争の在り方とその影響を「電力戦」という用語を使って論じてみよう。

（加藤健太）

第 7 章

満洲事変と景気回復

―― 本章のねらい ――
　1930年代は，昭和恐慌や満洲事変など日本経済に重大な試練が課されただけでなく，イギリスの金本位制離脱など国際経済においても激動の時期であった。井上準之助から高橋是清の経済構想の流れを理解することで，当時の日本経済の課題にどのように対応したかを理解することが本章のねらいである。

1　日本の国際環境

　金融恐慌を経た日本経済は，1920年恐慌からの脱出だけでなく，国際環境の変化の中でいくつもの課題を抱えていた。

ワシントン体制

　第一次世界大戦後，西欧諸国は国際協調の枠組みを構築すべくヴェルサイユ条約を締結した。その国際協調の枠組みの中で，国際連盟が1920年1月10日に発足した。日本は，イギリス・フランス・イタリアとともに常任理事国となった（アメリカは不参加）。こうした国際協調の枠組みは，東アジアでも構築された。第一次大戦期，日本が対華二十一箇条要求を通じて中国への進出を強めたことと，ドイツ敗戦・ロシア革命が列強の勢力図に変化を生じさせたことで，中国をめぐる新たな国際秩序が必要とされたからである。この中国問題を討議するために，1921年11月にワシントン会議が実施された。会議には，首唱国アメリカをはじめ，日本・イタリア・フランス・イギリス・中国・オランダ・ポ

ルトガル・ベルギーの9カ国が参加した。この会議では，中国問題に加えて，民族自決と海軍軍縮が唱えられ主力艦保有量の制限が取り決められた。

　こうして日本は，対中国問題について，国際的な協調関係構築を目指していくことになった。この流れは，1930年のロンドン軍縮会議でも踏襲され，補助艦艇の制限が議論された。このように，日本は米英と軍縮へ向けた協調路線をとることで，日本の安全保障と軍備支出抑制による財政改善を目指したのである。

　しかし，その一方で田中内閣期の1928年に，済南事変を起こして中国の反日感情を高め，日貨排斥など日本製品へのボイコット運動が深刻化した。さらに軍備拡張を目指す軍部と政友会は，補助艦艇制限に合意した濱口政権（民政党）を「統帥権干犯」にあたるとして批判するなど国内の国際路線はまとまらなかった。

金本位制復帰をめぐる議論

　日本は，国際協調路線を進めていく上で，通貨制度に迎合することも必要とされた。当時の国際通貨体制は金本位制が主流で，日本は1897年に導入した。しかし，第一次大戦期になると，1914年7月のオランダに始まって，列強諸国が金本位制を続々と停止したため，日本も1917年9月に金本位制を停止した（表7-1）。

　第一次大戦が収束に向かうと，1919年7月にアメリカが早くも金本位制に復帰した。続いて1925年4月にはイギリス・オーストラリア・オランダが金本位制に復帰して，国際金本位制が復活し始めた。第一次大戦の戦勝国として列強の一角を担うことになった日本は，国際経済の一角を占める位置にあるという「威信」を示す上でも金本位制に復帰することは大きな課題となった。加えて日本は，イギリスに対して膨大な借款を有していた（対英四分利付英貨公債2,500万ポンド。うち，未償還額は2,345万ポンド）。この借款の償還期限が，1931年1月に迫っていたため，借換え措置をとることが急務であったが，円為替への信用が不十分な状況では外債借換えは難しかった。つまり日本にとって，金本位制

への復帰は，国際的信用を得る上で極めて重要な施策であったのである。

2　井上財政と金本位制復帰

　日本経済は，関東大震災から大量に発行された震災手形の回収問題と，政友会の田中内閣で実施された積極財政によって物価騰貴・財政収支問題という負の遺産が山積していた。加えて，輸入超過による貿易収支の悪化が正貨保有高の減少をもたらして，日本の国際金融システムの維持は極めて危険な状況にあった。

濱口内閣発足

　1929年7月に発足した民政党の濱口内閣は，日本経済の構造的問題に取り組むことになった。濱口は蔵相に井上準之助を指名し，国際協調路線と日本の財政・経済構造改革を目指した。

　蔵相井上の構想は，現代でいう「痛みをともなう構造改革」で，政府の不要な支出を抑制して財政基盤の強化を図るものであった。そして，産業界には生産費低下を促して競争力の強化を志向して，輸出の促進を狙った。このことで，国際収支の改善を通じて，日本の健全な景気回復を達成しようとした。なお，国際収支の改善は，円の信用を高めることにつながるため，旧平価での金解禁も可能となるという構想であった。こうして日本は，1930年1月，旧平価で金本位制に復帰した。

　井上財政の目的は，政治的な面では，国際社会に対して日本の「威信」を維持するためであり，経済的な面では，緊縮財政を通じて財界の「整理」を目指すものであった。このため井上財政は，日本経済に抜本的な構造改革を迫るものであったが，資金的に脆弱な企業や技術革新に立ち遅れた企業にとっては，市場から淘汰される危険性を有していた。一方，財政基盤や競争力の強い大企業に有利な政策であった（中村 1978：112-114）。

表7-1 主要国の金本位制離脱

年	月	国名
1929	12	アルゼンチン・オーストラリア
1931	7	ドイツ
	9	イギリス・スウェーデン・ノルウェー・デンマーク
	10	カナダ・フィンランド
	12	日本
1933	4	アメリカ
1934	5	イタリア
1935	3	ベルギー
1936	9	フランス・オランダ・スイス

(出典)三和・原編（2007：114）。

図7-1 濱口雄幸

図7-2 井上準之助

産業合理化

1920年代末から1930年代にかけては，企業は独自の企業努力を通じて経営基盤・競争力の強化を図っていた。

たとえば，日本綿業は，第一次大戦期に高利潤を獲得して内部留保を充実させた紡績資本が急速に業界での存在感を高めた。とくに5大紡（東洋紡・大日本紡・鐘紡・日清紡・富士瓦斯紡）をはじめとする大紡績資本は，労働賃金の上昇や工場法施行（1929年）による深夜業廃止・児童労働（16歳以下）廃止に対応するために，ハイドラフト化を推し進めて，生産体制の合理化を図った。

一方で中小紡績は，1920年代から設備拡張を進め，織布業を兼営する企業も現れた。中小紡績・中小紡織は，午餐会を結成して結束力と影響力とを強め，操業短縮実施の際にはその実施の是非や条件について大紡績に影響力を発揮するようになった。（橋口 2011：42-51）

綿織物生産については，紡績資本の兼営織布とならび，地方の中小織布業者が重要な位置を占めた。明治末期から第一次大戦後恐慌期にかけ

て，地方では，力織機を
有する中小織布業者が多
数生まれた。こうした中
小織布業者は特定地域
(たとえば，泉南・播州・
知多・遠州) に密集して
産地を形成し，急速な成
長を遂げた (阿部 1989：
30-51)。

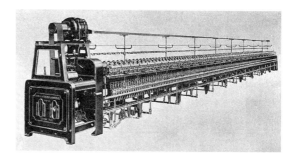

図7-3　RI型ハイドラフト・リング精紡機
(出典) トヨタ自動車75年史HP。

政府による産業統制

　産業強化を業界規模で進めるべく，1931年4月に重要産業統制法が制定された。これは，1920年代に各業界で広範囲に組織された業界団体のカルテル活動を保護・強化することを意図していた。カルテル活動は，参加企業の共存を目的として結成されたものであるため，共同販売や生産量調整による価格吊り上げが市場の価格調整機能を阻害することも懸念された。こうしたカルテル活動を政府が公認することは，市場の失敗を政府が容認するという側面があるようにみえる。しかし，企業のカルテルを法的に援助するだけでなく，むしろ「いきすぎた」カルテルを規制する役割を担っていた側面が強かった。つまり，公益の観点からみて，「やりすぎた」カルテルでなければ政府は介入しないという姿勢を示したものであり，事実，1931年に実施された紡績業のカルテル (第11次操業短縮) については，大日本紡績連合会が自主的にカルテルをめぐるトラブル解決を進めていた姿勢を評価し，商工省はその決定過程に介入しなかった。つまり，紡績業のように，業界の結束が固く，カルテル活動が極めて機能している業界については，その運営には裁量を与えていた。むしろ問題は，業界によっては，業界内の統制が不十分であることや，アウトサイダーの影響力が強いために，カルテルの効果が十分に上がらないということにあった (橋口 2016：105-109)。

重要産業統制法の意義は，このカルテル規制を通じて，商工省の産業界へのプレゼンスが拡大する大きな第一歩を踏みだしたことにあり，この後の統制経済への道筋を開くものであった。

1920年代の中小企業の成長に対応して，この業界の輸出産業としての成長を図るため，品質検査や海外販売活動を進める必要が生じた。そのため，政府は中小企業の輸出促進を目的に，1925年重要輸出品工業組合法を制定した。この結果，各地域に工業組合が結成され，地域の中小企業は政府（農商務省。後に商工省）に直接管理されることになった。このため，たとえば，綿織物業の場合は，播州産地や遠州産地にみられたように，工業組合主導で工場試験場にて製品開発を実施して産地の競争力を高めるなど，輸出競争力の強化に大きく貢献した。しかしその一方で，綿織物産地の組織化の役割を果たしていた同業組合は，大きく影響力を弱めることになった。これは，同業組合の主要構成員であった地域商人の影響力をも大きく弱めることとなった。

3 昭和恐慌と2つの誤算

昭和恐慌

濱口内閣は，緊縮財政と経済合理化を推し進めて日本経済の立て直しを図った。この政策が国民の高い支持を得たことは，1930年2月の総選挙で民政党が圧勝したことで示された。続く4月にはロンドン軍縮条約に調印して国際社会との協調をも実現し，5月には対英外債（4分利付ポンド債，2億3,000万円）の借換えに成功して順調な政権運営を実現した。しかし，濱口内閣にとって大きな誤算が生じたために，その政権運営は暗礁に乗り上げることになった。

1929年10月24日にニューヨークのウォール街で発生した株式市場の暴落は，アメリカ株式ブームの崩壊を招来した。この大打撃の余波は，1920年代の国際金融秩序を支えた再建金本位制を崩壊させることとなった。このため，金本位制に復帰して間もない日本経済にも大打撃を与え，1930年3月から株式は崩落し，個人消費の低落へとつながっていった（昭和恐慌）。とりわけ，対米輸出に

大きく依存していた製糸業への打撃は大きく、製糸価格の暴落は製糸業経営に深刻な打撃を与えた。

2つの誤算

井上財政を決定的に頓挫させたのは、1931年9月に発生した2つの事件であった。

1つ目は、1931年9月18日、柳条湖事件を発端とする満洲事変であった。このため、日本現地軍は対中国進出を推し進め、日本政府はその行為を容認した。このため、ワシントン条約以降構築されてきた国際協調路線に水が差された。それだけでなく、緊縮財政政策によって抑えられていた軍事予算の要求は、再び台頭することになった。これは、今後の財政規律の綻びが顕在化し始めたことと、今後の軍拡路線・軍事予算拡大への布石となったことから、第二次世界大戦へと向かう重要な転機であった。

2つ目は、満洲事変とほぼ同時期の1931年9月21日に生じた、イギリスの金本位制離脱であった。アメリカに続いてのイギリスの金本位制離脱は、再建金本位制を完全に崩壊させた。これは、国際金融秩序を担うイギリスの限界を示すものであった。この結果、日本からは、正貨が急速に流出した（1929年：13.4億円から1931年：5.5億円へ）。このため、日本の金本位制の維持も限界に直面することになった。

2つの事件は、財政再建・産業強化を目指した井上のプランを挫折させたという意味で大きな誤算だった。それだけでなく、先進国が市場をブロック化させていく流れを決定づけ、それと同時に日本が孤立へと向かうターニングポイントとなった。

4　高橋財政と景気回復

犬養内閣の成立と金輸出再禁止

民政党の濱口首相と井上蔵相が推し進めた緊縮財政路線は、昭和恐慌の深刻

図7-4 高橋是清

化に加えて、イギリスの金本位制離脱や関東軍の対中進出拡大によって、頓挫した。そのため金本位制維持はもはや不可能と市場は判断し、金輸出の再禁止を見越した投資家の円売り・ドル思惑買いが進んだ。その一方で、民政党内閣の金本位制維持路線は、第二次若槻内閣においても継承された（濱口首相は狙撃事件のために辞職）。蔵相井上は、投資家のドル買いに応じて、金本位制維持への強気な姿勢を堅持したが、安達謙蔵内相が政友会との連立内閣路線を主張したために、若槻内閣の結束は乱れ（閣内不一致）、若槻はやむなく内閣を総辞職して内閣の再編を図った。ところが、元老の西園寺公望は、幣原外交に不満を持つ軍部への不安があったために、若槻内閣への首相指名を見送った。その結果、1931年12月13日、政友会の犬養毅内閣が発足した。犬養は、高橋是清を蔵相に指名して、かねてから主張していた金輸出を即日再禁止した。これ以後、日本は管理通貨体制を現在まで続けていくことになる。このため、井上の構想は崩れて、円の為替相場は大幅に下落し、円売り・ドル買いを進めた投資家や財閥は、莫大な利益を得ることになった。これは、のちの財閥批判へとつながっていく。犬養首相は1932年の5.15事件で暗殺され、政党内閣は終焉を迎える。しかし、その後の齋藤實首相のもとでも高橋是清は蔵相を務めたため、政友会の積極財政路線は基本的に維持された。

低金利・低為替政策と景気回復

高橋蔵相は、昭和恐慌で疲弊した日本経済を立て直すために、積極財政政策によって需要を喚起することで景気回復を狙った。これは、濱口・井上路線とはまったく逆の手法であり、高橋是清がかつて1920年代に、自ら首相としてあるいは蔵相として実施した経済政策と軌を一にするものであった。

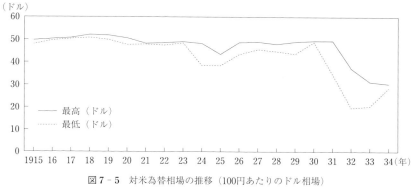

図 7-5 対米為替相場の推移（100円あたりのドル相場）
（出典）三和・原編（2007：115）。

　高橋は，日本国内の需要を増大させるために，政府の支出を拡大した。その財源は，日本銀行引き受けの赤字国債発行に基づくもので，軍事費や船舶関連，あるいは農村や中小企業を対象とした救済にむけても積極的に資金を供給した。

　加えて，低為替政策（対米為替相場　100円＝49ドル（1931年）から100円＝20ドル前後まで低落（1932年末））を推し進めた（図7-5）。それだけでなく，1932年6月の関税定率法改正で，銑鉄など24品目の関税引上げと従量税品目が税率35％の一率引上げがなされ，輸入品への防遏が進んだ。その結果，日本の輸出は飛躍的に増大（1931年から1937年で倍増）した（中村 1978：115-119）。

　このように，積極的な財政支出と輸出促進政策とが，不況に落ち込んでいた国内経済の需要を喚起し，民間企業は遊休資本（労働力を含む）を稼働させることで企業経営が改善して，1932年から1933年にかけて民間需要も増大した。これは，濱口・井上財政期に推し進めた企業の合理化政策と，企業自身の努力が実を結んだといえる。こうして日本は，ドイツとともに，先進国でいち早く景気回復し，1936年頃まで安定した成長へと向かっていった。

　この高橋財政は，ケインズ政策を先取り実践したとされ，アメリカのニューディールよりも早い景気対策と評価される。しかし，上述したように，1920年代の高橋財政と相似した内容であることを考え合わせれば，1920年代からの高橋是清の一貫した姿勢が1930年代にも再現されたといえるだろう。

第Ⅱ部　近代日本の成長

---── *Column* ④　「金解禁」と井上準之助 ──────

　1930年1月11日，民政党濱口雄幸内閣は，金本位制に復帰した。しかし，結果的に日本の不況を深刻化してしまう結果となった。この国際通貨体制への復帰に向けて力を尽くしたのが，当時の大蔵大臣井上準之助である。では，なぜ，井上はこのような選択をしたのか。井上が立ち向かった課題と解決策には，現代にも読みとれる教訓がある。

　金本位制は，各国の金保有量に応じて自国の通貨を発行させるシステムであった。したがって，輸出が増えて決済代金である金を大量に保有できるようになると，通貨を大量に発行できる。すると，物価が上がって輸出競争力が弱まってしまい，海外に金が流出する結果となる。これによって各国の輸出入のバランスが自然に均衡へと向かう。

　つまり金本位制とは，決済手段として金を各国でやりとりすることで，各国の国際収支バランスをとることが目的とされ機能してきたのである。しかし，第一次大戦による国際経済の混乱のため，先進国は相次いで金本位制から離脱した。日本も1917年に金本位制から離脱した。しかし，第一次大戦が終結して，イギリスやフランス，イタリアなどが金本位制に復帰すると，日本でも金本位制復帰への機運が高まってきた。金本位制に復帰するためには，金解禁を実施しなければならない。つまり，金の輸出禁止を解除して国外流出を許すということである。この金解禁をめぐっては，政府内でも議論が分かれた。この議論は，金解禁を目指す民政党と，金解禁に反対する政友会との間で繰り広げられた。金解禁論争は，政府内の議論を真二つに分けるほど大きな問題だったのである。

　民政党内閣の大蔵大臣に就任した井上は，日本経済の舵取り役を担うにあたり，金解禁に強くこだわった。その最大の理由は，日本財政の矛盾に正面から立ち向かうことにあった。1920年代から慢性的に積み上がる財政赤字，そして国際収支の悪化は，日本の国際通貨たる金準備を大きく減少させていた。加えて，軍部の対中進出による軍事費増大への懸念は高まる一方で，財政再建への道は，暗澹たるものがあった。これでは，イギリスやアメリカなど先進諸国からの国際的な信用を得ることは極めて難しかった。とくにイギリスに対しては，日露戦争時に借り入れた借金返済の期限が迫っていたから，なお深刻な問題だったのである。

　財政問題や貿易赤字を解決して，国際競争力を有する産業を育成する。その上で国際社会への信用を維持する。これらの課題は，現代日本にも大いに共通

していた。つまり，井上は，「先送り」することのできない日本経済の課題に正面から立ち向かうべく，金解禁を実行したのである。

しかし，結果は本論で述べた通り，世界恐慌の影響を受けて，日本の金は瞬く間に海外に流出した。イギリスの金本位制離脱もその流れに拍車をかけた。このため日本では，失業の増加や農村の困窮が深刻化する昭和恐慌へと繋がっていった。

そしてさらなる悲劇は，濱口と井上が，ともに凶弾に撃たれ命を落とすことになってしまったことである。濱口・井上の遭難は，当時の政治家の判断が，命を賭けた重みを有していたことを示している。

私たちは，高橋財政期に日本経済が成長したことを知っている。それゆえ，井上財政への評価はどうしても否定的になってしまう。しかし，当時の財政難や軍部の台頭，国際的な信用回復という課題に直面した当時の状況を考えれば，井上の決断は極めて合理的なものだった。金本位制に復帰すべく，井上を蔵相に起用した濱口雄幸首相は，金本位制復帰を振り返って「男子の本懐」と述べた。

現在に生きる私たちにとって大切なことは，歴史を結果から解釈するだけでなく，その決断が迫られた時代状況を想像して理解することなのである。（参考文献：城山三郎『男子の本懐』新潮文庫，1983年）

5　産業構造の変化

製糸業の凋落

昭和恐慌で最も打撃を受けた産業は，製糸業であった。当時の製糸業はアメリカ市場向け輸出で外貨獲得産業としての地位を堅持していたが，アメリカ需要急減の影響を受けて生糸価格は暴落し，製糸業は深刻な経営難となった。こうした製糸業の凋落は，日本の外貨獲得手段に暗雲をもたらすとともに，製糸業を支える農村へも深刻な打撃を与えた。

綿業の成長

日本の近代化の中で，工業化を推し進めて急速な成長を遂げてきた日本綿業

も，金融恐慌・昭和恐慌のために綿糸価格が暴落するなど多大な影響を受けた。しかし，日本紡績業の場合は，かねてからの合理化努力が実を結んで経営を立て直した。なかでも，綿紡績大資本を中心に組織された大日本紡績連合会は，操業短縮（第10次操業短縮：1927年5月～1929年6月，第11次操業短縮：1930年2月～1937年12月）を実施して綿糸生産量を調整して，綿糸価格の維持に努めた。この操業短縮は，中小紡績・中小紡織の要望をも含めて実施されたため，紡績業界全体が不況を乗り切る上で有効に作用した（橋口 2016：112-113）。

次に綿織物業は，大紡績資本を中心に進んだ織布部門兼営（紡織兼営）に加えて，中小織布業者の成長が顕著にみられた。中小織布業者は，1920年代から手織機から力織機に転換して，工場を設立し，同一地域内で密集して産地を形成した。1930年代になると，大都市商人と連携して，少品種大量生産を通じて大規模織布企業「産地大経営」が生まれた産地（泉南・知多）や，製品開発を通じて競争力を強化する産地（遠州・浜松）が現れた。こうした綿織物産地の成長は，紡績資本にとっては主要な綿糸市場となった。加えて綿布の輸出先は，インドや東南アジアへ拡大していった（阿部 1989：196-206，353-357；山崎 1969：127-152）。

重化学工業の発展と財閥

1930年代は，重化学工業が，低為替と関税政策によって輸入品に対する競争力を高めて大きく成長した。これは，1920年代に始まった技術導入と設備投資が，1930年代に結実したといえる。とくに，鉄鋼業・電気機械工業・工作機械工業などは，1930年代の需要拡大とともに成長した。こうした産業は，かつて輸入依存度が高かった産業部門（生産財・投資財）だったため，重化学工業品の輸入比率を引き下げることにつながった。加えて，重化学工業の成長は，必ずしも軍需とつながっていなかった。

1935年以降になると，直接軍需に結びついた産業（自動車・航空機・アルミニウムなど）が発展した。しかし，乗用車生産は，フォード・GM・クライスラーの技術的優位性を崩すには至らなかった。日本政府は1936年自動車製造事業

表7-2 重化学工業製品の輸入率

年	銑鉄	鋼材	機械	ソーダ灰	苛性ソーダ	硫安
1926	49.4	73.6	33.4	217.6	148.0	201.4
1928	52.7	48.0	29.9	254.8	214.8	122.4
1930	68.1	22.7	20.4	114.0	108.6	113.9
1931	56.2	16.0	18.4	69.2	85.7	57.0
1932	49.0	11.1	17.4	54.8	37.3	25.9
1933	45.6	14.7	13.4	41.8	10.8	22.9
1934	46.4	12.8	6.1	27.8	5.6	32.6
1935	40.8	9.0	6.5	19.3	8.6	39.1
1936	54.5	7.8	9.1	16.7	4.2	35.7

(注) 輸入率は、生産高を100とする輸入高の割合。
(出典) 三和・原編（2007：121）。原資料は、橋本寿郎『大恐慌期の日本資本主義』東京大学出版会、1984年、237-239頁。

法で強力な保護を図るも、日中戦争が全面化すると、戦争目的に規定されたため、乗用車生産は進展しなかったのである。

1920年代以降、資本や生産の集中が進み、いわゆる独占体制が強化された。金融恐慌や昭和恐慌を経る中で、とくに四大財閥（三菱・三井・住友・安田）が影響力を強めた。とはいえ、昭和恐慌で不況が深刻化して、財閥への不満が高まる中で、財閥は、財閥批判を回避すべく、利益の社会的還元・同族経営からの脱却・株式公開を進めていった（「財閥の転向」）。そして財閥内企業の分権化を進めていく一方で、広範囲に資金を集め、重化学工業部門への進出を強化していった。

一方でこうした従来型の財閥に加えて、鮎川義介の「日産」、野口遵の「日本窒素」、森矗昶の「昭和肥料」（「昭和電工」）などが新興財閥の成長がみられた。諸産業が成長していく中で、カルテル活動も活発化していった。とりわけ1930年以降は、カルテルの形成が重化学部門で進み、価格統制力を強化していった。

6　貿易摩擦と日本の孤立

日本貿易の構造的問題

　日本は，1930年代の高橋財政によって飛躍的な発展を遂げていった。しかし，日本が有する構造的問題は，依然として残っていた。それがイギリスを中心として欧米諸国との貿易摩擦を惹起することになった。そもそも，日本の貿易構造が有する構造的問題は，主たる外貨獲得手段が製糸業であったことである。原料を国内で自給でき，良質な生糸を生産した日本製糸業は，主としてアメリカ市場への輸出を拡大して，日本に大量の外貨をもたらしてきた。しかし，世界恐慌でアメリカ市場が急速に縮小すると，日本の製糸輸出は激減してしまい，製糸業も大打撃をこうむった。

　重化学工業部門は，1930年代に成長を遂げた。しかしその一方で，重化学工業化を支える工作機械の技術部門の立ち遅れは克服できず，設備機械や石油なども輸入に依存せざるを得なかった。加えて，重化学工業部門は，高い国際競争力を有するには至らず，主として国内市場やアジア市場への輸出に限定されることになった。

植民地貿易の問題

　1930年代は，植民地貿易のシェアが高まっていった。台湾・朝鮮・関東州・満洲など植民地市場は，1920年代までは軽工業品（綿糸・綿布）の移出，移入は米（台湾・朝鮮）や砂糖（とくに台湾）が中心であった。1930年代になると，対朝鮮では，工業品（化学・金属・機械など）の移出へとシフトした。そして満洲は，重化学工業品（機械・金属・化学品など）の輸出市場として重視されただけでなく，原料資源（鉱物資源）の輸入市場としても重要となった。

　日本は，台湾・朝鮮・関東州・満洲を円ブロックとして，原料獲得や製品市場としての役割を期待した。とはいえ，日本の軍備拡張や重化学工業化には，円ブロック外の欧米諸国への依存を脱することができなかったため，常に外貨

不足の問題に悩まされることになった。加えて，円ブロック内では，鉱物資源（鉄鉱石・鉄屑・棉花・ゴム）やエネルギー源（石油・石炭など）を十分に確保することはできなかった。そのため，日本帝国は中国北中部への進出を進め，さらには東南アジア諸国へと円ブロックを拡大せざるを得なくなった。こうした日本帝国の拡大は，後の「大東亜共栄圏」構想へと結実して，米英との衝突を不可避なものとしてしまったのである。

日本綿業の成長と貿易摩擦

昭和恐慌で大打撃をこうむった製糸業に代わって，日本綿業は急速な成長を遂げた。日本の輸出商品としても綿製品はその地位を高め，東南アジア・インド方面へと輸出を拡大していった。その結果，日本の綿織物輸出はイギリスを抜いて世界第1位に達することとなった。

しかし日本綿業の拡大も，日本の貿易構造を改善する上では問題があった。それは，綿製品の原料となる棉花は，インド・アメリカ・エジプトなどからの輸入に依存せざるを得ないため，貿易収支改善への貢献は限定的だったことである。

加えて，日本綿業の輸出拡大は，その市場獲得をめぐって西欧諸国との対立をもたらすことになった。とりわけインド市場をめぐって，日本は，インド，そしてその宗主国イギリスとの貿易摩擦が深刻化するという問題に直面した。とくにイギリスは，日本綿業の輸出拡大が，ソーシャルダンピング（不当な手段で製品価格を引き下げること）にあたると強く非難した。それだけでなく，イギリスは，1932年のオタワ会議で，英連邦諸国でスターリングブロックを形成して，イギリス勢力圏から日本綿業を排除しようとした。こうした状況を受けて，日本政府は，イギリスやインドと通商会議（1933～34年：日印会商，1934～35年：日蘭会商）を実施して，1934年1月，日印通商協定を締結させた。これは，日本綿業がインドから原料棉花買入れに応じる代わりに，日本綿製品をインドへ一定枠輸出することを容認するものであった。これは，イギリスのブロック化の流れの中で，通商レベルで国際協調が模索されていたことを示すもの

であった。

7　高橋財政の限界

大企業の成長と高橋財政の限界

　これまでみてきたように，高橋財政は，日本経済を活発化し，大企業の成長と労働需要の増大をもたらした。しかし，1934年頃までに遊休資本がほぼ稼働し尽くして失業労働者の吸収が進むと状況が一変した。つまり，1935年頃から，新たな設備投資に向けた資金需要の高まりに加えて，労働力不足が顕在化したのである。

　高橋財政は，先進国に先駆けた景気回復を実現したが，思い切った財政支出は，日本政府の収支を悪化させ，日本経済に深刻な問題をも引き起こしていた。まずは財政赤字の拡大である。とくに満州事変以降，対中進出が進み，軍事支出が増大の一途を辿っていたことが深刻な問題となった。一方で，公債のゆきすぎた日銀引受けは，国内の通貨供給を過剰にしてしまう危険性を高めていた。

　国際情勢に目を向ければ，1931年以降の満洲事変以降，軍部の華北進出や企業の対満投資が進んだ。このため軍事支出の高まりが高橋財政の足かせになっていた。つまり，軍事費を抑制しなければ，政府の収支均衡を実現することは極めて難しくなっていたのである。

　そこで，1935年以降，高橋財政は緊縮方針へ転換した（民政党政府なみの緊縮度）。これに伴って公債漸減政策の強化と軍事費膨張の抑制とを明確化し金利を引き上げていった。これは，悪性インフレーションと対中進出拡大とを抑制する狙いがあった。しかし，こうした政策転換は，軍部の反発を招くこととなり，2.26事件へと繋がっていく。

労働争議と都市生活の変化

　昭和恐慌は，企業経営を圧迫したため，その影響は労働者への賃金切下げ・大量解雇に繋がった。そのため，製糸業・紡績業を中心に労働争議は頻発した。

製糸業では片倉製糸，紡績業では鐘紡で労働争議がみられた。とくに製糸業は，不況の影響を強く受けていたため，労働争議は深刻であった。

　紡績業の場合は，いち早く経営が改善したため，労働環境も改善させて，積極的に労働者を募集するようになった。紡績資本は専属の募集人が募集範囲を拡大（九州・東北地方へ）して農村女性の募集活動を行った。農村では，不況が浸透していたから，農家女子が家計を支えるために出稼ぎへと向かうケースが増えていた。こうして農村女性が，出稼ぎ労働者として大都市圏（東京・大阪・名古屋）へと大量に集結することになった。こうした若者女性は，都市文化を支える主体となっていく。

　1920年代から大衆消費社会化がみられたが，1930年代には，ラジオが広範囲に普及し地方には百貨店が開設されたため，大衆消費社会は地方へも波及していった。大衆消費は，多様性をもち始め，衛生・栄養・健康・科学という「合理的」な生活像に加えて，美容・流行・娯楽に関わる「享楽的」なモダニズム的大衆文化に立脚した新たな抽象的欲望を有するに至った。そうしたニーズに対応したのが中小小売商であった。そのため中小小売商は，百貨店進出に反対運動を展開するだけでなく，自身の競争力強化のために革新的な経営改善を実施した。たとえば，多くの中小小売商が陳列販売や正札販売を導入した。また，全国的に千単位に上る数の商店街が，組織性をもって活動しており，中小小売商がその直接の担い手になった（満園 2014：405-411）。とはいえ，都市や地方では所得格差が存在していたため，大衆消費社会の拡大には一定の限界があった。とくに昭和恐慌で農村部の生活水準は大きく低下したことも，所得格差を深刻にしたのである。

参考文献

石井寛治『資本主義日本の歴史構造』東京大学出版会，2015年。
大石嘉一郎編『日本帝国主義史2　世界大恐慌期』東京大学出版会，1987年。
籠谷直人『アジア国際通商秩序と近代日本』名古屋大学出版会，2000年。
杉山伸也『日本経済史』岩波書店，2012年。
杉山伸也「日本の綿製品輸出と貿易摩擦」杉山伸也・イアン・ブラウン編『戦間期

第Ⅱ部　近代日本の成長

東南アジアの経済摩擦――日本の南進とアジア・欧米』同文舘，1990年。
中西聡編『日本経済の歴史』名古屋大学出版会，2013年。
橋口勝利『近代日本の地域工業化と下請制』京都大学学術出版会，2017年。
橋本寿郎『現代日本経済史』岩波書店，2000年。
宮島英昭『産業政策と企業統治の経済史』有斐閣，2004年。
三和良一『日本近代の経済政策史的研究』日本経済評論社，2002年。

練習問題

問題1
井上準之助と高橋是清との経済政策の違いを論じてみよう。

問題2
満洲事変は，日本にどのような影響を与えたでしょうか。国際協調と国内財政の双方から論じてみよう。

問題3
イギリスの金本位制離脱は，日本と世界経済にどのような影響を与えたでしょうか。論じてみよう。

（橋口勝利）

第8章

戦時統制経済とアジア・太平洋戦争

―― 本章のねらい ――

　本章が取り上げる1937～1945年は，日本が日中戦争からアジア・太平洋戦争へと没入していく時期にあたる。この時期は，経済政策が戦争目的に収斂したため，生産・貿易・労働などがすべて国家の強制力の下で管理されることになった。一方で，政府が実施した経済統制は，日本の産業構造だけでなく，労使関係や国民生活にも変化をもたらした。こうした変化は戦後日本経済にも影響を与えることになった。本章では，この戦時経済統制が，経済構造や国民にどのような影響を与えて，戦後に何を残したのかについて学んでいく。

1　日本の国際環境

日本の国際環境

　世界恐慌とイギリス金本位制離脱を経た世界経済においては，イギリスやフランスなど列強諸国がそれぞれの勢力圏で排他的なブロック経済圏を形成した。そのため国際貿易は，閉鎖的な経済空間が併存する事態となった。日本は，高橋財政期に綿製品を中心に飛躍的に輸出量を増大させたが，高率の関税が日本製品に課されるなど，列強諸国のブロック経済圏の壁に阻まれた。

日中戦争全面化

　馬場鍈一蔵相（広田内閣）は，軍部の意向を取り入れて，1937年に30億4,000万円の軍拡型予算（前年は22億8,000万円）を推し進めた。これは高橋財政が進

第Ⅱ部　近代日本の成長

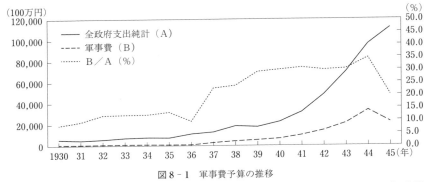

図8-1　軍事費予算の推移

(出典) 三和・原編 (2007:129), 原資料は, 大川一司ほか『長期経済統計1　国民所得』1974年, 江見康一・塩野谷祐一『長期経済統計7　財政支出』1966年ほか。

めようとした赤字国債漸減主義を放棄し, 軍事支出を抑制する方針とは決別するものであった。そして1937年7月, 日中戦争の全面化に伴って, 日本は軍需産業重視の経済政策へといっそう傾倒していくことになった。

日本の国際収支

日本の国際収支は, 1936年末から大幅に貿易赤字が拡大して, 破綻の危機に直面していた。満洲・華北の円ブロックについては, 国際収支は黒字であったが, 円ブロック外との国際収支は赤字であったからである。そのため, 日本の外貨は不足せざるを得ず, 1937年3月には金現送を実施しなくてはならない状況に追い込まれていた。馬場財政では, 軍拡路線を基調とした積極財政路線を選択していたから, 緊縮財政路線による輸入抑制策をとることはできなかった。このため, 政府が輸入を直接抑制する方法をとることになった。

2　統制経済の拡大

統制経済の開始と2.26事件

1936年2月26日, 2.26事件によって高橋蔵相が抹殺された。この事件によって, 高橋蔵相が進めようとしていた公債漸減政策の強化と軍事費膨張の抑制は

完全に挫折した。むしろ軍部の政治的影響力が強まったために，軍事費膨張路線と設備投資拡張路線が選択された。この結果，満洲事変以降続いていた対中問題の収束は困難となった。

2.26事件後に成立した広田内閣は，陸軍の要求を全面的に受け入れて，軍需産業の生産力拡充を目指した政策体系を採用した。日本本国と満洲とに大規模な兵器産業とその基礎産業を建設して，軍需生産を飛躍的に拡大させようとするものであった。この目的のために，金融統制を進めて膨大な資金需要を解決し，労働統制によって労働力を確保し，資材輸入のために貿易統制を実施することになった。さらには財政計画によって軍事費の膨張を支えるなど，統制経済が事実上発足することになった。

統制経済の拡大

1937年7月の日中戦争全面化に伴って，近衛内閣は戦争拡大の方針へと一本化した。それに伴い，産業と貿易双方に対して政府の統制を強めていくことになった。まず1937年9月に臨時資金調整法を成立させ，企業の創立・増資・払込・社債募集・長期資金の借入れ等について統制した。そして長期資金を軍需産業に優先して配分するように仕向けていった。それと同時に，1937年9月に輸出入品等臨時措置法を成立させ，この輸出入に関する商品・原材料について，その生産・加工・流通・保存・消費に至るまで統制を強化した。しかし，輸入品の統制が進むにつれて，物資不足が蔓延するようになった。そのため政府は，民間消費をも統制の対象として，綿製品は民需向けには原則使用できなくした。加えて鉄鋼その他も切符制が採用されたため，市場の物資不足は進み物価は上昇の一途を辿った。そこで政府は，公定価格制を採用して，物価の低位安定を図ったが，高値取引を狙ってかえってヤミ取引が横行することになった。これ以後，ヤミ取引を取り締まるべく経済警察が発足した。1939年になると，食糧管理制度が発足してコメは配給制となり，国民生活に切符制が採用されることになった。このように，統制対象範囲はどんどん広がっていった。

一方，労働賃金についても，物価安定を図るべく統制対象となり，軍需産業

への国民の徴用も進んでいった。企業に対しても，長期短期を問わず，資金は重工業や軍需工業に優先的に配分されるようになって，戦争に向けた経済体制が確立していった。

国家総動員法と電力

1938年3月，第73議会は，国家総動員法を通過させた。これによって政府の統制権限は，労働・輸出入・会社・金融関係など経済活動のあらゆる分野に関して与えられた。

これと同時に，1938年4月，第73議会は，電力管理法と日本発送電株式会社法を制定した。これによって，全国の火力発電と発送電事業が国家管理に置かれることとなった。加えて，民間電力会社は日本発送電株式会社（1939年4月設立）に吸収された。この後，1941年には水力発電もすべて日本発送電株式会社に吸収され，1942年には配電部門は配電会社9社（北海道配電・東北配電・関東配電・中部配電・北陸配電・関西配電・中国配電・四国配電・九州配電）に統合された。ここに電力事業は全面的に国家管理のもとに置かれることとなったのである。なお，この9配電会社は，1951年に民営会社として9電力会社体制（北海道電力・東北電力・東京電力・中部電力・北陸電力・関西電力・中国電力・四国電力・九州電力）として再編されるが，9地域の電力供給を独占する体制は維持された（橘川 2004：167-169）。

繊維産業の凋落

その一方で，日本の産業を牽引してきた繊維産業は凋落した。とくに日本綿業は，業界団体の自主的な活動が大きく制約されることになった。これまで紡績業は，主要紡績企業によって設立された大日本紡績聯合会（紡聯）が自主的に操業短縮というカルテル活動を通じて市場の変化に対応してきた。一方，中小織布業者は，商工省の指導で工業組合へ加盟することになり，製品開発や品質検査などを実施していた。日本綿業は，こうした業界団体の活動の貢献もあって，1931年以降は，対外為替レート低落に支えられて，綿布輸出を激増させ，

1933年にはイギリスを抜いて世界第1位の綿布輸出量を誇るまでに成長した。

しかし，1936年2.26事件以降，日本経済が深刻な外貨不足に陥ると，原料棉花を輸入に依存せざるを得ない綿業は，政府の直接統制のもとに置かれることになった。その方法は，①輸出向け綿布生産の強化と，②国内向け綿布生産の規制を通じて原棉輸入を抑えることにあった。

1937年10月に商工省は，綿業専門委員会を諮問機関として設置して「綿業調整計画整備要綱」を発表した。これで輸出向け綿布の価格を内地向け綿布価格より抑えることで，綿布輸出を支援した。これによって紡聯が自主的に続けてきた操業短縮を解除した。続いて商工省は，棉花・綿糸・綿布それぞれの最高価格を設定することで，綿業の生産統制を本格化させた。それだけでなく，原棉輸入を抑制して外貨を節約するために，綿布原料にス・フ（ステープル・ファイバー）を混用する施策を実施した。

続いて1938年2月に商工省令「繊維工業設備ニ関スル件」が公布・施行された。これは，「輸出入品等臨時措置法」（1937年9月公布・施行）に基づくものであった。この省令によって，織機などの設備を新増設することが事実上できなくなった。続く綿糸の配給統制も進んだために，綿業への統制はますます強まっていった。

1938年4月，政府は，輸出向け綿製品が国内向けに販売されることを防ぐために，原棉を主として扱う6団体（紡聯・日本綿糸元売商業組合・綿工聯・日本綿織物卸商組合聯合会・日本綿糸布輸出組合聯合会・綿糸取引所）に，原棉輸入の枠を割り当てる団体リンク制を採用した。しかし，こうした規制にもかかわらず，輸出向け純綿製品の内地流用は止まらず，棉花輸入も増加しつづけた。そのため商工省は，1938年6月，内地向け綿製品は，地方長官が許可した特免品以外は製造禁止となった（「禁綿」）。

このように，政府による綿業への統制が強まることで，産地で織布業を営む中小機業家は，綿糸の調達が困難となったため，紡聯所属の紡績資本の傘下に依存せざるを得なくなった。つまり，日本綿業を支えてきた中小織布業は，戦時統制が進む中で大紡績資本の下請企業へと組み込まれることになったのであ

る。

　ただし，このような状況下で新たな発展の途を見出す産地もあった。たとえば，備後綿織物産地（広島県東部）は1925・26年頃から，洋服需要の増大に合わせて，縫製業への進出を強めて，動力も足踏みミシンから動力ミシンへと転換していた。その時期と並行するように日中戦争が勃発すると，大量の軍服生産需要が発生した。加えて政府が綿製品の着用を抑えるために，国民にス・フを用いた洋服（男性には国民服，女性には婦人標準服）の着用を奨励するようになった。戦時中に政府が実施した衣料に関する政策的措置は，日本人を洋服着用へと促す結果となった。こうした軍服需要と国民の洋装化が，備後縫製業への需要をもたらして，産地の発展を促す結果となった（山崎・阿部 2012：267-308）。

3　アジア・太平洋戦争と日本経済

日米関係の悪化

　日中戦争の長期化は，対欧米諸国との関係を大きく悪化させた。当時，日本は重化学工業の発展をめざすために，欧米諸国やアジアの欧米植民地からの生産財や資源・原材料の輸入に依存していた。とくに1930年代からアメリカとの貿易は，日本にとって極めて重要性を増していた。

　しかし，第2次近衛内閣は，日中戦争の打開を図って，1940年に日独伊三国同盟を締結した。このことでアメリカの反発を招いてしまい，手痛い経済制裁を受けることになった。すでに，アメリカは1939年に日米通商航海条約を破棄して，対日制裁を始めていたが，さらに屑鉄・工作機械の輸出を禁止して，日本経済への打撃を与えたのである。

　1941年6月，ドイツがソ連に侵攻したことを受けて，日本は同年7月に仏領インドシナ（現在のベトナム）に進駐した。これに反発を強めたアメリカは，イギリス・オランダと連携して，航空機用ガソリン及び石油製品の全面的輸出禁止と日本の在米資産凍結という強硬措置をとった。アメリカとの貿易関係に大

第 8 章　戦時統制経済とアジア・太平洋戦争

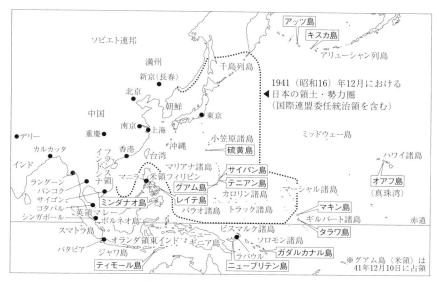

図 8-2　アジア・太平洋戦争と日本
（出典）加藤（2011：10-11）。

きく依存していた日本は窮地に陥った。この状況を打開すべく，取られた選択肢が対米開戦であった。

日米開戦

1941年12月8日，日本陸海軍はいっせいに軍事行動を起こした。まず陸軍は，南方へ進んでフィリピン・マレー半島を目指した。その後，ボルネオ・セレベス・スマトラ島を攻略して，オランダ領インドネシアの石油資源の確保を目指した。南方戦線での戦いは主としてイギリスとの衝突を生んだ。このマレー作戦は，当初比較的順調に進んだ。マレー半島を南下した日本軍は，1942年2月にはシンガポールを陥落させた。フィリピン戦線でも，1942年1月にマニラを占領した。ボルネオ・セレベス・スマトラ島を攻略した日本軍は，1942年3月にジャワ島に上陸して，同島を占領した。続いてビルマ作戦でも，1942年3月には，ラングーンを占領した。

第Ⅱ部　近代日本の成長

表 8-1　日米主要物資生産高比較

	1938年	1941年	1944年
石　炭	7.2	9.3	13.8
石　油	485.9	527.9	956.3
鉄鉱石	37.5	74.0	26.5
銑　鉄	7.3	11.9	15.9
鋼　塊	4.5	12.1	13.8
銅	5.3	10.7	11.3
亜　鉛	7.5	11.7	9.5
鉛	31.3	27.4	11.6
アルミニウム	8.7	5.6	6.3
水　銀	24.8	…	…
燐鉱石	45.2	…	…

(注) 日本の生産高を1としたときのアメリカの生産高の倍率。
(出典) 三和・原編（2007：134）．原資料は，国民経済研究協会『基本国力動態総覧』1954年。

　一方，海軍は太平洋が戦いの舞台となった。その発端となったのが，1941年12月8日の真珠湾攻撃である。この攻撃は，戦艦6隻を投入した奇襲攻撃だったため，アメリカ太平洋艦隊に致命的な打撃を与えた。このため，アメリカ太平洋艦隊による南方戦線への活動は，一時的に不可能になった。この後，日本軍は，12月10日にイギリス極東艦隊2隻をマレー沖海戦で撃沈した。続く1942年2月のバリ沖海戦やスラバヤ沖海戦にも勝利して，制海権を確保するに至った。

　日本にとっては，戦争を遂行していく上で，石油資源確保という深刻な問題が常にネックであった。だからこそ，石油輸入が困難な状況下の打開策として，オランダ領東インドの石油資源を確保することは生命線となった。つまり，南方の石油資源を日本本国に輸送することで長期間の戦争継続を可能としたのである。

　南方資源の確保は，開戦当初は首尾よく進めることができた。しかし，この方針は戦線の拡大と維持とを不可避の条件としていたため，1942年のミッドウェー海戦敗北などで太平洋制海権が失われだすと，次第に綻びをみせ始めた。制海権を失ってからは，アメリカ潜水艦や航空機からの輸送船への攻撃が激しくなるにつれて，日本の石油資源確保は困難となった。こうして，戦争継続は極めて難しい状況へと追い込まれ，1944年には南方航路はほぼ途絶するに至った。

第8章 戦時統制経済とアジア・太平洋戦争

表8-2 企業の集中

年	金属	機械器具	化学	紡織	食料品	全製造業
1929	21.1	46.4	23.4	40.6	2.6	31.4
1934	35.0	43.8	35.8	33.4	2.1	29.3
1939	45.4	40.6	47.4	28.7	3.1	34.7

(注1) 単位は「%」。
(注2) 各業種の工場(5人以上)従業員総数に対する,500人以上を雇用する工場の従業員の割合
(出典) 三和・原編(2007:117),原資料は,通商産業大臣官房調査統計部『工業統計50年史』資料編1。

統制の強化

戦時経済の進展につれて,軍需主導の重化学工業化が進んでいくことになった。これとともに,産業の集中度も上昇した。加えて,1930年代初頭に各業界で成立していたカルテル組織も政府の統制下に置かれることになった。

米英蘭3国が実施した在外日本資産凍結は,日本にとって国内経済システムの強化を促すこととなった。そのため,1941年10月には,重要産業団体令に基づいて,鉄鋼・石炭・機械工業,そして軽金属・繊維など,広範囲にわたる分野で統制会が組織された。統制会は,政府の生産拡充計画や物資動員計画などの遂行のために,生産から配給までを統制する産業組織だったため,広範囲に及ぶ権限を有していた。これは,政府が事実上,各業界に広範囲に監督権を握ったことを示すものであった。

銀行業の統制

銀行業においても,政府が戦時経済を推し進めるという目的のもとで,統制が強化された。1942年4月に金融統制団体令が公布・施行され,翌5月に,業態別統制会(普通銀行・地方銀行・信託・生命保険など)が発足した。加えて,全国金融統制会が組織されて,日銀総裁の結城豊太郎が会長に就任した。

一方,1942年2月に日本銀行条例が廃止されて,政府の日銀への監督権が強化された。これによって日銀の独立性は失われ,日本銀行は全国金融統制会と連携して,政府の資金計画に沿って資金融通を担っていくこととなった。これ

は，都市銀行や市中銀行に対する日本銀行の統制力を強化することにもなった。

なお，1942年5月の金融事業整備令で，大銀行は中小金融機関の整理・統合を推し進めた。たとえば，三菱銀行が第百銀行を吸収合併，安田銀行が昭和銀行および第三銀行を吸収合併，そして，三井銀行が第一銀行と合併（帝国銀行）し，十五銀行を吸収合併したことがそれであった。これにより都市銀行の寡占体制が形成されていった。

繊維産業の統制

繊維産業は，1939年に深刻化した電力不足や第三国輸出の困難に伴い，紡織工場の設備稼働率が著しく低下していた。このため，1939年11月，大手資本の紡織兼営織布では，紡聯が主体となって合併合同や企業ブロックの形成を推し進めた。一方，中小資本が中心の産地綿織物業においても，約28,000の専業織布業者を1割程度へと圧縮することが目指されることになった。このように綿業は，第2次近衛文麿内閣が，中小企業の統合案を打ち出す前に，すでに独自に企業整理を実施していたのである。

そして1941年8月の重要産業団体令公布に伴い，綿ス・フ，羊毛，人絹・絹，麻の4つの統制会が成立した。このため，自主的活動を続けてきた紡聯が解散した。同じ頃，綿ス・フ工聯も解散したため，各地の工業組合は，統制会の下部機構に吸収されることとなった。

財閥企業

なお，統制会の中核的位置には，財閥系の大企業が位置していたため，財閥系企業の影響力が強まることとなった。戦時経済の進展は，四大財閥（三井・住友・三菱・安田）に加えて，新興六財閥（鮎川・浅野・古河・大倉・野村・中島）の集中度を高めることとなった。とくに，重工業部門は軍需産業部門重視の政府方針に支えられて，重工業部門を有する財閥の成長をもたらした。一方，資金面は，日本興業銀行や戦時金融金庫からの資金供給と株式公開によって賄われた。このため，財閥は，政府や軍部，銀行の影響を受けるようになり，財閥

本社の傘下企業に対する支配力は相対的に弱まることになった。

太平洋戦争の長期化と航空機産業の強化

太平洋戦争が長期化・拡大することで，軍需生産を一層拡大する必要が生じた。このため，1942年11月に臨時生産増強委員会が設置され，五大重点産業（鉄鋼・石炭・軽金属・造船・航空機）の生産増強措置が進められた。1943年には，陸軍省・海軍省の一部を再編して，軍需省に行政を一本化して，とくに航空機の増産体制を整えた（原 2013：394-398）。

設備供出と綿業

軍需品増産のために不足する資源は，繊維産業をはじめとした消費財産業の工場を軍需工場として転用しただけでなく，その機械をスクラップして軍需製品の原料とした。

とくに日本綿業の場合，第三国輸出の途絶や棉花輸入の困難から，設備の遊休化が深刻な問題となっていたこともあって，太平洋戦争勃発直後の1941年12月には，紡績の遊休設備のスクラップ化が始まった。その後，合計4度にわたって紡績設備の供出が実施された。加えて，産地綿織物業についても，必要最小限の工場に生産を集中する施策がとられ，不要な設備は屑鉄にし，労働力や工場施設は軍用に転換された。この結果，綿ス・フ織物業は，業界全体の保有織機の半分以上が廃棄されることになった（阿部・山崎 2012：120-123）。

こうした軍需生産の強化には，労働力も軍需産業に転用されただけでなく，1944年には中学生以上の学生を労働力に転用した。このようにして，日本は，民間の犠牲を含めた全国力を総動員して戦争を継続していったのである。

経済構造の変化

統制経済期は日本経済の構造を大きく変化させた。これは現在日本の経済構造の源流ともなる大きな変化であった。生産能力については，軍需産業強化の結果，重化学工業が飛躍的に発展した。加えて，軍需工場で製品開発に従事す

ることで醸成された技術者や労働者は，戦後の日本経済の発展の基盤ともなった。

大企業は軍需産業を拡大に伴って，次第に部品やその他の生産部門を中小企業に委託する下請制を形成していった。これは，軍需製品の生産拡大への要請に応えるためであったが，中小企業と大企業との連携を強める上で大きな役割を果たした。こうした戦時下の下請制は，戦後に軍需生産が崩壊したために，そのままの形で継承されることはなかったものの，政府や企業等には認識され，戦後の下請制へと受け継がれていくことになった。

4　大東亜共栄圏とアジア諸国

日本は，太平洋戦争緒戦の戦勝に沸き返る中，第79議会において「大東亜共栄圏」建設を内外にアピールした。これは，西欧列強の植民地下に置かれたアジア諸国の独立を目指すものと思われたが，実際は，日本を盟主としたピラミッド型の階層構造にアジア諸国を組み込むというものであった。

朝鮮・台湾

日本の植民地となっていた朝鮮・台湾では，日中戦争全面化・太平洋戦争勃発に伴い，皇民化政策が本格化した。このため朝鮮人・台湾人は，天皇の下に絶対従順させる「皇国臣民」へと強制的に同化されていった。これによって，朝鮮・台湾は，日本の戦時体制を，軍需生産を担い，労働力を提供することで支える役割を果たすことになった。

朝鮮では，従来から続いていたコメの対日輸出は激減し，軍需用鉱物資源の開発が重視された。このため，1942年以降，小型溶鉱炉による銑鉄増産計画や，アルミニウム生産が進められた。なお，朝鮮人は日本内地の労働力としても重視され，敗戦までに70万人の朝鮮人が内地の炭鉱労働に従事することになった。

台湾でも，コメの対日輸出は減少し，製糖高も減少した。その代わり，日本軍の航空燃料の枯渇を反映して，砂糖による航空燃料の生産が試みられ，アル

ミニウム生産も重視された。

満洲と中国支配地

中国の日本軍占領地は，満洲・華北・華中の各地域間で貨幣制度やインフレ度合いが異なっていたため，送金や物資移動が制限されていた。

日本の傀儡国家であった満洲では，対ソ戦備を充実するための経済的基盤づくりが目指された。そのため，1937年以降，日本政府の方針（満洲産業開発5カ年計画）に従って，石炭・鉄鋼・農産物の重点的増産拠点となった。これに伴って，銑鉄・石炭の本格的な開発が始まり，炭鉱や機械工業の新会社が設立された。このように満洲は，日本帝国の資源供給地として期待されたが，期待された成果を上げることはできなかった。

華中占領地では，1937年以降，軍票が使用されるようになった。加えて，汪兆銘政権成立（南京）に伴って設立された中央儲備銀行が，1941年1月に儲備券を発行して通貨統一を図った。しかし，国民政府の法幣の流通が強かったために，その流通力には限界があった。このため，現地通貨や大量の不換紙幣，軍票が流通する事態となった。

華北占領地でも大量の連銀券が投入されたために，インフレは破局的に進んだ。このような事態に対処するため，華中・華北では，インフレの波及を恐れて，貿易や送金の制限を強化した。

このように，華北・華中ともに，日本は統一的な通貨圏を形成するに至らず，むしろ深刻なインフレを進めてしまい，経済的な混乱を招く結果となった。

南方占領地

蘭領東インド，英領マラヤ，フィリピン，ビルマなど南方地域は，太平洋戦争勃発に伴い，日本軍の占領地となった。この結果，南方占領地は，日本軍が想定する大東亜共栄圏の自給自足体制を支える上で，有力な資源確保地となった。たとえば，石油・ニッケル・銅・ボーキサイト・クロム・マンガンなどがそれであった。なお，これらの資源開発にあたっては，日系現地企業に加えて

財閥系企業（三井・三菱・住友）が進出し，産出した鉱物資源の輸送や原材料調達・斡旋事業は三井物産や三菱商事などの商社が担当した。

しかし，戦局が悪化するにつれ，太平洋の制海権を喪失し，船舶不足が深刻化したために，戦略物資の日本本土への輸送が困難となった。この結果，中国や満洲からの鉄鉱石や石炭輸送は，海路から陸路（朝鮮経由）に切り替えざるを得なくなった。しかし，戦局はさらに悪化したために，潜水艦や航空機の集中攻撃が激しくなって日本船舶をさらに喪失することになった。この結果，大東亜共栄圏内の輸送ルートは，ほとんど機能しなくなった。このため，日本と東南アジア間だけでなく，東南アジア各地域間の輸送もいたるところで切断されてしまった。こうして，南方からの鉄鉱石・ゴム・石油・アルミニウムなどの基礎資材の輸送は困難となっただけでなく，各地でコメ不足も深刻化した。このように，戦局の悪化は東南アジア経済を決定的に破綻させたのである。

5　国民の暮らし

地主制の動揺

日中戦争から太平洋戦争へと戦線が拡大するにつれて，総力戦の様相が強まってきた。そのため，統制経済の影響は，経済的側面だけでなく，旧来の社会秩序や社会関係にも大きな影響を及ぼすことになった。つまり，総力戦下において戦時動員が進むと，近代国民国家の下層や周縁に位置していた人々を戦争に巻き込まざるを得なくなった。このため，政府は「地主－小作」関係にも介入して，旧来の社会関係や社会秩序への介入を強めることになったのである。

この結果，農業政策に変化がもたらされた。農村では，深刻な肥料不足と労働力不足に悩まされていたので，コメなどの食糧増産が最重要課題となった。そのため，まず農地調整法（1938年）を制定して，自作農創設・農地紛争の調停を目指し，続く1939年には小作料統制令を制定して，小作料の引上げを停止して農村の安定を図った。さらに1941年公布の臨時農地価格統制令で農地価格を固定化させた。

米穀の国家管理が強化されると、小作人は、小作米を地主ではなく政府に供出して、政府から受け取った代価を地主に支払うこととなった。小作料は、実質的に現物ではなく金納に変化した。これは小作農率を実質的に低下することになったので、農村所得は上昇に向かった。その一方で、国家の介入は、地主の農村への支配力を弱めることになった。つまり、政府は食糧増産を図るために、小作農を保護する政策をとることとなった。その結果、地主制は戦後の農地改革を待たずして、事実上凋落していったのである（中村 1978：138）。

女性の役割

総力戦体制は、女性の社会的地位を向上させた。大規模な兵力動員によって、男性労働力は戦地に駆り出されていったため、社会的に大量の労働力不足が生じた。このため、製造業への女性労働力への期待は高まって、女性の社会進出が進んだ。これまで、女性は家庭に入って夫を支える、という伝統的価値観が根底にあった。そのため教育課程においても、いわゆる花嫁修業（裁縫・料理など）の習得を重視する傾向があった。しかし、戦局悪化に伴う未婚女性の工場への勤労動員は、このような伝統的価値観を相対化した。つまり、学校卒業後は、結婚だけでなく就職する、という選択肢を女性が得ることに繋がっていったのである（吉田 2007：162-164）。

日常生活の変化

戦時統制経済は、国民の犠牲のもとに推し進められたため、生活水準は著しく低下した。そのため、1920年代から進んだ大衆消費社会化への動きも、挫折することになった。

食料や衣料などの日用品の入手は次第に困難となり、ラジオ放送内容も統制下に置かれた。そして、1940年に砂糖やマッチの切符制が始まり、1941年にはコメは配給制となった。

1943年後半以降、戦局が悪化して物資不足は深刻となったため、軍・軍需工場へ物資動員が進むことになり、一般生活必需品はより一層不足することにな

った。そのため，1944年以降は闇市場が活発化して，国民生活の物資不足を補塡する役割を担うことになった。それでも生活条件は改善されず，生鮮食品の都市入荷量は急速に減少したため，東京など都市生活者の野菜や魚類の摂取量は大きく制約されることになった。さらに1945年には，内地産米の不作と植民地産米の移入量減少によって，食糧不足は決定的となった。しかも闇市場の拡大は，物資価格の急騰を促すものにすぎず，国民生活の窮乏化をより深刻化させることとなった。

労働運動

労使関係についてみると，まず労働運動は1936～1937年頃に増大するが，それ以降急速に減少していった。労働組合の指導者は，産業報国運動に吸収されて，労働組合は解散されることになった。1940年11月には，産業報国運動の中央指導機関である産業報国連盟は，大日本産業報国会（産報）に改組された。産業報国運動は，「労使一体・産業報国」の精神を強調しており，道府県組織・警察官内ごとに広範囲に労働者を組織する統制団体となった。この統制団体は，1941年までに，会員数約547万人，組織率70％の巨大組織に成長した。

なお，軍需産業が急速に拡充されるに伴って，労働需要も大きくなった。これは，企業整理で生じた転失業者が，その供給源となった。主として中小零細商工業から生まれた転失業者は，国民徴用令に基づいて，軍需産業の需要に応じていった。

こうした統制経済下での労働の在り方の変化は，戦後の労使関係に繋がる側面があることも事実であった。たとえば，労働者の生活悪化に対応した家族手当の支給や年功序列型賃金の拡大がそれにあたる（吉田 2007：162-164）。

6 敗　戦

船舶輸送の途絶

日本軍は，緒戦で順調に版図を拡大したが，1942年6月，ミッドウェー海戦

第 8 章　戦時統制経済とアジア・太平洋戦争

で日本海軍が壊滅的な大敗（「赤城」「加賀」「蒼龍」の3空母喪失）を喫すると、たちまち太平洋の制海権を喪失した。このため、南方からの物資輸送は極めて困難な状況となった。この大きな決定打となったのは、1944年7月、サイパン島（マリアナ諸島）の陥落であった。この結果、太平洋での制海権は事実上ほぼ喪失

図8-3　敗戦を告げる玉音放送を聞く人々
（出典）毎日新聞社。

した。それだけでなく重要なことは、日本本土が米軍最新鋭爆撃機B29の爆撃対象になったことである。「サイパン島-日本本土」間をB29が往復することが可能となったため、本土都市への爆撃は、これ以後、本格化することになった。これは多くの民間人犠牲者を出すことにつながった。

　続く1944年10月のレイテ沖海戦で、連合艦隊は、戦艦武蔵などその主力を失った。1945年に入ると、米軍はルソン島に上陸したために、日本はシンガポール・マニラ・台湾間の航路を放棄せざるを得なくなった。この結果、南方からの石油輸送は遮断された。その後、1945年3月の硫黄島全滅、6月の沖縄戦激化で輸送航路は縮小の一途を辿り、台湾糖や満洲雑穀を日本本国へ輸送することはほぼ不可能となった。

　この補給路の遮断は、戦争物資補給の面からも戦争遂行に深刻な打撃を与えた。しかし、さらに深刻な問題となったのは、拡大した戦線で戦う日本軍兵士に弾薬や食料が行き渡らず各地で孤立してしまう結果となったことである。そのため、南方や太平洋諸島の守備隊の多くは、伝染病や飢餓に苦しみ命を落とすことになった（加藤　2011：34-39）。

　加えて、十分な護衛艦のないままに戦地へ輸送される兵士は、米軍の激しい攻撃に遭い、輸送途中で命を落とす事態が頻発した。つまり、日本軍の制海権

第Ⅱ部　近代日本の成長

── ***Column*** ⑤　ポツダム宣言と現代日本 ──

　1945年8月14日，日本はポツダム宣言を受諾。翌15日の昭和天皇による「玉音放送」によって，国民は日本が敗北したことを知らされた。その後，9月2日に米艦ミズーリ号にて連合国との間に降伏文書が調印され，日本は敗戦国となった。つまり，ポツダム宣言は，連合国（アメリカやイギリスが中心）との約5年間（満洲事変から考えれば約15年間）に及ぶアジア・太平洋戦争の終結を決定づけるものだったのである。

　ポツダム宣言は，アメリカ・イギリス・中華民国が1945年7月26日に日本に対して発した降伏勧告を指す。アメリカ・イギリス・ソ連が，ポツダム（ドイツ）にて敗戦国ドイツの戦後処理を相談していた際（1945年7月17日～8月1日）に，日本への降伏勧告が公表されたのでポツダム宣言といわれた。

　ポツダム宣言の内容は，日本軍隊の無条件降伏・武装解除と復員・連合国による領土の占領・領土の縮小・民主主義の確立・軍国主義の除去・平和産業の確保・戦争犯罪人の処罰などで構成されていた。これらは，戦争へと突き進んだ日本の体制を一新するとともに，現代日本の礎となる考え方も盛り込まれていた。

　日本はポツダム宣言をすぐには受諾しなかった。日本政府は，ポツダム宣言への判断を留保したのである。この判断はさらなる悲劇を生むことになった。当時の首相であった鈴木貫太郎は，ポツダム宣言を「黙殺」すると公表した。この「黙殺」という言葉は欧米メディアに，「ignore it entirely（完全に無視）」や「reject（拒否）」と翻訳され，世界に伝わっていった。

　ポツダム宣言への回答を留保したことは，日本への本土攻撃を拡大させ，おびただしい数の犠牲者を生み出すことになった。8月6日は広島に，8月9日は長崎に原子爆弾が投下された。それだけでなく，8月8日には，ソ連が日ソ中立条約を破棄して日本に宣戦布告。ソ連は，北方から日本の占領地や領土に侵入してきた。当時の日本は，ソ連に連合国との和平仲介を期待していたので，ソ連の参戦は非常に衝撃的なニュースであった。

　こうした状況下でも日本は，天皇制維持を含んだ「国体護持」の問題で，ポツダム宣言受け入れを逡巡していた。しかし，御前会議で昭和天皇がポツダム宣言受け入れの決断をされたことで，無条件降伏となったのである。

　ポツダム宣言を受け入れたことで，日本は民主主義国家へと歩むきっかけを得ることになった。軍国主義を放棄して平和産業を基軸とした経済政策をとったことで，軍事費による財政圧迫に苦しむことはなくなり，戦後の高度経済成

> 長へと繋がっていった。しかし，ポツダム宣言受諾に時間がかかったことで，多くの犠牲者を生み出すことにもなった。そしてソ連との北方領土問題など，現代への課題も多く残した。つまり，ポツダム宣言は，私たちに，現代日本の「光と影」を伝えているのである。(参考文献：山田侑平・監修『「ポツダム宣言」を読んだことがありますか？』共同通信社，2015年8月)

喪失に伴って，日本軍の犠牲者は飛躍的に増大することになったのである。

都市爆撃と沖縄戦

1945年4月，米軍はついに沖縄へ上陸し，6月23日までに及ぶ壮絶な上陸戦が展開された。この戦闘で，10万人の日本兵だけでなく，15万人もの民間人が命を失った。一方，米軍は本土への空襲を激化させた。1945年2月から東京で空襲が始まり，3月から6月にかけて名古屋・大阪・神戸などの大都市も次々に空襲を受けた。

敗　戦

1945年8月6日，米軍は広島に原爆を投下した。続いて，8月9日には長崎にも原爆が投下され，軍需施設や日本軍だけでなく，おびただしい数の民間人が犠牲になった。加えて，8月8日には，ソ連が日本へ宣戦布告して満洲へ攻め入った。こうした状況を受けて，御前会議はついに敗戦を決意し，8月14日，ポツダム宣言受諾を連合国に伝えた。そして翌8月15日正午，昭和天皇は，以上の決定をラジオ放送で日本国民に公表した。これが玉音放送である。

これによって，太平洋戦争は終結したが，日本は約300万人を超える死傷者を出した。艦艇や航空機，工業用機械や建物の損壊も大きく，国債残高の膨張，インフレーションによる経済の悪化など，戦後日本に大きな課題を残したのである。

第Ⅱ部　近代日本の成長

参考文献

石井寛治・原朗・武田晴人編『日本経済史4　戦時・戦後期』東京大学出版会，2007年。

植田浩史『現代日本の中小企業』岩波書店，2004年。

植田浩史『戦時期日本の下請企業』ミネルヴァ書房，2004年。

NHK取材班編『日本人はなぜ戦争へと向かったのか（上）』NHK出版，2011年。

柴孝夫・岡崎哲二「戦時期・戦後復興期」の経済と企業」柴孝夫・岡崎哲二編著『講座・日本経営史4　制度転換期の企業と市場　1937～1955』ミネルヴァ書房，2011年。

杉山伸也『日本経済史　近世—現代』岩波書店，2012年。

三和良一『概説日本経済史』東京大学出版会，1993年。

山本有造『「大東亜共栄圏」経済史研究』名古屋大学出版会，2011年。

練習問題

問題1
アジア・太平洋戦争に至る日本の国際環境はどのような状況になっていたでしょうか。論じてみよう。

問題2
戦時統制経済は，日本の経済構造にどのような影響を与えたでしょうか。論じてみよう。

問題3
戦時経済統制は，日本国民の暮らしにどのような影響を与えたでしょうか。論じてみよう。

（橋口勝利）

第Ⅲ部

戦後復興と現代

第Ⅲ部の概要

　第Ⅲ部「戦後復興と現代」では、1945年8月の終戦から現代にかけての約70年間の日本経済の在り方について論じている。
　第9章では、1945年の終戦から高度経済成長前夜の1954年までの約10年間の日本経済について論じている。終戦直後から実施された財閥解体や農地改革、労働改革といったアメリカ主導の戦後改革は、敗戦による経済活動の停滞からの早期の復興ならびに国際社会への早期回復の実現へも寄与したが、その一方で一国の経済としてはまだ不安定な要素を多く残すものであった。こうした状況を打破したのが、1950年における朝鮮戦争の勃発とその特需であり、日本経済はドッジ・デフレから脱却して驚異的な経済復興を遂げ、その後の高度経済成長の礎を築くのであった。第10章では、いわゆる高度経済成長期について取り上げ、朝鮮戦争の勃発後、驚異的に経済復興を成し遂げた日本が1955年以降、20年にも満たない期間でアメリカに次ぐ世界第2位の経済規模を誇る経済大国へと発展していった過程について論じている。日本経済はこの時期において高い国際競争力を持つようになったが、その一方で高度経済成長期は国内需要の拡大、大衆消費社会の成立を実現させた時期であった。家電産業は大きく成長したが、その成長を下支えしたのは大規模小売業が形成した流通網であった。第11章は、オイルショック後の安定成長下の日本経済の劇的な変化の過程を、国際環境の大きな変化と関連づけ、貿易摩擦など国際的な問題にも光をあてながら論じている。国際環境の激変の中で、日本経済が高度経済成長時代の重厚長大産業から軽薄短小産業へと産業構造を変化させ、高い競争力と円安に支えられて対米輸出を伸ばしていくが、1985年のプラザ合意により円高不況に直面することになった。第12章では、プラザ合意後、1980年代後半から現代に至る日本経済の推移とその国際経済における特質について述べ、バブル崩壊から現在にかけての日本経済のかかえる問題についても論じている。1980年代後半には、日本では都市部を中心として地価上昇が進み、いわゆる「バブル」現象が起こった。しかしバブルが崩壊した1990年以降、日本経済は不良債権問題とデフレに悩む、「失われた20年」を迎えることになった。

（石井里枝）

第⑨章
戦後経済改革と経済復興

―― 本章のねらい ――

　私たちが「戦前」「戦後」という言葉を使うとき，その境界はどこかと聞かれたならば，多くが1945（昭和20）年8月15日の終戦記念日（玉音放送により国民が敗戦を知らされた日）を思い浮かべるだろう。戦後連合国の占領下に置かれた日本は，政治・経済体制を一新しゼロから再出発したという歴史イメージが広く定着している。しかし，経済史の視点からは「戦前」と「戦後」を切り離して論ずることはできず，両者の連続的な側面の重要性も指摘されている。
　本章では，1945年の終戦から高度経済成長前夜の1954年までの約10年間の日本経済を振り返る。学習のねらいは，①戦後の日本経済は戦前・戦時から何を継承し，占領期の改革によって何が変わったのか，②敗戦による経済活動の停滞から日本経済がどのように復興を達成したのか，を理解することにある。

1　終戦時の日本経済

　はじめに，戦時期から戦後復興期の日本のマクロ経済の動向を図9-1から確認しよう。日本の実質GDPは1942年をピークに頭打ちとなり，終戦後の1946年には戦前のピークの55％まで下落した。鉱工業生産指数をみると，1946年の鉱工業生産は戦争末期の水準に対してわずか17％まで下落し，日本の経済活動は戦後著しい停滞状態に陥った。そして実質GDPが日中戦争前（1936年）の水準まで回復したのは1951年，戦時のピークを上回ったのは1955年であった。
　戦後の生産急落の原因は，敗戦による軍需生産の停止と生産に必要な人的・物的資源の不足にあった。すでに戦争末期より日本は海上輸送能力の喪失によ

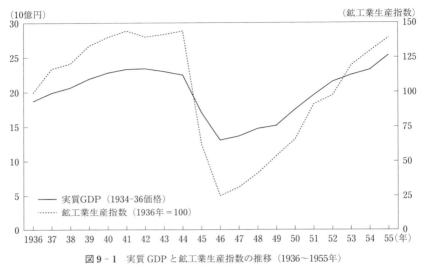

図9-1　実質GDPと鉱工業生産指数の推移（1936〜1955年）
（出典）実質GDPは溝口・野島（1993）による実質GDP推計値。鉱工業生産指数は日本銀行統計局（1966）第29表。

って生産に必要な物資の輸入が困難となっていたが，政府は戦争遂行のために国内の物資を「総動員」して生産拡大につとめた（第8章参照）。しかし，敗戦によって軍需生産は停止し，資源供給地としての植民地圏を失い対外貿易も途絶した。また，国内炭鉱に動員されていた中国人・朝鮮人労働者が戦後一斉に帰国したため石炭生産量も大きく低下し，エネルギー供給不足が表面化した。

一方，表9-1より資本ストックをみると，日本は戦争によって国富の約4分の1を喪失し，なかでも工業用機械器具の34％，船舶の82％が失われたが，それでも残存国富の総額は戦争前の1935年時点とほぼ同水準であった。また，表9-2より終戦時の生産能力をみると，銑鉄・アルミニウム・工作機械など重化学工業の生産能力は1937年水準を大きく上回っていたのに対し，軽工業の生産能力は大きく減少していた。これは戦時期に日本経済が軍需生産へと特化した結果であった（中村 1993：134-136）。

戦後の日本は「焼け野原」から出発したというよりも，戦争前と同水準の資本ストックと，戦争による「強制された重化学工業化」を遺産としてスタート

第9章 戦後経済改革と経済復興

表9-1 第二次大戦による国富の被害と残存国富

(単位：億円)

	被害計	終戦時残存国富	被害率(％)	1935年時点の国富（終戦時現在換算額）
資産的国富総額	643	1,889	25	1,867
建築物	222	682	25	763
工業用機械器具	80	154	34	85
船舶	74	18	82	31
電気ガス供給設備	16	133	11	90
家具家財	96	369	21	393
生産品(資材原料等)	79	251	24	235

（出典）中村（1993）第Ⅱ部第34表を一部改変。原出典は経済安定本部『太平洋戦争による我国の被害総合報告書』1949年。

表9-2 重要物資生産設備能力

生産設備（単位）	1937年度生産能力	戦時中最高生産能力（括弧内は1937年比）	終戦時生産能力（同左）
銑鉄（1000トン）	3,000	6,600(2.20)	5,600(1.87)
圧延鋼材(1000トン)	6,500	8,700(1.34)	7,700(1.18)
アルミニウム(1000トン)	17	127(7.47)	129(7.59)
石油精製（1000kl）	2,320	4,157(1.79)	2,130(0.92)
工作機械（台）	22,000	60,134(2.73)	54,000(2.45)
硫安（1000トン）	1,460	1,979(1.36)	1,243(0.85)
セメント(1000トン)	12,894	9,621(0.75)	6,109(0.47)
綿紡績機（1000錘）	12,165	13,796(1.13)	2,367(0.19)
人絹（1000ポンド）	570,000	570,000(1.00)	88,600(0.16)
スフ（1000ポンド）	451,000	813,000(1.80)	184,000(0.41)
綿織機（台）	362,604	393,291(1.08)	113,752(0.31)
毛織機（台）	29,185	31,815(1.09)	9,802(0.34)
絹人絹織機（台）	356,119	353,845(0.99)	135,582(0.38)

（出典）中村（1993）第Ⅱ部第35表を一部改変。原出典は稲葉秀三『日本経済の現実』太平書房，1947年，18頁。

したのであり，「経済復興」の課題は，敗戦によって停止した工業生産をいかに再起動させ，経済活動のサイクルを復活させるか，という点にあった。

2　連合国による占領と経済民主化政策

「初期の対日方針」と占領統治の特色

　日本のポツダム宣言受諾を受け，本土上陸作戦を準備していたアメリカ軍はただちに日本の占領に着手した。1945年8月30日に連合国軍最高司令官ダグラス・マッカーサー元帥が厚木飛行場に降り立ち，9月2日には東京湾内の戦艦ミズーリ上にて降伏文書の調印が行われた。以後1952年4月までの約6年半にわたり日本は連合国の占領統治下に置かれたが，実質的にアメリカの単独占領となったことは戦後日本の在り方を強く決定づけた。

　降伏後の対日政策の検討は太平洋戦争中よりアメリカ政府内で始まっていたが，日本の軍事的脅威の徹底的解体を主張するハード・ピース路線と，日本経済の平和的再建を重視するソフト・ピース路線の対立があり，占領政策は両者の間で揺れ動いた（三和 1982：1989）。終戦直後にアメリカ政府が決定した「降伏後に於ける米国の初期の対日方針」（SWNCC150/4）は，日本が平和的責任のある政府を樹立し，アメリカおよび世界の平和と安全保障の脅威とならないようにすることを究極の目的とし，武装解除と非軍事化，日本国民の自由と人権の保障，民主的政権の樹立，平和的経済活動の再開などの目標を示した。

　日本の占領統治は，連合国の協議機関である極東委員会（FEC）の決定に基づき連合国軍最高司令官総司令部（GHQ/SCAP，以下 GHQ）が実施し，GHQ は日本政府に対して指令を発して諸政策を実行させるという構造であったが，実際はアメリカ政府が FEC を通さずに「中間指令」を発令できるなど強い決定権を有していた。また，直接的な軍政ではなく間接統治が採用されたことで日本の官僚制と統治機構は民主的に形を変えながらも存続し，とりわけ経済政策では戦前と戦後の連続的な側面が多くみられることになった。

　GHQ の経済面での対日政策は，日本の戦争遂行能力を除去するという「非軍事化」政策と，軍国主義の台頭を許した日本の経済体制を変革し民主主義的な勢力の助長を目指す「経済民主化」政策の2つに大別できる。前者について

は，占領直後に軍需産業の解体や実物賠償を通じた重化学工業生産設備の撤去といったハード・ピース路線の政策が当初計画されたものの，冷戦激化によるアメリカの対日政策の転換によってほとんどが実行されなかった。他方，後者については，以下の3つの経済改革が占領直後より実施された。

財閥解体と独占禁止政策

アメリカの対日政策立案の過程において，財閥は日本の軍国主義の協力者とみなされ，「初期の対日方針」でも経済民主化を目的とした「産業上・金融上の大コンビネーション」の解体が明記された。GHQ は終戦後ただちに三井・三菱・住友・安田の四大財閥に対して「自発的」な解体を指示し，1945年11月6日にその保有財産を新設される持株会社整理委員会に移管させるよう命じた。1946年1月に来日した日本財閥調査団（エドワーズ調査団）は，同族支配による財閥だけでなく市場競争を阻害する広範な企業結合をすべて「財閥解体」の対象とすべきとした報告書を出し，財閥解体はその方針に基づき展開した（大蔵省財政史室編 1982：144-168）。1947年3月には10財閥56家族の資産が凍結され，同年4月に設立された持株会社整理委員会は，9月に四大財閥と富士産業（旧中島飛行機）の5社を第1次指定したのを皮切りに5次にわたり83社を「持株会社」に指定し，これらの企業および財閥家族の保有財産を同委員会に移管した。この中には同族支配的な財閥本社だけでなく，三菱重工業や東京芝浦電気，鐘淵紡績など子会社を多数抱える現業会社も含まれていた。また，財閥家族や同族の経営への関与が禁止され，1947年1月の公職追放令改正によって戦前の企業経営を担った経営陣の多くも追放の対象として企業の経営から退いた（財界追放）。さらに，1947年7月の GHQ の指示により三井物産と三菱商事の2社については徹底的な分割解体が行われた（大蔵省財政史室編 1982：279-289）。

財閥解体の進展にあわせ，1947年4月には独占禁止法が制定され，持株会社のほか，戦前期に広く行われていたカルテル・トラストも全面的に禁止され，企業の他社株式保有も原則禁じられた。また同年11月には過度経済力集中排除法が制定された。これは市場において支配力を持つと認定された企業を強制的

に分割するという内容で，初期の財閥解体方針を徹底するものであった。同法に基づき，対象企業として当初325社が指定されたが，アメリカの対日政策転換の影響もあり適用条件は緩和され，最終的に企業分割や規模縮小の対象となった企業は18社にとどまった。

財閥解体と独占禁止政策によって財閥家族や持株会社等から持株会社整理委員会などに移管された株式の額面総額は73億3,800万円で，1946年の全株式会社の払込資本総額323億8,000万円の22.7％に相当した。これに戦後閉鎖機関に指定された企業の株式などを加えた184億円の株式が1947年より売却され，「証券の民主化」が実施された（持株会社整理委員会 1951）。

財閥解体と一連の独占禁止政策は，財閥や持株会社傘下にあった各企業の自主的な経営を可能とすると同時に，トップ・マネジメントの交代により企業内部出身者を中心とする経営体制を生みだした。また，独占禁止政策は企業に競争的な環境をもたらし，高度経済成長期の企業間競争の前提条件を形成した（原 2007：280-281）。

農地改革と地主制の解体

戦前期の農村において広く展開した地主・小作関係について，GHQは農村の窮乏が日本の軍国主義化を招いたとして農地解放の必要性を認識していたが，戦争末期には日本政府内部でも農村危機克服を目的とした自作農の創設が検討されていた。戦後，政府は独自の農地改革案（第1次農地改革案）を立案し，1945年12月に農地調整法改正案として議会に提出し成立した。その主な内容は，小作料を金納化し，不在地主の貸付地すべてと在村地主の5町歩（1町歩＝約1ヘクタール）以上の貸付地を小作農に売り渡すというものであった。しかし，GHQはさらに徹底した農地解放の実施を勧告し，政府は1946年8月に自作農創設特別措置法と農地調整法改正からなる第2次農地改革案を決定し，10月に成立した。その内容は，不在地主の全貸付地および在村地主の1町歩（北海道は4町歩）以上の貸付地を国が直接買収し小作農に売り渡すというもので，その実行のために設置される農地委員会も小作農の主導権が確保された（農地改

革記録委員会 1951)。

　こうして実施された農地改革によって，全耕作地の38％，全小作地の80％にあたる190万町歩が地主から小作農に売却され，小作地率は戦前の46％から10％へと低下した（三和・原編 2010：145）。また，1952年に制定された農地法は農地の転用や売却を強く制限し，自作農体制を強固なものとした。こうして戦前期の地主制は解体され，農家の生活水準は向上したが，農家1戸当たりの経営規模は零細化が進み，高度経済成長期に入ると農業の集約化と生産性向上が課題となった。

労働改革と労働組合の結成

　労働改革は，1945年10月にマッカーサーが幣原喜重郎首相に対して指示した「五大改革」の1つであった。同年12月に労働組合法が制定され，労働者の団結権・争議権・団体交渉権の労働三権が法的に保証された。また1946年には労働関係調整法，47年には労働基準法が制定され，労働三法を中心とする労働者の地位や経済水準向上を目的とした法体系が整備された。

　労働組合法成立に前後して国内では労働組合の結成が相次ぎ，組合数・組合員数は1945年末の509組合・約38万人から，49年末には3万4,688組合・666万人（組織率55.8％）へと急増した。労働組合の組織化も進み，1946年には社会党系の日本労働組合総同盟（同盟）と共産党系の全日本産業別労働会議（産別会議）が成立した。日本の労働組合の特色は，労働組合の大多数が，欧米にみられる産業別組合ではなく企業別組合として結成され，また，職員（ホワイトカラー）と工員（ブルーカラー）が1つの組織として組合を形成した点にある（仁村 1994）。

　初期における日本の労働運動は政治運動とも結びついて激しい労使対立を引き起こしたが，1947年の「2・1ゼネスト」の禁止や産別会議系組合の弾圧によって労働運動は次第に賃金闘争中心へと転換していった。高度経済成長期には大企業を中心に労使協調路線もみられるようになり，「日本的」労使関係の構成要素の1つとなった（尾高 1993）。

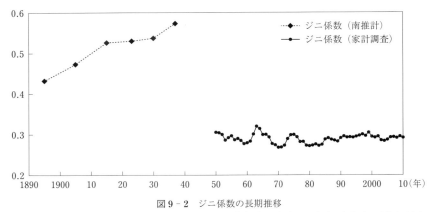

図 9-2 ジニ係数の長期推移

(出典) 戦前統計は南 (2000) 表 5，戦後統計は田辺・鈴木 (2013) 表 2 の家計調査系列。両者は元となるデータが異なるため連続しない。

「経済民主化」政策の意義——ジニ係数の戦前・戦後の比較

「経済民主化」政策の背景には，日本は財閥や地主などの支配階級が富を掌握し労働者や小作農は貧困にあえいでおり，こうした「封建的」な社会構造が対外侵略の原動力となった，という戦前の日本に対するアメリカの認識があった。また，フランクリン・ルーズベルト大統領が1930年代後半に展開したニューディール政策における，所得の再分配と経済の機会均等の達成という理念も対日政策に色濃く反映されており，GHQ のスタッフにもニューディーラーが多く存在した（三和 1989：116-119）。こうした背景を持つ「経済民主化」政策が日本経済に与えた影響は所得分配に強く現れた。

図 9-2 は，戦前から現代までの日本のジニ係数（所得格差を計測する代表的指標で，数値が大きいほど所得の不平等度が高い）を示している。戦前のジニ係数は明治中期以降1930年代まで一貫して上昇し所得格差拡大が進行していたが，戦後1950年のジニ係数（家計調査）は大幅に低下し，その後も低い水準で推移しており所得の平等化が進展したことがわかる。すでに戦時統制経済期にも労働賃金の改革や小作料引上げなど，所得格差を是正する政策が実施されていたが（第 8 章参照），戦後の「経済民主化」政策はその規模と範囲で戦前を大きく

上回るものであった。財閥解体は日本の富裕層の頂点にあった財閥一族の資産を強制的に分配する政策であり，後述する財産税とともに日本の富裕層に大きな打撃を与えた。農地改革もまた，地主層から小作層への資産の強制的移転にほかならなかった。労働改革は労働者の権利向上を通じて労働分配の増加と所得の拡大をもたらした。「経済民主化」政策は，農民・労働者といった下層階級の経済的地位の向上と資産家階級の相対的没落をもたらし，高度経済成長期には「一億総中流社会」とよばれるような階級なき社会を実現する重要な契機となった（南 2007）。

3　終戦直後の経済政策——インフレーションと生産復興

戦後インフレーションと戦時債務処理

　鉱工業生産の急減とともに，終戦直後の日本経済を襲ったのは激しいインフレーションであった。戦時の価格統制の撤廃に加え，戦後処理費として多額の日銀券が政府を通じて供給された結果，図9-3が示すように日本の卸売物価は1945年8月から同年末だけで約2倍となった。また，終戦時の政府債務（国債・借入金の合計）1,995億円に加えて戦時中に政府が企業に支払いを約束していた戦時補償債務が約1,000億円あり，政府財政は危機的状況にあった。政府はインフレ抑止と財政基盤確立のため財産税の創設と預金封鎖の実施を検討し，1946年2月16日に「経済危機緊急対策」を発表し，翌日より金融緊急措置令によって流通紙幣を強制的に預金させ，引出しを制限する預金封鎖を行った（日本銀行百年史編纂委員会 1985：26-52）。また3月3日には新たに物価統制令が公布され，戦時中と同様に公定価格による物資統制が行われたが，実際には多くの商品が公定価格を遵守しないヤミ市場に流れ，価格統制は十分に機能しなかった。

　政府債務について，政府は戦時補償債務を含むすべての債務の支払いを履行し，企業の生産復興を企図したが，GHQは戦時利得を認めない立場から戦時補償債務の打切りを指示した。1946年11月に政府は戦時補償特別措置法を制定

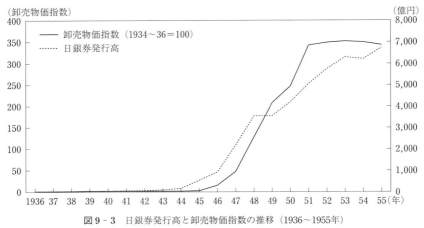

図9-3 日銀券発行高と卸売物価指数の推移（1936～1955年）
（出典）日本銀行統計局（1966）第18表(2)および第55表より作成。

し，戦時補償債務の支払いと同時に同額の課税を行って事実上打切りとした。この結果企業・金融機関は債務超過となるため，政府は企業再建整備法，金融機関再建整備法を制定し，各企業は会計上旧勘定と新勘定に分離して過去の債権・債務を切り離し，旧勘定の債務は資本金や積立金を用いて順次整理することとした（大蔵省財政史室編 1983）。他方，戦時補償打切りと同時に施行された財産税法により，国民の全資産に対して税率25～90％の財産税が一度限りで課され，1946～1951年度に計294億円が徴収された（大蔵省財政史室編 1978：229）。財産税は事実上富裕層に対する課税であり，とくに旧財閥家族は財産税によって純資産の8割以上を失った（広田 1995：134-135）。

復興金融金庫の設立と「傾斜生産方式」

1946年5月に成立した吉田茂内閣は，大蔵大臣に石橋湛山を起用し，政府が積極的に資金を供給して生産復興を図るケインズ主義的な政策を採用した。その実現のため，1947年1月に政府出資による復興金融金庫が設立され，具体的な生産復興政策については吉田首相の私的諮問機関で有沢広巳を委員長とする石炭小委員会が発案した「傾斜生産方式」が採用された。これは，鉄鋼と石炭

の2産業に集中的に資金を投入し，産出された鉄鋼を石炭産業に投入して年3,000万トンへの増産をはかり，その石炭を鉄鋼の増産や産業用に投入して工業生産の拡大を目指すというものであった。傾斜生産方式は経済安定本部（1946年8月設置）が策定した

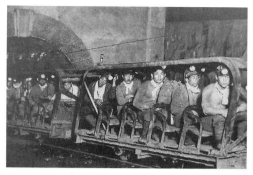

図9-4　戦後の炭鉱労働の様子

物資需給計画に基づいて実施され，戦時期の統制経済の性格を色濃く残すものであったが，実績をみると，復興金融金庫からの巨額の資金投入により石炭増産目標は達成されたものの，石炭と鉄鋼の相乗効果は発揮できず鉄鋼生産は計画を下回るなど，産業政策として成功したとは言い難かった（杉山 2012）。

　復興金融金庫は日本の幅広い産業に融資を行い，1949年3月末での融資残高は1,320億円となり，日本の全設備投資融資額の74%を占めた。主な融資先は石炭鉱業（473億円），電気（223億円），機械器具（65億円），肥料（65億円），海運（48億円）であった（宇沢・武田編 2009：56-59）。

　復金融資の主な原資は同行が発行する復興金融債券（復金債）であったが，発行額1,091億円（1949年3月末）の約73%は日本銀行の直接引受けにより調達された（日本銀行百年史編纂委員会編 1985：102-104）。また，1947年6月に成立した片山哲内閣の時代には公定価格による物価統制が強化され，生産者価格が公定価格を上回る場合には価格差補助金の交付によって補塡された。1947年に制定された財政法が赤字国債の発行や日銀による国債直接引受けを禁止していたにもかかわらず，実際には復金債を通じた日銀の財政ファイナンスによる通貨供給の拡大と，特別会計を通じた大幅な財政赤字が戦後も続いていたのである。

　図9-3より，日銀券の発行額は1946年末の934億円億円から48年末には3,553億円へと急増し，「復金インフレ」とよばれる激しいインフレーションが

第Ⅲ部　戦後復興と現代

―― *Column* ⑥　終戦直後の国民生活と大衆消費社会の復興 ――

　戦前の日本では第一次世界大戦後より都市部を中心に欧米型の大衆消費社会が発展し，その潮流は1930年代半ばまで続いていたが，経済統制の進展により消費は制限され，太平洋戦争末期には深刻な物資不足により国民生活は破綻しつつあった（第6章～第8章参照）。終戦直後の日本は1945年の歴史的凶作により深刻な食糧難となり，さらに復員兵や旧植民地圏からの引揚者によって人口圧力が高まり，飢餓の危機に直面した。1947年の『経済実相報告書』（第1回経済白書）によれば，1946年の都市労働者の平均カロリー摂取量は1,600キロカロリー／日で，標準摂取量の4分の3に満たなかった。都市の人々は農村に赴き物々交換で食糧を求めるか，高価な「ヤミ市場」に頼らざるを得ず，東京の平均的な家計では主食費の70～85％をヤミ市場に依存し，エンゲル係数は70％を超えていた。「たけのこ生活」（衣類等の財産を処分して食糧を得る生活のたとえ）の言葉が示すように，終戦直後は人々にとって食べることだけで精一杯の時代であった。

　しかし，生産復興が軌道に乗った1950年代に入ると，消費の抑圧から解放された人々は大衆消費社会への回帰を目指した。個人消費支出は1951年に戦争前の水準を超え，増加率は51年度に9.6％，52年度に17.1％，53年に8.8％と高い伸びを示した（経済企画庁 1965：182-83）。食文化ではチョコレート，キャラメル，フーセンガムなどが国産化されヒット商品となり，53年にはビールの1人当たり消費量が戦前を上回った（経済審議庁 1954）。新製品も登場し，1950年には東京通信工業（現ソニー）が磁気テープ式録音機を開発，52年には本田技研工業が自転車補助エンジン「カブF型」を全国の自転車店を通じて発売した。1953年にはテレビ放送が開始され，早川電機工業（現シャープ）が国産白黒テレビ第1号を発売しテレビブームの先駆けとなった（佐々木編 2001）。「特需」ブームを背景とした1950年代前半の「消費景気」は1953年の国際収支危機の一因ともなったが，旺盛な消費への欲求はその後の高度経済成長の原動力となったのである。

発生した。卸売物価指数は，1936年を基準として1945年に3.5倍だったものが47年に48倍，48年には128倍，49年には209倍，51年には342倍に達した。すなわち，円の実質価値は戦後の6年間におよそ100分の1に減少したのであり，その結果政府や企業が抱えた巨額の債務は実質的に帳消しとなり，逆に預金な

ど円建て資産・債権の保有者はその価値を失ったのである。

 一方，鉱工業生産は1946年以降急速に回復し，48年末には戦前水準の70％程度まで改善した（図9-1）。しかし，インフレーションの勢いは衰えておらず，「経済復興」に代わり「経済安定」が大きな政策課題となった。この時期の生産復興政策の前提にあった認識は，戦後インフレの原因は需要に対する供給の不足であり，生産を回復させ供給が回復すればインフレは次第に沈静化するだろうというものであり（中間安定論），GHQもこうした政策を支持していた。1948年3月に成立した芦田均内閣は，経済安定本部が作成した中間安定計画を前提に，外資導入による復興と安定への期待を示した（伊藤 2009：54-64）。

4　ドッジ・ラインと日本の国際社会への復帰

冷戦の激化とアメリカの対日政策の転換

　第二次世界大戦末期より表面化していたアメリカを中心とする資本主義諸国とソヴィエト連邦との対立は，戦後の国際政治の覇権をめぐる冷戦へと発展した。ソ連は東ヨーロッパ諸国に社会主義政権を樹立させて勢力下に置き，ドイツも東西に分裂した。アジアでは1946年6月に中国で国民党と共産党の内戦が勃発し，朝鮮半島でも北緯38度線を境界とした国家の分断が決定的となった。こうした状況のもと，アメリカ政府内では日本の占領政策の再検討が進められ，初期の対日占領の目的の1つであった「非軍事化」政策を転換し，日本の経済復興と資本主義陣営の一国としての国際社会への復帰を目指す方針が示され，すでに述べた通り戦時賠償の縮小や集中排除政策の緩和などが実行された。

　日本の国際経済への復帰には，通貨価値を安定させ，円とドルの間に固定為替レートを設定する必要があった。1948年10月にアメリカの国家安全保障会議（NSC）は「アメリカの対日政策に関する諸勧告」（NSC13/2）を決定し，占領統治の早期終結と日米の安全保障体制の構築を目指し，GHQの介入を縮小して日本の政治・経済の自立を促すとともに，均衡財政によってインフレを抑制し対外貿易の復興を図ることなどが方針として定められた（中村 1989：47-49）。

経済安定9原則とドッジ・ラインの実施

　1948年12月，日本の経済安定のための強力な政策の実行を指示する中間指令がマッカーサーに送付された。これが「経済安定9原則」指令とよばれるものである。その内容は，日本政府に対し，①総予算の均衡，②徴税計画の促進強化，③信用拡張の制限，④賃金安定，⑤物価統制の強化，⑥外国為替統制の強化，⑦輸出増加のための資材割当の見直し，⑧重要国産原料・製品の増産推進，⑨食糧集荷計画の効果的実施，の9つの政策の実施を指示し，その実施後3カ月以内に単一為替レートを設定する，というもので，従来の「中間安定」政策を否定し，インフレ抑止政策の即時断行を求めるものであった。そして「9原則」の実施のため，1949年2月にデトロイト銀行頭取のジョセフ・ドッジが大統領の特命により来日し，ドッジ・ラインとよばれる緊縮財政政策を行った。

　「日本の経済は両足を地につけておらず，竹馬にのっているようなものだ。竹馬の片足は米国の援助，他方は国内的な補助金の機構である。竹馬の足をあまり高くしすぎると転んで首を折る危険がある。今ただちにそれを縮めることが必要だ」（『朝日新聞』，1949年3月8日付朝刊）これは3月7日にドッジが行った記者会見での一節である。ドッジが最初に手掛けた1949年度予算案は，特別会計や復興金融金庫などの政府系機関，地方財政を含めた政府部門の「総予算」の均衡を求め，所得税や酒税等の引上げ，鉄道・郵便料金などの値上げによる歳入強化と行財政改革による支出削減などにより，政府部門の純計で1,567億円の黒字予算（超均衡予算）となった。また，価格調整補助金や輸出入品への補助金など，政府が経済統制のもとで行ってきた補助金の漸次廃止，復興金融金庫の新規融資禁止と復金債の償還など，政府の経済活動への介入とそれに依存した企業経営を否定し，自由競争の原則に基づく経済体制への転換を求めた（中村 1989：49-50）。

　超均衡予算による財政引締めは，ただちに日本経済に深刻な不況をもたらした。財政支出削減や復金融資の停止などにより金融逼迫が表面化したため，日本銀行は民間銀行への資金供給を拡大した。日銀の金融緩和はドッジ・ラインの引締め政策と一見矛盾するが，日銀は物価上昇とならない範囲内で金融調節

第⑨章 戦後経済改革と経済復興

を行い（ディス・インフレ政策），不況の拡大を防ごうとした（日本銀行百年史編纂委員会編 1985：324-328）。しかし，経済状況は厳しく，企業では倒産や人員整理が相次ぎ，労働争議も激しさを増していった。

　ドッジ・ラインの実施により高進し続けたインフレーションは沈静化し，物価も安定傾向を示した（図9-3）。1949年4月には1ドル＝360円の単一為替レートが設定され，日本は国際経済とのリンクを回復した。戦前の金本位制の時代における日米間の為替相場（金平価）が1ドル＝約2円であったことを考えると，360円レートは戦後の円の価値がドルに対して180分の1となったことを意味している。これも戦後インフレーションの帰結の1つであった。

朝鮮戦争の勃発と「特需」ブーム

　ドッジは1950年度予算も前年度同様に均衡予算を編成し，「ドッジ不況」の深刻化が予想されたが，悲観的な状況を一変させたのが1950年6月25日に勃発した朝鮮戦争であった。朝鮮戦争は，朝鮮民主主義人民共和国（北朝鮮）が北緯38度線を越えて大韓民国（韓国）に侵攻して始まり，アメリカは国連決議に基づいて国連軍を組織し，その長官にはマッカーサーが就任した。朝鮮戦争は北朝鮮を支援するソ連・中国と，韓国を支援するアメリカによる事実上の代理戦争であり，激しい攻防の末1951年夏に休戦交渉が開始された（休戦協定成立は53年7月）。

　朝鮮戦争に際し，日本はアメリカ軍（国連軍）の出撃拠点かつ兵站補給の拠点となり，アメリカは大量の軍需物資を日本に発注した。これが「特需」とよばれるもので，日本経済は突如発生した「特需」ブームに沸くことになった。

　表9-3より，戦争に伴う軍需関連品およびサービス（修理・輸送等）の契約ベースでの「特需」の額は1955年末までに計17億ドル（6,120億円）余りとなった。1950年から51年にかけての「特需」の中心は綿布・麻袋・毛布などの繊維製品やトラック・自動車部品などであったが，1952年以降は兵器・関連部品の契約が約半分を占めた。朝鮮戦争の本格的な戦争が終結した後に軍需関連品の発注が増えたのは，「日米経済協力」方針のもと1952年にGHQが日本での兵

表9-3 「特需」と貿易収支

(単位：100万ドル)

	契約額ベースでの「特需」(狭義の特需)			外貨収入ベースでの「特需」(広義の特需)			日本の貿易収支		
	商品	サービス	計	狭義の特需による収入	その他収入	計	輸出	輸入(援助を除く)	貿易収支
1950年	127	64	191	91	58	148	820	613	207
1951年	255	99	355	342	250	592	1,355	2,037	-682
1952年	205	117	323	457	367	824	1,273	2,023	-749
1953年	260	183	444	595	215	809	1,275	2,410	-1,135
1954年	105	133	237	454	142	596	1,629	2,399	-770
1955年	65	108	174	345	212	556	2,011	2,471	-461

(出典) 中村 (1982) 第1表, 浅井 (2002) 表1, 浅井 (2015) 表4-1 より作成。

器生産を許可し，平和条約発効後も在日米軍の軍需品調達などの「新特需」が継続したことによる（中村 1982）。これに加え，日本に駐留したアメリカ軍人・軍属および家族らによる消費支出や沖縄の米軍基地の建設費用などを含む，アメリカおよび連合国が日本に支払った外貨（広義の「特需」）の総額は1950～1955年に計35億ドル（1兆2,600億円）に達した（浅井 2002）。

「特需」の発生は日本経済にとって2つの点で重要な意味を持った。1つは，日本の工業生産が息を吹き返したことであり，「糸へん景気」「金へん景気」とよばれたように，繊維産業・機械産業を中心に生産が急速に拡大し，1951年に鉱工業生産は戦争前の水準にまで回復した（図9-1）。もう1つは，「特需」がドルで支払われたことである。加工貿易国の日本にとって，生産拡大のためには資源や機械設備の輸入が不可欠であったが，日本は輸入をアメリカからの援助に頼り貿易収支も赤字基調であった。「特需」により，日本は次の成長に向けて必要な外貨準備を手に入れたのである。

サンフランシスコ平和条約とブレトンウッズ体制への参入

朝鮮戦争の勃発や中華人民共和国の成立など東アジアでの冷戦拡大により，アメリカ政府は日本の講和条約締結を急いだ。1951年1月にはアメリカ国務省

第 9 章 戦後経済改革と経済復興

Column ⑦　ブレトンウッズ体制

　ブレトンウッズ体制は，1944年7月の連合国通貨金融会議（ブレトンウッズ会議）により設立された国際通貨基金（IMF）と国際復興開発銀行（IBRD／世界銀行）を中心とする第二次大戦後の国際通貨体制であり，1947年成立の関税と貿易に関する一般協定（GATT）を加えてIMF＝GATT体制ともよばれる。

　世界恐慌後の国際通貨の混乱と保護主義政策への反省から，自由貿易・為替相場の安定・多角的決済システムの構築が戦後の国際経済再建の目標となったが，同時に各国政府は完全雇用や成長を目指すマクロ経済政策を求めた。これらを両立させるため，IMF協定は「調整可能な固定相場制」を採用した。これは，①加盟国は自国の通貨を金または米ドルに対し固定し，為替相場を上下1％以内に維持する，②短期的な経常収支赤字に対してIMFが短期資金を融通する，③経常収支に基礎的不均衡が生じた場合加盟国は為替レートを変更できる，というものであった。また，加盟国は経常取引に関する外国為替制限の撤廃義務を負ったが，過渡期規定として猶予が認められ，猶予中の国を14条国，為替自由化達成国を8条国とよんだ。一方，世界銀行は加盟国の経済復興と成長のための長期資金融資の役割を担った。

　ブレトンウッズ体制は，各国通貨がドルに対して固定レートを設定し，ドルが基軸通貨として特別な地位を持つと同時に，ドルのみが金との交換を保証する金為替本位制の側面を持っており，「金・ドル本位制」ともよばれている。しかし，ブレトンウッズ体制は1960年代には動揺を始める。アメリカの経常赤字拡大とドルの過剰供給がドルの金平価維持を困難にする一方，黒字国となった周辺国（日本・西ドイツなど）は自国通貨切り上げに消極的で基礎的不均衡を是正できず，ドル信認への懸念は金投機や通貨投機をたびたび引き起こした。この問題は，最終的に71年のニクソン大統領による金・ドル兌換の停止とその後の変動相場制移行によって解決が図られ，国際通貨体制としてのブレトンウッズ体制は終焉を迎えた。（参考文献：浅井 2015；伊藤 2009；山本 1997）

顧問のジョン・フォスター・ダレスが来日し，講和条約の早期締結と，日本の再軍備と講和後のアメリカ軍の駐留など日米の安全保障体制について吉田首相と協議を重ねた。そして1951年9月8日，サンフランシスコで開催された講和会議において「日本国との平和条約」（サンフランシスコ平和条約）が49カ国の署名により成立した。同日，吉田首相は日米安全保障条約を結び，アメリカ軍は

独立回復後も日本に駐留することになった。

　講和交渉の進展と同時に日本は国際通貨基金（IMF），国際復興開発銀行（IBRD／世界銀行）加盟の準備を進め，平和条約締結に先立つ1951年8月9日に加盟を申請した。加盟審査は平和条約締結直後より行われ，1952年5月28日の加盟国投票で承認され，8月13日に日本はブレトンウッズ体制（コラム⑦参照）に正式に参入した（浅井 2015：81-94）。

　サンフランシスコ平和条約は1952年4月28日に発効し，連合国の占領統治は終結し日本は対外的に独立を回復した。また，日米安保条約の締結とブレトンウッズ体制への加入により，日本はアジアにおける資本主義陣営の一員としてパクス・アメリカーナ（アメリカを中心とする国際秩序）の一翼を担うことになった。

5　高度経済成長前夜の日本経済

「産業合理化」政策と技術導入

　日本経済は「特需」によって復興を加速し，実質GDP，鉱工業生産ともに戦前の水準まで回復したが，日本の生産設備は老朽化が進み，技術水準も欧米の先進国と比べ劣っており，自由経済に復帰した後の経済的自立のためには国際競争力強化が必要とされた。1949年5月に旧商工省と貿易庁が合併して発足した通商産業省は産業合理化審議会を設置し，1951年の第1回答申では産業機械設備の近代化・合理化の促進，鉄道・道路・港湾等のインフラ整備，原燃料・動力の価格引下げと品質向上，電源開発・造船・石炭・鉄鋼の4産業への重点的な政策の実施，などの方針が示された。政府は1952年に企業合理化促進法を制定し，設備近代化への税制優遇を通じて企業の合理化投資を促した（通商産業省編 1992：276-278）。資金の供給は1951年に設立された日本開発銀行や日本興業銀行などの政策金融機関が担い，郵便貯金等を原資とする大蔵省資金運用部資金がその活動を支えた。

　設備投資とともに海外からの技術導入もさかんに行われた。外資導入と外国

からの技術導入は1949年制定の「外国為替及び外国為替管理法」（外為法）と50年制定の「外資に関する法律」（外資法）によって規制され，政府はこれらを産業政策の手段として運用し，外国企業の直接投資を抑制しつつ，技術導入を通じた国内産業の育成を図った（通商産業省編 1990：398-428）。

図9-5 川崎製鉄君津製鉄所
（出典）世界銀行HPより。

こうした産業政策の結果，鉄鋼業では圧延部門へのストリップ・ミル導入など積極的な合理化投資が行われ，合成繊維産業では東レがデュポン社のナイロン合成技術を導入するなどコスト削減と生産性向上を達成した。電力業では電力事業再編（コラム⑧参照）により1951年に9電力体制が成立し，発電所の大規模投資が再開された。自動車産業では乗用車国産化方針のもと日産自動車とオースティン，いすゞ自動車とルーツ社が技術提携を実施し，独自路線をとったトヨタ自動車とともに国内自動車産業の基盤を形成した（香西 1989：297-305）。

通産省を中心とした日本の産業政策は高度経済成長期にも展開したが，政府主導による特定産業の保護・育成という点では戦前・戦時からの歴史的連続性を持つものでもあった。また，1950年代のはじめには道路・港湾など産業インフラへの投資が重点的に進められ，50年代後半からの高度経済成長を準備する役割を果たした（山崎 1995：36-38）。

系列融資と「企業集団」の形成

財閥解体によって持株会社を通じた企業支配構造は解体されたが，1950年代に入ると旧財閥系企業を中心に新たな企業間関係が構築され，高度経済成長期には「六大企業集団」（三井系・三菱系・住友系・芙蓉系・三和系・第一勧銀系）と

よばれる企業グループへと発展していった。戦後の企業集団の特徴には，①グループの中核銀行をメインバンクとする系列融資，②グループ企業間の株式持合いによる安定株主化，③社長会を通じたグループ内の情報共有や利害調整，などがあるが，その形成過程は次の通りであった。

系列融資とは金融機関が同じグループの企業に対して行う融資を指すが，戦後の系列融資の特徴は，同系の金融機関がメインバンクとして融資先企業のモニタリング（経営監視）機能を担いつつ，他系列銀行も含めた協調融資を行う点にあった（メインバンク制）。このような関係は戦時期の軍需会社の資金需要増大の中で形成され，1944年には軍需会社指定金融機関制度（軍需会社に対する融資を指定金融機関が行い，それに他金融機関が協力する制度）として制度化された。戦後の経済民主化政策では金融機関の解体や融資関係の改革は行われず，1946年の戦後補償打切りによる企業再建整備に際し，旧指定金融機関は企業の債権・債務関係の整理にあたり，企業の内部経営情報を掌握する立場にあった。こうした戦時期以来の金融機関と企業との結びつきを背景に，資金需要が旺盛となった1950年代以降，メインバンク制と系列融資が本格的に展開していった（宮島 1992；1995）。

次に，株式持合いは，財閥解体によって徹底的に行われた「証券の民主化」に対する企業の自己防衛的な行動であった。財閥解体により旧財閥系企業の株式は一般に売却され，同系企業間の株式の再保有も禁止された結果，各企業は株式の買占めや乗っ取りにより経営の自立性を失う危機に直面した。このため各企業は，安定株主対策として従業員持株の促進に加え，規制外となる第三者機関に自社株を保有させるなどの自衛措置を取った。そして平和条約が発効した1952年4月に旧財閥系企業の株主保有制限が解除され，翌53年の独占禁止法改正によって企業や金融機関の株式保有制限が緩和されると，旧財閥系企業は金融機関を中心に株式の持合いを通じた株主安定化を進めていった（鈴木 1992；宮島 1992）。企業間の情報共有機関である社長会は，占領期からインフォーマルな形で発足していたが1950年代に定例化されていった。

こうして，1950年代前半に三井・三菱・住友の旧財閥系企業を中心として，

> **Column ⑧　戦後電力再編と 9 電力体制**
>
> 　日本の電力業は戦時統制期に日本発送電と 9 配電会社に再編され「電力国家管理」が実施された（第 8 章参照）。戦後も政府は発送配電の全国一元化を企図したが，GHQ は政府干渉の除去と電気事業再編を指示し，日本発送電と配電会社は過度経済力集中力排除法の指定を受けた。しかし，再編の方法をめぐり GHQ 内部の意見は一致していなかった。
>
> 　この問題の決着に重要な役割を果たしたのが，1949年11月発足の電気事業再編成審議会の会長に就任した松永安左ヱ門であった。戦前に東邦電力の社長として活躍し「電力の鬼」とよばれた松永は，第二次大戦前の1928年に『電力統制私見』を発表し，全国を 9 地域に分割して発電会社と送配電会社を合併し，地域独占を通じた効率的な電力供給の実現と，料金許可制と公益委員会による事業者の監視を提言していた。これは GHQ が検討しいていた改革案を先取りするものであり，松永は民営 9 電力への再編案を主張した。審議会では日本発送電の一部を電力融通会社として存続させる案が多数意見となったが，GHQ が強く反対したため松永案が最終実行案として復活し，1950年11月にマッカーサー書簡に基づく電力業再編の政令が出され，51年 5 月に北海道・東北・東京・中部・北陸・関西・中国・四国・九州の各電力会社からなる 9 電力体制が成立した。
>
> 　9 電力会社は相互に競争意識を持ち，高度経済成長期には水力発電よりもコスト面で有利な石油火力発電にいち早く力を注ぐなど積極的な経営で高い効率性を維持し，電力の低廉かつ安定的な供給に貢献した。しかし，1973年の石油ショックを契機として次第に競争性が失われ，国策として進められた原子力発電を中心に政府との関係を強めるなど，民営企業の合理性よりも市場独占の弊害が指摘されるようになった。9 電力会社は1995年からの電力自由化の進展後も優位な立場を維持しているが，2011年の東日本大震災・東京電力福島第一原子力発電所事故の発生は，日本の電力事業・電力行政の在り方に大きな疑問を投げかけている。（参考文献：橘川　1995；2004）

企業間の水平的結合を特徴とする企業集団が形成された。旧財閥系以外の企業において融資系列を中心とした企業集団が形成されるのは，資本自由化が行われる1960年代に入ってからのことであった。

1953～1954年の国際収支危機と高度経済成長への離陸

　「特需」ブームを背景に，日本の経済成長率は1951年に11.8％，52年には9.8％と高い伸びを示したが，1953年から54年に日本は国際収支危機に直面した。表9－3より，1950年代前半の日本の貿易収支は輸入の増加によって51年より赤字となったが，特需による外貨収入がそれをカバーしていた。しかし，1953年には貿易収支赤字が急拡大し特需収入を3億2,600万ドル（1,174億円）上回った。とくに東南アジアを中心とするスターリング地域の貿易赤字が著しく，日本はポンド準備の枯渇に直面した。この国際収支危機に対し，日本はIMFより計4,430万ポンドの外貨を借り入れるとともに，同年10月より金融引締めに踏み切り，1954年度予算編成では「1兆円予算」とよばれた財政緊縮の実施によって国際収支の均衡を図った（浅井 2015：97-119）。この結果，1953年の経済成長率は4.4％，54年には3.4％まで下落し「特需」ブームは終わりを告げ，日本経済は調整局面を迎えた。

　1950年代前半の日本経済は，「特需」の恩恵に支えられながら，自由経済のもとでの経済の自立と成長を準備する離陸段階にあった。重化学工業の合理化やインフラ整備が進められたものの，日本は固定相場制のもとでの「国際収支の天井」問題に直面した。1955年7月に公表された昭和30年度『年次経済報告』（『経済白書』）は，前年に行われた引き締め政策を「地固めの時」と評価した上で，今後の課題として「国内においては年々増大する労働力人口に職場を提供し，また国際的には先進国の経済的進歩と後進国の工業化を前にして，日本経済は高度の発展率を維持しなければならない。……企業の投資意欲を高揚して，その近代化と生産性向上を推進し，積極的に国際競争力を強めていく配慮が望ましい。国内市場が限られていても，有能な経営者と優れた技術者と勤勉な労働者を擁する企業には，広大な海外市場が開かれている」と指摘した。1955年から始まる高度経済成長は，この課題を克服していく過程であったといえよう。

第 9 章　戦後経済改革と経済復興

参考文献

石井寛治・原朗・武田晴人編『日本経済史 4　戦時・戦後期』東京大学出版会，2007 年。
柴孝夫・岡崎哲二編著『講座・日本経営史 4　制度転換期の企業と市場』ミネルヴァ書房，2011 年。
杉山伸也『日本経済史　近世—現代』岩波書店，2012 年。
橋本寿朗『戦後の日本経済』岩波新書，1995 年。
中村隆英『昭和史（Ⅰ・Ⅱ）』東洋経済新報社，1992-93 年。
中村隆英編『日本経済史 7　「計画化」と「民主化」』岩波書店，1989 年。
山崎広明・橘川武郎編『日本経営史 5　「日本的」経営の連続と断絶』岩波書店，1995 年。
ジョン・ダワー，三浦陽一・高杉忠明訳『敗北を抱きしめて　第二次大戦後の日本人（上・下）』岩波書店，2001 年。

練習問題

問題 1
GHQ による「経済民主化」政策と，それが日本経済に与えた影響について論じてみよう。

問題 2
戦後のインフレーションの発生から収束までの過程と，インフレーションが日本経済に与えた影響について論じてみよう。

問題 3
朝鮮戦争後の「特需」の経済史的意義について論じてみよう。

（岸田　真）

第10章
高度成長と消費社会の成立

本章のねらい

電気洗濯機や白黒テレビ，電気冷蔵庫が次々と家にやってきて，しばらく経つとカラーテレビに買い替えられた。けっして安くはなかったけれども，ほとんどの家庭に普及した家電製品が象徴する消費社会は，敗戦後の日本が経験した高度成長によって成立した。

本章のねらいは，占領下で経済復興を成し遂げた日本が1955年以降，20年にも満たない期間に国民総生産（GNP）で西ドイツを抜き，米国に次ぐ世界第2位の経済規模を誇る「ゆたかな社会」へと発展した要因を理解することにある。

---

1 内需主導の経済成長とマクロ経済政策

景気循環と金融政策

経済成長の1つの指標である実質国内総生産（GDP）の対前年比伸び率は，『経済白書』が「もはや戦後ではない」という有名な一文を載せた1956年から1973年の平均で9.3％に達した。21世紀最初の10年（2001～2010年）のそれは0.8％だから，10％近い成長率の高さは容易に想像できるだろう。高度成長とよばれる所以である。とはいえ，その間に好況と不況を繰り返したことは見逃せない。図10-1からは，神武景気（1954年11月～1957年6月，31ヵ月），なべ底不況，岩戸景気（1958年6月～1961年12月，42ヵ月），オリンピック景気（1962年10月～1964年10月，24ヵ月），1965年不況，いざなぎ景気（1965年10月～1970年7月，

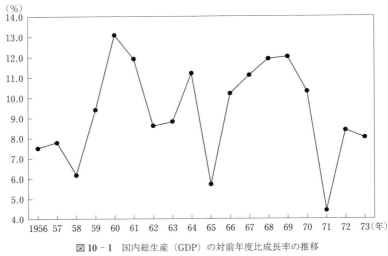

図 10-1　国内総生産（GDP）の対前年度比成長率の推移
（出典）内閣府「国民経済計算」より作成。

57カ月）という景気循環を読み取ることができる。

　こうした景気循環はさまざまな要因によって引き起こされたが，事前に知っておくべきなのは，金融政策の役割である。

　金融政策は通常，中央銀行が物価の安定，経済成長ないし完全雇用の維持，国際収支の均衡を主な目的に，公定歩合（中央銀行貸出金利）操作，公開市場操作，準備率操作，そして補完的に窓口指導などの手段を用いて行う（酒井ほか2011：24-28）。金融政策は時代によって特徴を異にし，高度成長期の日本銀行は国際収支の均衡に目的の重点を置き，主に公定歩合操作と窓口指導を政策手段として用いた。そうした特徴は，ブレトンウッズ体制下の固定相場制（第9章参照）と日本の貿易構造と密接に関連していた。

　経済活動に必要な天然資源に乏しい日本は，原材料を海外から輸入し，加工を施した製品を輸出する加工貿易を行ってきた。好景気によって国内の供給が需要を賄いきれなくなると輸入が拡大する。ブレトンウッズ体制は，為替レートの変動を平価の上下1％以内に維持することを決めており，日本も平価を1ドル＝360円，変動幅を国際通貨基金（IMF）に加盟した（1952年8月）当初は

上下0.5%，1963年4月以降は上下0.75%に設定した。

　通常，生産活動が活発化して原材料などの輸入が拡大すると，貿易収支の赤字が膨らむだけでなく，代金を支払うために円を売ってドルを買う動きが強まり，為替レートがドル高円安に振れる。ところが，固定相場制の場合，変動幅を超える円安を許容できないから，通貨当局（大蔵省・日銀）は自国通貨の価値を維持するために，外貨準備を使って円買い介入をしなければならない。こうした為替介入は外貨準備高の減少を招く。したがって，景気の過熱に伴う国際収支の赤字の増加（外貨準備高の不足）に対し，日銀は金融引締めを実施して経済活動を抑制し景気を後退させる必要があった。

国際収支の天井とストップ＆ゴー政策

　このように国際収支の均衡を目的に経済成長を抑制せざるを得なかった状況は，「国際収支の天井」とよばれた。ポイントは，この「天井」が外貨準備高の積み増しによって高くなると，金融引締めの引き金にならなくなる点である。その転換点に注目しながら，景気循環と日本銀行の金融政策の変遷を確認しておこう。

　民間設備投資に牽引された神武景気は国際収支の悪化を招き，1957年春の金融引締め政策への転換のきっかけとなった。金利の引上げよりも窓口規制の効果で，資金を調達しにくくなった企業が投資を削減ないし断念したことに，世界経済の停滞に伴う輸入単価の下落なども加わり，輸入が著しく減少して国際収支は急速に改善した。同じく民間設備投資が主導した岩戸景気も，国際収支の大幅な赤字に対応した引締め措置と1961年9月の「国際収支改善対策」を境に後退局面に突入した。オリンピック景気の後半に当たる1963年末から1964年初頭にかけての引締めも，鉱工業生産の拡大のほか輸入食糧品の価格高騰など「偶発的原因」が重なったことによる国際収支の急速な悪化を引き金としていた。

　山陽特殊鋼の倒産に象徴される1965年不況を脱し，民間設備投資の拡大を皮切りに在庫投資の増大と個人消費の伸長に牽引されたいざなぎ景気の場合，

第Ⅲ部　戦後復興と現代

――― Column ⑨　対立から協調へ――労使関係を転換させた三池争議 ―――

　一般的に，企業（経営者）と従業員の利害は対立すると考えられている。従業員に支払う賃金はコストだから，利潤の最大化を目指す経営者はなるべく賃金を抑制したい。他方，従業員はゆたかな生活を満喫するためにより多くの賃金を欲する。ところが，高度成長期の日本企業は，全体のパイが増えていく中で協調的な労使関係を実現させた。ただし，それが激しい対立を経て形成されたことを忘れるべきではない。

　占領下に制定された労働三法のうち，労働組合法は労働者の団結権，団体交渉権および争議権を保障した（第9章参照）。法的な根拠を与えられた労働運動は1950年代に入っても収束する気配をみせず，1959年から1960年にかけて三井鉱山三池炭鉱を舞台に展開された三池争議は，「総資本対総労働」の闘いとよばれる激しい争議となった。

　エネルギー革命の進展に伴う石炭産業の斜陽化は，炭鉱各社の経営を直撃した。その中でも，三池炭鉱は，「退職者の子弟の入れ替え採用協定」によって人員整理を進められなかったため，多くの余剰人員を抱え赤字に苦しんでいた。こうした事態に対して，経営側は希望退職者の募集や退職勧告，「入れ替え採用」の原則停止などを内容とする企業再建案を提示し，労働組合との団体交渉を重ねた。しかし，この団交はまとまらず，中央労働委員会の職権斡旋もうまくいかず，結局，経営側は1959年12月，指名退職勧告を行い，勧告に応じなかった1,278名に対する解雇通告に踏み切った。いわゆる指名解雇である。

　これを契機に三池炭鉱では1960年1月，経営側のロックアウトに三池労組が無期限のストライキで対抗して紛争状態に突入した。ところが，三池労組はその「果敢な闘い」ゆえに第二組合の誕生による分裂を招き，三池炭鉱労働組合連合会内部や日本炭鉱労働組合傘下の他労組も離れていき，次第に孤立していった。そして，この大争議は1960年8月の中労委の斡旋によって終結し，同年12月から一斉就労という結末を迎えた（兵藤 1997：218-227）。それは三池労組の敗北を意味した。そして，三池争議という大規模かつ象徴的な労働運動における労組の敗北は，日本企業の労使関係を協調的な方向に導く契機となったのである。

　1968年度以降，好況下で国際収支の黒字基調が続いた点で従来とは異なる傾向を示した。その要因は，日本企業の国際競争力の向上を背景とする輸出の急増や技術進歩に伴う原材料利用の減少などにより，景気の拡大ほどには輸入が伸

びなかったからであった。1969年9月に日銀が金融引締め政策を実施したのは，景気過熱の防止と物価の安定という国内均衡を重視したためであり，国際収支が大幅な黒字を計上する中で政策転換を行った（戦後では）最初のケースとなった（土志田編 2001：68-69, 85, 94-96, 109-111）。

2　重化学工業化と国際競争力の構築

石油化学産業の確立と旺盛な設備投資

　高度成長下の日本では，1960年版の『経済白書』が「投資が投資を呼ぶ」と表現した旺盛な設備投資と技術革新に主導されて，鉄鋼や機械をはじめ重化学工業化が著しく進展した（表10-1）。その中でも，この時期に製品の国産化を実現した石油化学産業は，輸入代替の実現と関連諸産業への波及効果という点で重要な役割を果たした。

　石油化学製品はその名のとおり，ナフサとよばれる石油製品（留分）を原料とする。ナフサは隣接する石油精製工場からパイプラインを通して石油化学工場に供給されることが多いが，海外からの輸入品を使う場合もある。石油化学企業はエチレンセンター（ナフサ分解工場）でナフサを分解・精製して，エチレンやプロピレンといった基礎製品をつくる。次いで，基礎製品に化学プロセスを施してポリエチレンやポリプロピレンなどの「誘導品」（中間製品）をつくる。この「誘導品」を加工したり，化学プロセスを施したりすると，われわれの身近にある最終的な化学製品，たとえば，ポリバケツやペットボトル，プラスチック製の日用品や雑貨などができる（平野 2014：131-132）。

　石油化学製品の国産化は，1955年7月に通商産業省（通産省）が決定した「石油化学工業の育成対策」をきっかけにして本格的なスタートを切った。「育成対策」は，「想定需要量」を国際価格水準で供給できる体制の迅速な確立を目標に設定したうえで，この水準の販売価格で採算的に成り立ち，確実な資金計画をもち，かつ技術内容に優れた計画に（外国技術導入の）認可を与えるなど，積極的に支援する方針をかかげた。そして，第一期計画では，三井石油化学や

表10-1　産業別設備投資額
(単位：10億円)

	1956〜60	1961〜65	1966〜70	1956〜70	1971〜75
電　力	1,099	1,683	2,603	5,385	6,181
鉄　鋼	626	1,014	2,243	3,883	4,040
機　械	577	1,493	2,942	5,012	4,329
電機・電子		464	791	1,255	1,086
自動車		580	1,358	1,938	1,874
化　学	479	1,082	2,053	3,614	2,972
石油化学		386	880	1,266	1,066
繊　維		457	632	1,089	781
合成繊維		243	304	547	325
合　計	4,111	7,469	14,237	25,817	25,762

(出典) 三和・原編 (2010：160) より作成。

三菱油化など「先発4社」がエチレンセンターとして認可された。次いで，通産省は1959年12月，第一期計画品目（エチレン系製品など）の生産設備の増強を通じた輸入の完全防圧，石油化学コンビナートの総合化の完成，そして基礎製品のコスト削減を基本的な前提に，第二期計画の認可基準（最低生産規模年産4万トン）を明らかにした。この基準に沿って，同省は「先発4社」の増設に加え，年産4万トン以下の小規模な設備建設計画を提出した3社を除く，東燃石油化学や出光石油化学，化成水島など「後発5社」にエチレンセンターとしての認可を与えた。

第一期計画で認可された設備は1957年1月から1960年6月にかけて稼働を開始し，第二期計画のエチレンセンターも1962年3月から1964年9月にかけて完成した。その結果，石油化学製品の生産額は1957年の17億円から1966年には4,523億円へと目覚ましい伸びを示し，1965年には輸出額が輸入額を上回るまでに発展した（石油化学工業協会　1981：8-10，27-28，43-45，432，451，462；平野2016：61-62）。

国産化と輸入代替の成功要因

以上のように，石油化学製品の国産化と輸入代替に成功した要因としては第一に，企業集団（第9章参照）の役割が重要である。旧財閥系企業集団は，第一期計画の企業化にあたり，グループ内の化学企業のリスク負担能力，資金調達力あるいは対外交渉力を補完する機能を発揮した。具体的には，三井グループと三菱グループは，グループ内企業を結集して，それぞれ三井石油化学

表 10-2 外国技術の導入状況

(単位：100万ドル，件)

	技術貿易額		導入件数			
	対価受取	対価支払	合計	化学	一般機械	電気機械
1956～60年	4	280	1,772	543	325	224
1961～65年	49	685	4,494	901	1,393	574
1966～70年	185	1,546	7,589	1,348	2,231	958

(出典) 三和・原編 (2010：160) より作成。

(1955年7月) と三菱油化 (1956年4月) を設立した。また，技術導入の提携先となる外資企業や用地を払い下げる日本政府との交渉，あるいは系列融資でもグループ内企業は重要な役割を演じた。

　第二に，通産省の産業政策にも目を向けなければならない。同省は，ときに業界側の意向を採り入れながら，国際競争力の確保に必要な投資目標を具体的な認可基準として提示した。1973年1月の完全自由化まで，石油化学企業の事業展開に必要な海外からの技術導入の認可権は通産省が握っており，彼らの提示した基準は無視しえない効力をもった。そして，石油化学企業がこの基準をクリアするために積極的な設備投資を遂行したことは国際競争力の急速な向上を促した（橘川 1991：16-22；平野 2016：58, 65）。

　石油化学に限らず，この時期の日本産業にとって欧米からの技術導入はきわめて重要な意味をもった。表10-2に掲げたように，1956年から1970年にかけて，導入件数は大幅に増え，技術貿易は大幅な赤字を計上した。日本企業は，海外から積極的に技術を導入し，ときに改善を施しながら新製品開発や生産性向上に努めた。こうした技術導入に伴うイノベーションに，第一次産業から第二次産業への労働力の移動（産業構造の高度化）も相俟って，実質労働生産性上昇率（就業者1人当たり）は1950年代後半の6.2％から1960年代前半に8.8％，1960年代後半には9.5％まで上昇した（加藤ほか 2012；日本生産性本部・生産性データベース）。

第Ⅲ部　戦後復興と現代

石油化学産業の波及効果──プラスチックの浸透と重化学工業化の促進

　日本の石油化学産業は1960年代半ばに輸入代替を実現した。しかし，エチレンプラント1系列当たり10万トン程度という国内メーカーの生産規模は，45万〜50万トンに達する大型設備の計画を進めていた欧米の化学メーカーに比べて大きく劣ると認識された。そこで通産省と有力企業（三菱油化，三井石油化学，住友化学）は1967年5月，規模の経済性によるコスト削減と投資主体の限定・集約化による過当競争の排除を狙って，エチレン年産30万トン基準を設定した。そこには有力企業が大規模設備を建設して市場を先取りするねらいがあった。しかし，3〜4社という予想と異なり，後発企業も共同投資や輪番投資といった形で次々と基準をクリアしていった。その結果，9社の計画が認められて，1969年3月から1972年4月にかけて続々と大型設備が稼働した。透明性と公平性の点から基準を満たす計画には認可を与えざるをえなかったからである。

　こうしたエチレン設備の動向は，誘導品の設備大型化を引き起こし，規模の経済を通じたコスト削減と製品価格の引下げを実現した。1キロ当たりの工場出荷単価をみると，「5大プラスチック」とよばれる高圧法ポリエチレンと中低圧法ポリエチレンは1960年から1973年にかけて，それぞれ300円から101円と335円から126円に下がり，ポリプロピレンも1962年の316円から1973年には120円まで低下した（石油化学工業協会　1981：46-51，467；平野　2016：112-114）。

　1960年代後半に入ると，石油化学企業は市場に適合した新たなグレードの開発と用途の拡大を図った。たとえば，中低圧法ポリエチレンは，ブローボトルの早期実用化に加え，耐薬品性や耐衝撃性，加工の容易さといった特長を武器に，液体洗剤容器でガラスや金属に取って代わり，内面コーティング技術の向上によって化粧品容器にも使われるようになった。また，ポリエチレンはシャンプーやマヨネーズ，食用油など小型容器で他の素材を圧倒し，高い透明性と自動包装に適した強度をもつポリプロピレンは，食品（パンや菓子）や衣料品の包装資材として広く利用された（森　1968；川端　1966；高木・佐々木　1969：250-251）。

　石油化学産業の波及効果は消費財の包装資材に止まらない。原料の供給を担

第10章　高度成長と消費社会の成立

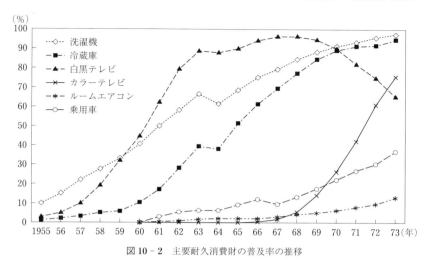

図10-2　主要耐久消費財の普及率の推移
(出典)内閣府「消費動向調査」などより作成。

う石油精製業をはじめ，プラントの建設は化学機械や計測器など機械工業の発展とエンジニアリング部門の技術開発力の強化に寄与し，石油化学製品は良質かつ低廉な原料（アクリロニトリルなど）の安定供給を通じて合成繊維の発展を促し，テレビをはじめとする家電製品の絶縁材や部品，外枠に浸透して，その軽量化，小型化およびデザイン性の向上の条件を整えたのである（石油化学工業協会 1981：78-81)。

家電製品の普及と企業の経営行動——設備投資と新製品開発

戦後日本のゆたかさを表すモノとして，耐久消費財を欠かすことはできない。高度成長期に普及した典型的な耐久消費財は，三種の神器（電気洗濯機，白黒テレビ，電気冷蔵庫）と3C（カラーテレビ，乗用車，クーラー）である。これらの普及率を示した図10-2からは，先陣を切った洗濯機を白黒テレビが1960年に追い抜いたこと，冷蔵庫は1960年代に入ってから本格的に普及し始めて1973年には95％近くに達したこと，白黒テレビに代替する形でカラーテレビが急速に数値を伸ばしたこと，乗用車とクーラー（エアコン）の普及率は相対的に低かっ

第Ⅲ部　戦後復興と現代

図 10-3　松下電器産業のテレビ生産
（出典）松下電器産業株式会社創業五十周年記念行事準備委員会編（1968）。

たことが読み取れる。

　需要の拡大に対応するため，電機メーカーは積極的な設備投資を行い生産体制の増強を図った。松下電器産業は1955年，大阪の門真にコンベアシステムを採用したテレビ工場を新設して量産体制を確立し，翌年に東京の品川にテレビ工場を建設，さらに1958年にはテレビ生産の主力工場としてオートメーション化された大規模な茨木工場を竣成した（図10-3）。

　他方で，同社はテレビの性能向上にもエネルギーを注いだ。1956年にそれまでの70度の代わりに90度偏向ブラウン管を採用して受像機の薄型化を実現し，国内で初めてブラウン管の蛍光面の後ろに反射用の金属膜を施したメタルバック方式を用いることで，画面を広くし，かつ映像をより鮮明にした。1957年には，画面が話しかけているように感じられる前面スピーカー方式を発表した。また，松下電器は大量生産によって，性能を高めながら価格を下げることに成功した。14インチ型白黒テレビの小売価格を1954年と1960年で比べると，最高は14万9,000円と 6万5,500円，最低は12万5,000円と 5万1,000円となり，著しく低下したことがわかる（中村 1992：127-129）。

　コンセントが初めから住宅設備として取り付けられるようになった1955年以降，実にさまざまな家電製品が登場した。1950年代後半には，スリッパ型電気足温器，遠心式脱水機付 2層式洗濯機，自動炊飯器，扉の内側に卵やビール入れの付いた冷蔵庫，電気ゆで卵器，1960年代にはフリーザ付冷蔵庫，電気蚊取器「フマキラー・ベープ」，オーブントースター，ヘアドライヤー，全自動食器洗い機，2ドア冷凍冷蔵庫などが発売された（下川 1997：260，272，288，296，312，328，372）。

同時に，白物家電の一角を占める冷蔵庫はこの時期，カラフルになっていった。松下電器は1965年，「冷蔵庫の新しい時代が始まります！」というコピーで新聞広告を打ち，木目調，カラー，プリント柄など11種類ものラインナップをもつ新製品を投入した。冷蔵庫はフォルムを変えずに，扉の色や柄を選択できる方向へと多品種化していった（村瀬 2005：204-206）。

家電は，消費者がそれまで目にしたことのなかった画期的な製品の出現だけでなく，新機能やカラフルな色使い，デザイン性を身につける方向でも進化したのである。

3　生活革命と洋風化

高度成長期の所得の上昇により懐の温かくなった日本人は，戦争と復興の過程で強いられた我慢の反動と「ゆたかな社会」をいち早くつくり上げた欧米，とくに米国への憧憬をバネにして，自らの消費意欲に基づいて行動するようになった。そうした消費行動に対して，企業は従来と異なる多様な商品を供給することで，日本人の生活様式を急速に変容させていった。それは"革命"とよぶに相応しい変化だった。

既製服化とブランド構築

仕事着としてスーツを着ることの多かった男性と違って，女性の和装は戦後も根強く残り，また，洋装の場合，婦人服と子ども服は主婦が生地を購入し，ミシンを使って仕立てることも少なくなかった。しかし，1950年代後半に入り，マスメディアを通じてパリやニューヨークなどから世界のファッション情報が流入し，それらに触れて洋装に憧れる消費者が増えてくると，アパレル各社は既製服の量産化に乗り出して，マスファッションの時代の幕を開いた。第1次ベビーブーマー世代がオシャレに敏感なハイティーンになった1960年代後半は，英国のツイッギーが来日してミニスカートが大流行し，スカート丈論争を巻き起こしたり，NHK紅白歌合戦に出場した女性歌手の半数が身に着けるほどの

パンタロン・ブームが起きたり，男性もカラフルに着飾る「ピーコック革命」が起きたりした（国民金融公庫調査部編 1979：3-4；下川 1997：356, 362, 368, 370）。

既製服化を数値で見ると，紳士服背広類は1958年以前の33.3％から1973年には51.5％へと上昇した。婦人服スーツ類とスカートは1964年から1973年にかけて，それぞれ26.2％から67.4％，33.6％から87.2％へと数値を上げ，スカートの「自家製」は43.2％から11.4％に低下した。つまり，婦人服の既製服化は相対的に急速であった（木下 2011：31-32）。

この過程で，アパレルメーカーは新たなブランドを立ち上げ，消費者に多様な選択肢を提供した。1959年1月に木口衛と畑崎広敏によって設立されたワールドは，婦人用セーターからアイテムを増やすとともに，ターゲットの異なる複数のブランドを投入する形で「多角化」を進めた。とくに注目すべきは，広畑がコーディネイト・ブランドを開発し普及させたことである。彼は1967年に欧州を訪れた際，自社製品とそれほど変わらないのに美しく感じるニット製品を見て，街並みの色とニットの色がよくマッチしていることに気づく。当時の日本では，セーターとカーディガンのセットはあったが，セーターとスカートのセットはなく，ニットは単品の発想で企画されていた。

そこでワールドは，色の組合せやトップス・ボトムス間のバランス（レングスマッチ）を考慮した製品企画を立て，「ワールド・コーディネイト」という商標でトータル・コーディネイト・ブランドを展開するようになった。さらに，16～20歳層の女性をターゲットにしたカジュアルウエアを神戸と東京で企画し，それぞれ「マックワールド」（1968年）と「マックシスター」（1969年）というブランドで発表，1969年には20-30歳の女性を対象とするニット製品のブランド「ベルチカ」を投入するなどマルチ・ブランド化を進めた（木下 2011：219-226）。

アパレル産業の発展は，繊維消費量の拡大を通じて素材産業の成長を促した。国民1人当たり衣料用繊維消費量（糸換算）は1960年の7.0kgから1970年の12.1kgへと増加した（三和・原 2010：165）。日本人の衣生活は，量的にも質的にも大きな変容を遂げたのである。

食の伝統と革新

　高度成長期においては，食材の洋風化と加工食品の普及を特徴とする食生活の変化が進展する一方で，「伝統的食品消費構造」も残り続けた。食材の洋風化は畜産物と油脂類の消費拡大，米から小麦への穀類消費の変容という形で進み，即席めんに代表される加工食品も食卓に浸透していった。ただし，米という伝統的な食材の消費量も伸び続け，米国などに比して相対的に生鮮食料品のウェイトが高いという点に変わりはなかった（橘川 1998：106-110）。

　こうした食生活と食品消費構造を整合的に捉え，かつ子どもからの絶大な人気を誇るようになった料理がカレーライスである。この料理は技術革新と企業者活動，そして企業間競争を原動力にして急速に広まった。

　家庭用カレーは戦後，カレー粉から利便性の高い固形ルウへと変化した。多くの人が思い浮かべる板チョコ型の固形ルウは1950年，ベル製菓の「ベルカレールウ」として初登場した。その後，食品各社は顆粒タイプやペーストタイプ，フレークタイプなど工夫を凝らした「即席カレー」を市場に投入し，1959年にはエスビー食品がパウダー状のカレールウをもち米で作ったモナカの皮に包んだ「即席モナカカレー」を発売している。

　そして1960年，ハウス食品が「印度カレー」，江崎グリコが「ワンタッチカレー」というブランドで固形ルウの販売を開始して以降，固形タイプが主流になっていく。「印度カレー」は，金型容器で成形した固形ルウを手作業で包装する方式から，プラスチックのトレーにカレーソースを充填し，冷却・固化した製品をそのままパッケージに入れて出荷する方式に切り替えることで，大量生産を可能にした点で画期的であった。他方，「ワンタッチカレー」は，包丁で削るタイプの多かった当時，必要な分だけを割って使える板チョコ型を採用し，ワンタッチの利便性を武器に主婦の支持を集めた（長内 2009：132-133；小菅 2013：210-212；井上 2012：75-76）。

　1961年から1962年にかけて成長の鈍化したカレールウ市場の中で，ハウス食品は主力の「印度カレー」のシェア低下に見舞われた。そこで同社は，子どもと若い女性にターゲットを絞って新製品開発に着手する。家庭のメニューは子

図10-4 ハウスバーモントカレーの発売（1963年）
（出典）岸本・青谷（2000）。

どもを中心に決められること，食に対する感度は女性の方が高いと考えたからであった。当時のカレーはスパイシーで辛く，どちらかといえば大人向けの料理だったが，ハウス食品は調査を通じて各家庭が牛乳やすりおろしたりんごなどを入れて辛さを和らげている事実を発見する。こうしたニーズに対応するべく，「りんごとハチミツ入りのマイルドなカレー」というコンセプトを具現化した「バーモントカレー」は1963年に発売された（図10-4）。この製品は「ファーストカレー」（初めて食べるカレー）として多くの家庭に受け入れられ，カレールウ市場に君臨するようになった。ちなみに，「バーモント」という名称は，長寿で有名な米国バーモント州に伝わる料理にりんご酢とハチミツを豊富に使った「バーモント健康法」に由来する（岸本・青谷　2000：78-81；井上　2012：66-70）。

「ファーストカレー」分野で苦戦を強いられたエスビー食品が1966年，大人をターゲットに設定し，スパイシーさを強調して差別化を図った「ゴールデンカレー」を発売すると，ハウス食品も1968年にさわやかな辛さを訴求した「ジャワカレー」を発売して対抗するといった具合に，両社は激しい競争を繰り広げてカレールウ市場を活性化した。

カレーライスを構成するルウは加工食品になっても，具材の肉，玉葱，ジャガイモ，ニンジンは生鮮食料品，ライス（米）は伝統的な食材である。その意味で，この料理は洋風化と加工食品の成長，そして「伝統的食品消費構造」という高度成長期の食の伝統と革新を示す典型的なケースなのである。

4　小売企業の成長と流通革命

小売革新とスーパーマーケットの成長

　消費社会の成立に際して，大量生産とともに大量流通・大量販売を担う主体は欠かせない。日本の流通においては長い間，卸売業者（問屋）が重要な役割を果たしてきた。卸売業者が1次，2次，3次という形で生産者から消費者へモノが流れる過程で複数介在したため，流通機構は多段階構造をとることになり，物価高の要因として問題視された。

　こうした流通の在り方に変革を迫ったのは，大量生産体制を整えたメーカーであり，新たな仕組みを使って成長を試みた小売企業であった。ただし，メーカーによる流通系列化は，家電や自動車，化粧品など一部の産業に限定されて変革の主流にはならなかった。高度成長期の「流通革命」は，スーパーマーケットに代表される大規模な小売企業によって牽引されたのである。

　日本初のスーパーマーケットは1953年に設立された東京・青山の食料品店「紀ノ国屋」であり，セルフサービスとその確立に必要な設備や仕組み，たとえば，キャッシュレジスターや陳列用商品ケース（ゴンドラ），プリパッケージなどを導入した点に特徴をもっていた。人件費が安かった当時，小売店は積極的にセルフサービスを取り入れるインセンティブをもっていなかった。しかも，レジスターの価格は非常に高く，プリパッケージに使う包装資材も十分に発達していなかった。

　こうした状況の下，日本にセルフサービスを広めるきっかけは，レジスター販売を手掛ける日本ナショナル金銭登録機（日本NCR）の営業マンによってつくられた。

　彼らは，自社製品を小売店に売り込むために積極的な普及活動を展開した。小売店の店主でさえセルフサービスを知らないのだから，消費者が知るはずもない。そこで，営業マンたちは，その方法を解説した絵を描いて店の壁に貼りつけた。客が買い物かごをとる絵，商品を選んでいる絵，かごを持ってレジに

向かう絵，そしてレジで精算を済ませる絵を順番に貼ったのである（奥住 1999：27-30）。日本 NCR が米国本社の MMM（モダン・マーチャンダイジング・メソッド，現代小売業経営法）を用いて紹介したのはセルフサービスだけでなく，低価格・高回転販売，取扱品目の拡大，多店舗化などスーパーマーケットという新しい小売業態の運営方法のすべてであった。

紀ノ国屋は先駆者ではあったが，チェーン化の道を選ばず，高額商品を取り揃える高級路線を歩んだ。しかし，1950年代後半に入ると，衣料品店で初めてセルフサービスを導入した大阪のハトヤをはじめ革新的な小売企業が相次いで登場し，セルフサービス店は1955年末の40店から1958年末には596店へと急増した（矢作 2004：235）。

その中で一歩抜きんでたのは，西武百貨店が1956年に設立した西武ストア（現・西友），中内功が1957年に大阪の千林に1号店をオープンさせた主婦の店ダイエー，伊藤雅敏が1958年に創業し1960年からセルフサービスを開始したヨーカ堂（現・イトーヨーカドー），のちに合併してジャスコ（現・イオン）となる岡田屋，フタギおよびシロである。これらの小売企業は1960年代に店舗の規模拡大と品揃えの拡充によって GMS（総合スーパー）へと発展すると同時に，多店舗化を加速し1975年には百貨店を押しのけて小売企業売上高トップ10にランクインするまでに成長した（宇田川・中村編 1999：130）。

スーパーマーケットは，1店舗当たりの規模を活かし，同じカテゴリーの商品を複数のメーカーから仕入れて陳列した。たとえば，チョコレートであれば，明治製菓や森永製菓，ロッテの各商品を隣接して並べたが，それは陳列棚という場で企業間競争が展開されることを意味した。後発の森永がハイクラウンチョコレート（1964年発売）のパッケージにたばこの箱を模したデザインを採用したり，ロッテがガーナミルクチョコレート（1964年発売）に真っ赤なパッケージを採用したりしたねらいは，消費者の視覚に直接訴えることで他社製品との差別化を図ることにあったといえる。

第 10 章　高度成長と消費社会の成立

生鮮食料品の消費と商店街の賑わい

　高度成長期にチェーン化した GMS は，本部一括仕入を通じてメーカーに対するバイイングパワーを強めることで仕入価格の引下げと安売りを実現し，消費者の支持をうけて確かに発展を遂げた。しかし，林周二に代表される流通革命論者が展望したような零細小売店の淘汰と減少という事態は起こらなかった。その要因の 1 つが，料理の際に生鮮食料品を多く利用するため，食品購買頻度が高かったことである。加えて，モータリゼーションの遅れは，主婦に近所の商店街でその日の食材を買い求める購買行動を継続させた。生鮮食料品の中でも，職人的技術を必要とし，かつプリパッケージ・システムの確立が難しかった精肉と鮮魚の販売は，とくに町の小さな肉屋と魚屋の残存をもたらした。同時に，初期のスーパーマーケットは，自社で職人を集められず，生鮮食料品部門を委託経営方式で整えるケースも多かった（橘川 1998：112-115；石井 2011：382-383）。

　生鮮食料品は鮮度劣化に伴う廃棄ロスのリスクが高く，食事のタイミングに規定されるために顧客の数が時間帯によって大きく異なる。夕方のように来客の集中する時間帯は欠品のリスクも高まる。GMS はコーヒーやバターなど「洋風化に対応した商品」やインスタント食品をはじめ，加工食品の品揃えを充実させることで，そうしたリスクを回避した。他方，新たに登場したスーパーマーケットが，商品の質や鮮度を見極めたり，適当な大きさに加工・調理したり，廃棄ロスを減らすために値下げを始めるタイミングを見極めたりする職人的技術を蓄積することは容易ではなかった。それゆえ，食品スーパーの成長はこの時期，大きく制約された。逆に，生鮮食料品の規格・標準化を十分にできなかったことが，GMS 化を促したともいえる（満薗 2015：206-210；石井 2011：378）。

　食品スーパーが鮮度管理のシステム化，インストア加工方式やロス管理の確立などによって本格的に成長軌道に乗り，生鮮食料品を扱う零細小売店の減少を引き起こすのは1980年代以降のことである（石原 1998：150-156；橘川 1998：116-118）。

Column ⑩ 貿易・為替の自由化と資本自由化

　欧米に比して競争力に劣る産業の保護・育成を目的に，日本政府は1950年代まで市場メカニズムを基調としながらも，輸入割当制や対内直接投資規制など積極的な措置を講じていた。こうした条件の下で1950年代半ばに離陸した日本経済は，産業構造を高度化しつつ輸出を拡大させていった。加えて，1955年9月のGATT加盟に伴い貿易自由化の推進が政策課題に浮上したため，政府は1960年6月，3年後の80％達成を目標とする貿易・為替自由化計画を決定して，保護貿易から自由貿易へと舵を切った。実際，輸入自由化率は1960年の41％から1962年に73％，1964年には93％へと顕著に上昇している。

　1964年4月，日本はIMF 8条国とGATT 11条国に移行し，国際収支を理由とした為替制限と輸入制限をできなくなった。同時に，OECDに加盟したことで，対内直接投資の自由化（資本自由化）が次なる政策課題としてクローズアップされた。資本自由化は，政府（通産省）が，石油化学産業の項で言及した技術導入とそれに関連したプラント新増設などの許認可権を失うことを意味した（鶴田 1984：46-50；三和・原編 2010：167-168）。そして，各方面の強い関心をよんだのは外資の脅威であった。

　資本自由化の進展状況を示した表10-3によれば，1967年7月の第1次から1971年8月の第4次にかけて，段階的に外国企業が取得できる持株率が高まっていき，1973年5月の第5次では「国内対象企業の同意がない場合は，これまでどおりの規制」を維持するという条件つきで100％自由化することになった。

表10-3　資本自由化の進展と業種数の推移

	企業の新設			既存企業の株式取得		
	非自由化	50％	100％	一外国投資家	外国投資家全体	
					非制限業種	制限業種
自由化以前	全業種			5％以下	15％以下	10％以下
第1次(1967.7)		33	17	7％以下	20％以下	15％以下
第2次(1969.3)		160	44	〃	〃	〃
第3次(1970.9)		447	77	〃	25％以下	〃
第4次(1971.8)	7	原則	228	10％未満	〃	〃
第5次(1973.5)	5		原則	条件付き100％自由化		

（注1）制限業種には銀行や電力など19業種が指定された。
（注2）第4次から50％自由化が原則となり，例外の非自由化業種を書き出す方式に変更された。
（出典）三和・原編（2010：168）より作成。

また，企業の新設の場合も，第4次の段階で50％保有は原則自由化，第5次の段階で100％保有も同様の措置をとることになった。

資本自由化は一面で日本産業の国際競争力の向上を意味したが，国内においては，外資による乗っ取りを危惧する声も小さくなかった。1961年7月に始まった株価下落，1965年の証券不況とその後の鈍い株価の回復はそうした危機感を強める要因となった。その結果，1960年代後半に住友，三菱および三井の旧財閥系企業集団（第9章参照）で株式持合いが進展しただけでなく，富士銀行と三和銀行も融資系列内で株式を相互に持ち合うようになり，それぞれ芙蓉会（1966年）と三水会（1967年）という名称で社長会を結成して企業集団を成立させた。なお，第一勧業銀行の場合，社長会の発足は1978年であったが，その母体となる第一銀行の融資系列の中核に位置した旧古河系企業と旧川崎系企業は1966年以降，合同社長会を開催していた。こうした動きの背景として，安定株主工作というねらいに加え，産業構造の重化学工業化に対応するため，取引先企業との関係強化を図る銀行の経営戦略があったことも指摘しておかなければならない（岡崎 1992：306-320）。

5　消費単位としての家族

核家族化と「団地族」

高度成長期には，就職をきっかけに多くの若者が農村から賃金の高い大都市とその周辺に移住して「単身世帯」を形成し，彼・彼女らの結婚・出産に伴って夫婦と未婚の子どもで構成される「核家族」化が進展した。三世代の同居する農村の「伝統的な家族」はこうした変化を経て，世帯数の増加をもたらし耐久消費財の受け皿となった（吉川 1997：124-125）。

このような新しい都市移住者の住居として，1955年設立の日本住宅公団（現・UR都市再生機構）は大規模な公団・公営の住宅団地を供給した。たとえば1959年，東京23区内で初となる赤羽台団地（北区）の建設に着手し，1962年に入居を開始した（図10-5）。この団地は，単身者向けの1Kから世帯用の4DKまで3,373戸を用意した「マンモス団地」であり，広大な敷地内に3つの小中

第Ⅲ部　戦後復興と現代

図10-5　赤羽台団地（1965年撮影）
（出典）原・重松（2010：105）。

学校と公園，商店街を配置し，時代の最先端を行く集合住宅として注目を浴びた。同公団は，若いサラリーマン家族を想定して，家族の規模と間取りを一致させた住宅供給方法である「nDKモデル」を採用したが，それは核家族の生活様式に小さくないインパクトを与えた（岩本 2010：29-32）。

　団地生活は，コンクリート製の箱型中高層住宅という外見をはじめ，台所と食堂を兼ね備えたダイニングキッチン（DK），椅子に座ってテーブルに並んだ料理を食べるという風景，銀色に輝くステンレス製の流し台，換気扇と湯沸かし器，「しゃがむ」から「腰かける」へという変化をもたらした洋式トイレ，銭湯に行かずに済む「うち風呂」，そうした洋風の生活様式を想起させるすべてが憧れの対象となり，急速に普及していった。

　団地の住居者は若かった。1960年の調査によれば，20歳台と30歳台の占める割合は，大阪の香里団地の場合，男性で30.7％と55.2％，女性で68.4％と27.0％，東京のひばりが丘団地の場合も，男性で17.7％と67.7％，女性で66.7％と30.0％となって，いずれも入居率は80〜90％に達した。また，男性に限ると高学歴のホワイトカラーが多かった。

　「団地族」とよばれた彼・彼女たちは，新しいモノに強い関心を寄せ，積極的に生活に取り入れた。たとえば，1960年の調査によると，前出の香里団地の家電普及率は電気洗濯機81.6％，白黒テレビ81.0％，電気冷蔵庫58.0％に達し，図10-3と比較して高い数値を誇った。それは，お隣さんに対する興味と関心，対抗心の表れでもあった。家電メーカーをはじめ訪問販売に訪れるセールスマ

ンは「団地をねらえ」を合言葉にしていたという。「一つの階段のどの1軒でもかまわない，1軒でもうまく売り込みさえすれば，あとは伝染病のように(中略)製品が売れてゆく。それほど売り込みに労力をついやさなくても，とにかく売れてゆくそうだ」。隣がテレビを買えば，うちも買う。隣が冷蔵庫を買えば，うちも。競って購入することで，新しくも似たような生活様式になっていく。団地住まいの不満の1つに「なにかととなり近所とのつきあいが煩わしい」と答える住人が多かったのも，こうした近隣関係に起因していた（江上 2001：68-79）。しかし，そうした心理は耐久消費財の普及を促す1つの要因として作用したのである。

「会社主義」と「モーレツ社員」

経済成長を牽引した日本企業は欧米とは異なる特徴をこの時代に有するようになった。それは，「日本的経営」あるいは「日本型企業システム」とよばれる。このうち大企業で働くヒトに注目すれば，長期雇用，年功制，企業別労働組合，内部昇進型の専門経営者が大半を占める取締役会といった要素を抽出できる。

大企業の従業員（社員）は通常，大学を卒業して入社し，仕事を覚え，実績を上げ，管理職である係長になり，同期ないし先輩・後輩との競争に勝ち抜いて課長に昇進し，より大きな実績を上げ，部長に出世し，目覚ましい成果を上げて取締役に選任される。この間，仮に順調に出世できなくても，賃金は勤続年数に応じて一定程度上昇していく。男性の平均勤続年数は1965年の7.8年から1975年には10.1年まで伸び，従業員1,000人以上の企業に勤める男性従業員の1961年の年齢別賃金は，20～24歳を100とした場合，25～29歳は147，30～34歳は205，35～39歳は246，40～49歳は285，50～59歳は296といった具合に上昇する（三和・原編 2010：177）。年齢を重ねるにつれて，結婚し，子どもが生まれ成長し，何かとお金がかかるようになるため，上記の年功型賃金は「生活給」的な性格をもつ。それゆえ，従業員にとって，長期勤続は合理的な選択となり，自発的な転職（離職）は抑制される。

一方で，賃金には職能給や職務給といった能力や仕事内容によって決まる部分，あるいは残業代のように労働時間で加味される部分もあり，かつ管理職手当も加われば，よりゆたかな生活を手にすることができるから，出世競争は激しくなる。この時代に家庭を顧みず，ひたすら"我が社"のために働くサラリーマンは「モーレツ社員」や「会社人間」とよばれた。彼らが企業成長の原動力となり，ひいては経済成長をもたらした面があることは否定できない。

専業主婦と性別役割分業

高度成長期に大企業を中心に広まった新生活運動は，夫を稼ぎ手，妻を専業主婦とする「夫婦間性別役割分業」を行う近代家族を理想として展開された。1955年に評論家の石垣綾子が発表した「主婦という第二職業論」の中で夫婦共稼ぎを主張したことをきっかけに，「主婦論争」が巻き起こり，専業主婦と働く主婦の間で論戦が繰り広げられる局面もあった。とはいえ，40年勤続雇用の夫と専業主婦の妻，2人の子どもという「世帯家族」を典型とする年金制度の実施と税制面での配偶者控除制度の創設（ともに1961年）という社会保障制度の整備は，性別役割分業に特徴づけられるサラリーマン家庭の普及を促した（田間 2015：233-236）。

「モーレツ社員」の夫を支える良妻賢母型の専業主婦は，企業にとっても望ましい存在であった。財界労務部とよばれた日本経営者団体連盟（日経連）は1964年，「女性は良き妻，良き母として家庭を生かし子女を育成し夫を活躍させてこそ，その社会的責任を果たしているといえる」との見解を示した。この文脈に社宅を位置づけると，住宅不足が顕著であった新興工業地帯に従業員を転勤させる担保であり，かつ労働力を確保する条件でもあった。さらに，企業内の地位によって場所と広さの異なる社宅の在り方は，"我が社"に対する忠誠心と勤労意欲を高める装置としても機能した（目黒・柴田 1999：68-70）。

家事労働と家電製品のインパクト

専業主婦は，家電製品をはじめ耐久消費財の購入に大きな発言権をもつこと

で，消費社会の成立に大きく貢献した。彼女たちにとって，次々に発売される新製品はまさに憧れの生活の象徴であり，「神サマ」ですらあった。1957, 58年頃に電気洗濯機を購入した芥川賞受賞作家の重兼芳子は自らの作品『女房の揺り椅子』（1984年刊行）の中で，「電気洗濯機を使ったとき」を「一生のうちで最も忘れられない感動」にあげ，「男に明治維新があるならば，女には電化という生活維新がある」と記した。洗濯に毎日3〜4時間もかかった時代である。そのとき，月賦で購入した洗濯機が届く。彼女は「ほんとうに感動してただ呆然と立ち尽くした。洗濯機の中をいつまでものぞきこみ，機械ががたがた廻りながら私の代りに洗濯してくれるのを，手を合わせて拝みたくなった」のである。洗濯機は洗濯という家事の負担を軽減しただけではない。その普及は，汚れたら洗うという「受動的な清潔衛生」から，一度着たら洗うという「能動的な清潔衛生」への意識の変化をもたらした（新谷 2010：115-117, 132）。

　同様に，家事労働に大きなインパクトを与えたのは，1957年にブームとなった電気炊飯器である。炊飯作業のために主婦は朝5時からかまどに火をおこさなければならず，睡眠不足を引き起こす原因になっていた。炊飯器に付加された自動スイッチや保温機能はそうした"苦行"から彼女たちを解放した。企業は「かまどの番から主婦を解放」「始まりは主婦たちに睡眠時間を」「スイッチひとつで簡単にご飯が炊ける」といったコピーで彼女たちの欲望をかきたてた。

　1960年代において都市部の主婦は，財布のひもを握り，食品や衣料品，白物家電の購買に決定権をもつようになっていた。こうした変化に対して，企業も彼女たちを「高度な消費者意識と消費者行動を身につけた人々と認識」し，マーケティング活動のターゲットに設定するようになった。そして女性は1970年代以降，主婦とOLという2つの異なるカテゴリーを形成しながら，消費社会の主役に躍り出るのである（マクノートン 2016：89, 92, 95, 102-103）。

職場から学校，そして学習塾へ

　経済成長はより多くの労働力を必要とし，労働市場は1950年代中頃までの就職難から過渡期を経て1960年代に求人過剰へと急速な変化をみせる。企業は当

初，いろいろな意味で未経験かつ未成熟であるがゆえに，産業ないし職業を問わず適応可能性をもつと考えて中卒者に目を向けた。ところが，高校進学率が高まりかつ技術革新が本格的に進展した1960年代に入って以降，求人先は高い理解力と個人的能力をもつと信じられた高卒者にシフトしていった。彼・彼女たちの多くは，機械や繊維などの工場で働き，産業発展の一翼を担った。そして，こうした企業の要請に応える形で，政府は高校の増設を認め，進学率を高める基盤を整えた（加瀬 1997：64, 72-73）。

実際に，高校進学率（高等学校への通信制課程（本科）への進学者を除く）は1955年の51.5％から1965年に70.7％，1973年には89.4％へと上昇した。同じ期間に大学・短期大学等への現役進学率（通信教育部を除く）も18.4％から25.4％，そして31.2％まで高まった（政府統計の窓口，学校基本調査，進学率〔昭和23年～〕）。ティーンエージャーの居場所は職場から学校へと変わっていったのである。

進学率の上昇は教育の"産業"化を促し，教育"産業"の発展が子どもの進学を促した。1933年に河合逸治が開講した河合英学塾を前身とする河合塾は1955年，愛知県から認可を受けて学校法人河合塾を設立し，各駅分校を開講して東海地方で知名度を高めた。逸治の逝去した1964年，跡を継いだ3人の兄弟は進学率の上昇に伴い高校生数の増加する中，全国規模の予備校を目指した事業展開に乗り出した。すなわち，カラー印刷の入学案内パンフレットの配布や高校訪問といった営業活動に力を入れる一方，1965年に「偏差値」を利用した「大学入試難易ランキング表」を作成し，1968年には学習指導に止まらず，ときには人生相談にも応じる「チュートリアル・システム」を導入した。1972年，全国の大手予備校と共同で全国進学情報センターを開設し，その主催による「全国統一模試」を開始，量的かつ質的に充実した情報を集め，翌年に8,000人を数える塾生のニーズに応じたサービスを提供する体制を整えた（河合塾 2009：14-21, 50-51）。進学塾は1980年代に本格化する受験戦争の中で，より重要な地位を占めるようになる。

子どもの娯楽——マンガの興隆

当然のことながら，子どもたちは勉強ばかりしていたわけではない。学校の授業のほかに自宅学習などを含めた平均「学業」時間を1965年と1973年の2時点で比較すると，小学5・6年生の場合，平日は7時間12分と6時間55分，土曜日は5時間11分と5時間06分，日曜日は2時間と2時間12分，中学生は順に8時間51分と8時間58分，7時間03分と7時間04分，3時間06分と3時間40分，高校生は同じく8時間28分と8時間13分，7時間10分と6時間24分，4時間06分と3時間51分となる。2時点間に大きな変化はなく，小学生から中学生にかけて大幅に伸びるが，中学生と高校生に大きな差はみられない。ちなみに，大学生になると大幅に減少する（日本放送協会放送世論研究所 1976：38-39）。

「学業」以上に子どもが興味を向けたのは娯楽であり，なかでもマンガは1960年代以降，日常生活に広く浸透していった。1959年に創刊された講談社の『週刊少年マガジン』（以下，『マガジン』）と小学館の『週刊少年サンデー』（以下，『サンデー』）は激しい競争を繰り広げながら，発行部数を伸ばしていった（図10-6）。トキワ荘の藤子不二雄をはじめ有名なマンガ家を『サンデー』に囲い込まれた『マガジン』は，作品の質を高めるべく，「原作・作画分離方式」を採用した。ストーリーを紡ぎ出す才能と絵を描く才能は必ずしも一致しないから，「才能の分業」をすればよい。それは，編集者が企画を立案し，その内容に適合する原作者と作画者を選んで作品を組み立てる，「編集部主導のプロデュース方式」でもあった（大野 2009：70-72）。この方式と「劇画路線」という編集方針によって，『マガジン』は『巨人の星』や『あしたのジョー』など数多くの名作を生み出し，子どもだけでなく，青年（大人）をも魅了したのである。

そして，両誌から遅れること約10年，集英社が1968年に『週刊少年ジャンプ』を創刊，紙面をマンガで埋め尽くしたり，新人マンガ家を発掘して育成したり，「読者アンケート」の結果を編集方針に反映したりして猛追を開始した（加藤 2013：265-267）。

コミック誌は，子どもたちに定期的に新しい物語を提供し，とくに人気の高い連載作品は日常会話の話題の中心に位置する。マンガは「日常的なコミュニ

第Ⅲ部　戦後復興と現代

図10-6　週刊少年マガジン
（出典）大野（2009）。

ケーションの世界」に入り込み，次第に主要なメディアとして機能するようになっていった。そして，「作品の番組化」を通じて，マンガはテレビというメディアと結びつく。民放各社は1970年代までに夕方5時から8時の時間帯に人気作品のアニメーション（アニメ）を放映するようになり，その多くで高い視聴率を稼いだ（中野 1995：297-298）。

　マンガはアニメだけでなく，そのキャラクターの商品化権を食品やお菓子，玩具，文房具，子ども服など各メーカーに許諾することで，メディアの枠を超えて広範な市場に拡散し，消費社会を彩っていくのである。

参考文献

伊丹敬之『本田宗一郎』ミネルヴァ書房，2010年。
武田晴人編『日本産業発展のダイナミズム』東京大学出版会，1995年。
辻井喬・上野千鶴子『ポスト消費社会のゆくえ』文春新書，2008年。
中内㓛『わが安売り哲学（新装版）』千倉書房，2007年。
橋本寿朗・長谷川信・宮島英昭・齊藤直『現代日本経済（第3版）』有斐閣アルマ，2011年。
間々田孝夫『消費社会論』有斐閣，2000年。
安田常雄編『社会を消費する人々──大衆消費社会の編成と変容』岩波書店，2013年。
安場安吉・猪木武徳編『日本経済史8　高度成長』岩波書店，1989年。
吉川洋『高度成長』中公文庫，2012年。
和田一夫『ものづくりを超えて──模倣からトヨタの独自性構築へ』名古屋大学出版会，2013年。

練習問題

問題 1
高度成長期の景気循環を金融政策と関連づけながら時系列的に論じてみよう。

問題 2
食生活の変化を「伝統的食品消費構造」と関連づけながら論じてみよう。

問題 3
「団地族」の特徴を消費行動の視点から論じてみよう。

(加藤健太)

第11章
貿易摩擦と「経済大国」化

―― 本章のねらい ――

日本経済は，2回のオイルショックを経て，高度経済成長期から中低成長期に入った。日本は，世界の他の先進工業国にくらべて経済の立ち直りが早く，1980年代後半には貿易収支・経常収支の黒字が拡大した。その結果として世界最大の債権国となり，GDPでもアメリカを近い将来追い抜くのではないのかといわれる「経済大国」となった。本章では，日本経済のこの劇的な変化の過程を，国際経済の大きな変化と関連づけて解説する。

1 国際経済環境の大きな変化

変動相場制度への移行

1970年代は国際経済に大きな変化がもたらされた10年だった。1971年にニクソン・ショック（金とドルの交換停止，ドルの切下げ）が起こり，続く1973年に国際通貨制度がそれまでの固定相場制度から変動相場制に移行することになった。さらに1973・74年に第1次オイルショック，1979・80年に第2次オイルショックが起こった。

第二次世界大戦後の国際経済体制は，IMF・GATT体制といわれてきた。IMF・GATT体制とは，アメリカ主導の下に創設・運営されてきた国際的な自由貿易の枠組みのことで，国際通貨基金（IMF: International Monetary Fund）と関税と貿易に関する一般協定（GATT: General Agreement on Triffs and Trade）をあわせた内容を指し，前者が自由貿易を円滑にするための各国間の

安定的な為替レートを設定し，後者が各国の貿易障害を除去する役割を担っていた。

1970年代に入ってまず，前者が大きく変更されることになった。その直接的原因は，1950年代後半から1960年代にかけて続いていたアメリカ合衆国の国際収支危機，ドル危機である。アメリカの国際収支は，1950年代後半から赤字に悩み始め，1960年代にベトナム戦争の遂行によって財政支出が増加し，いっそう赤字の度を深めた。財政支出の増加が国際収支（貿易収支）の悪化に関連するという考え方は，簡略な次のマクロ経済学の恒等式（総需要＝総供給）によってしばしば説明される。この等式は，1980年代の日米間の貿易収支不均衡問題が論じられた際にもしばしばマスコミに登場することになり，経済学ではもっともよく知られている等式であるため，簡単に説明しておこう。

総需要は，国内の需要と外国の需要からなる。したがって，
　総需要＝国内需要（民間需要＋政府需要）＋外国需要
　総需要＝（消費＋投資＋政府支出）＋（輸出－輸入）
と表現できる。一方，総供給は，
　総供給＝消費＋貯蓄＋税収入
と表現される。
　総需要＝総供給であるから，
　（消費＋投資＋政府支出）＋（輸出－輸入）＝消費＋貯蓄＋税収入
になり，変形すると，
　（輸出－輸入）＝（貯蓄－投資）＋（税収入－政府支出）
になり，つまり，
　貿易収支（経常収支）＝貯蓄・投資ギャップ＋財政収支
という等式が成立する。

貯蓄・投資ギャップを所与と考えると，財政収支の赤字化は貿易収支の赤字化につながる可能性が示唆される。経済学入門やマクロ経済学の入門的テキス

トで必ず説明されている等式なので，読者の方は一度確認しておいてほしい。

　アメリカの財政赤字拡大は，貯蓄投資ギャップの黒字化（貯蓄率の上昇か投資の抑制）がなければ，貿易収支の赤字と関係する。アメリカの貿易収支が赤字になると，外国のドル残高が増加する。もちろん，世界各国が経済発展の途上にあるときはアメリカから資本の提供を受けなければならないから，資本借入を返済するためにドル残高を必要とする。したがって，ドルが第二次世界大戦後の一定期間，世界に散布されることは必要なことでもあった。しかし，ドル残高が世界各国にあまりに多く積み上げられることによって，ドル過剰状態が表面化することになった。ドル過剰が一定水準を超えると（「多くの人々がドルに信用を失くしている」と大方が予想したとき），ドル不安は表面化する。実際，ドルに信用を置かなくなった人たちがドルを金に交換することによって，アメリカから金の流出が増加するという現象が生じてきた。

　第二次世界大戦後に国際間の貿易取引・決済に広く使用され，また各国の対外準備資産として保有されてきたドル（基軸通貨としてのドル）が，1960年代の後半から徐々にその信認を失っていくことになった。その危機の頂点でとられた策が1971年の金ドル交換停止であり，ドルの切下げであった。ドル切下げによって危機は一時的に回避されたようにみえたが，根本的な解決策とはならず，1973年に先進各国は，固定相場制度を放棄し，変動相場制度に移行した。以後，先進各国が固定相場制度に復帰することなく，変動相場制度が現在まで続いている。変動相場制度への移行は，為替レートの変動というリスクに対応するためのさまざまな金融技術を生み出していくことになった。これがほぼ同時期から進んだ情報技術の発展と相まって，1980・90年代における金融のグローバリゼーションを準備することになった。

オイルショック

　オイルショックは，1973年（第1次）と1979年（第2次）に始まった原油の供給制限と原油価格の高騰，そしてそれによる世界経済の混乱を指している。

　第1次オイルショックは，1973年10月6日に第四次中東戦争が勃発したこと

を受け，同年10月16日に，石油輸出国機構（OPEC）加盟国のうちペルシア湾岸の6カ国が，原油公示価格を1バレル（＝159リットル）当たり3.01ドルから5.12ドルへの70％の引上げを発表したことに始まる。アラブ石油輸出国機構（OAPEC）は，10月17日に原油生産の段階的削減を決定し，さらに10月20日以降，イスラエルが占領地から撤退するまでイスラエル支持国（アメリカやオランダなど）への経済制裁（石油禁輸）を決定した。加えて12月23日に，OPEC加盟国のうちペルシア湾岸の6カ国が，1974年1月より原油価格を1バレル当たり5.12ドルから11.65ドルへ引き上げると決定した。すなわち，原油価格が約4倍に引き上げられるとともに石油の輸出禁止措置がとられたのである。

　第2次オイルショックは，1979年1～2月のイラン革命により親米的なパーレビ王朝が崩壊しイランでの石油生産が中断したこと，また1980年にイラン・イラク戦争が本格化して中東で緊張が高まったことなどを主な理由として，1976年以降比較的落ち着いていた原油価格が1980年に再度急騰することによって始まった。1979年1月に1バレル当たり13ドルであった原油価格は，1980年8月に30ドル台へ上昇した（日本銀行国際局 1989：168）。

　石油は，いわゆるエネルギー革命の中で石炭に代わる最大のエネルギー源になっているだけでなく，先進工業国の主要産業であった石油化学工業の基礎原料でもあったから，その価格が1970年代の10年間に約10倍上昇したことで，世界経済に大きな混乱が生じた。1970年代初頭にインフレーション傾向が強まっていた先進国経済は，石油危機によりインフレーションと不況の共存するスタグフレーションに突入し，1971年のニクソン・ショックと合わさって，第二次世界大戦後の世界経済の成長体制に混乱をきたした。スタグフレーションは，経済史的に新しい側面を持っており，既存の経済学は新たな展開を要請された。

　OPEC諸国の国際収支黒字は1973年には10億ドルであったが，1974年には約700億ドルにまで急増し，発展途上国向けの民間銀行貸付額は1970年の30億ドルから1980年の250億ドルにまで増加した。国際金融市場ではオイルダラーが無視できない存在になった。他方，工業化による投資（投資資金は海外からの借入）で対外債務を膨張させていた南米やアフリカなどの発展途上国は，石油

輸入コストの急上昇から債務返済を滞らせることになり，国際金融上の障害になった。このように2度の石油危機によって，世界のマネーフローが従来とは大きく変化した。

このような事態に対応するために，フランスのジスカール・デスタン大統領が発案して，1975年に第1次石油危機以降の経済回復を主たる議題とした第1回先進6カ国首脳会議（サミット）がフランスのランブイエ城で開催された。現在まで続く先進国首脳会議の幕開けであった。このように，1970年代のオイルショックはその後の世界経済のさまざまな現象の幕開けを告げるものでもあった。

レーガノミクスと対外不均衡の拡大

1970年代の世界経済の大きな混乱と変化を乗り越えながら，1980年代の世界経済，とくに先進国経済は，1982年を底にして着実な成長を続けた。この過程で多くの主要先進国は，行財政改革や，公営企業の民営化などの民間資金の導入を図り，いわゆる「大きな政府」から「小さな政府」への転換を目指した。アメリカ合衆国においては，1982年の不況からの脱出過程で，減税と財政支出が拡大し続ける結果となり，1980年代末まで景気刺激的な財政政策がとられたため，財政赤字の累積が進んだ。また，金融政策については，1970年代末から1980年代初頭にかけて，インフレーションを抑制するために，金融引締め政策が実行された（いわゆる高金利政策）。この拡張的な財政政策と金融引締め政策をあわせてレーガノミクスとよぶ。財政赤字の拡大は貿易赤字の拡大につながったが（いわゆる「双子の赤字」），他方で高金利政策によって海外からアメリカに資金が流入することになり，貿易赤字の拡大が補填されることになった。結果的に，下落していたドルは逆に上昇し，諸外国の通貨はドルに対して相対的に安価になり，世界各国からアメリカへの輸出が拡大した。潜在的なドル不安はあれど，高金利政策によってアメリカへの資金流入が続いている限りは，アメリカの国際収支危機，ドル不安は一時的に回避された。

しかし，主要先進国間の対外不均衡は拡大した。主要先進国の経常収支の対

名目GNP比率の推移をみると，1980年には日本が-1.0％，アメリカ合衆国0.0％，旧西ドイツが-1.7％であったが，1986年に日本が4.2％，1987年にアメリカ合衆国が-3.6％，1989年にドイツが4.6％に拡大し，それぞれピークに達している（通商産業省編 1991：9）。

このような対外不均衡の拡大は，国際金融・資本市場における不安定性の要因となるだけでなく，赤字国の保護貿易主義を引き起こし，貿易摩擦を激化させ，自由で多角的な貿易体制を通じての世界経済の発展を妨げうる脅威となった。

2　日本の産業発展と構造変化

高度成長の終焉

1970年代初めの日本では，ニクソン・ショックによる円高不況対策として金融緩和政策がとられている途中にオイルショックが発生したことで，結果的に金融緩和政策を長引かせることになった。また当時列島改造ブームによる地価急騰で急速なインフレーションが生じていたところにオイルショックが重なり，便乗値上げが相次いだことなどによって，インフレーションが加速した。1974年に消費者物価指数は23％上昇し，「狂乱物価」という造語が生まれた。インフレーション抑制のために公定歩合の引上げが行われ，企業の設備投資などを抑制する政策がとられた。

日本政府はオイルショックに対応するために，1973年11月16日，石油緊急対策要綱を閣議決定し，「総需要抑制策」を採った。ニクソン・ショックによる円高不況下に発生したオイルショックによって，日本の消費は一層低迷し，大型公共事業が凍結，縮小されることになった。この結果，1974年には-1.2％という第二次大戦後初めてのマイナス成長を経験し，高度経済成長は終わりを告げた。

1979年の第2次オイルショックによって，日本経済は再度，不況状態に陥った。1979年，80年に物価は高騰し，国際収支は再度大幅な赤字となった。「石

油に弱い」円レートが危機の発生によって切り下がり，これが輸入額を増加にさせたからである。しかし，円レートの切下げはやがて輸出の増加を反映して落ち着き，1981年には経常収支は黒字を回復した。景気動向をみると，第１次石油危機時に比べて，景気の落ち込みはそれほど大きなものではなかったが，

図11-1　オイルショックでトイレットペーパーが不足するといううわさから店頭に殺到した市民

その後の景気の回復もきわめて緩やかであった。

　実質経済成長率でみると，1960年代から1970年代の初めにかけて上下動はあるものの高度経済成長が持続し，1974年をきっかけに低成長に転じている。石油危機前の10年間の実質経済成長率の平均が9.3％であったのに対し，石油危機後の10年間のそれは3.6％であり，成長率は半減以上に落ち込んだことが分かる。日本だけでなくアメリカ合衆国，旧西ドイツなどでも，先進工業国の経済成長率はことごとく低減した。

1970～1980年代前半における産業の発展

　産業革命以降の世界経済史を振り返ったとき，それぞれの時代には，経済発展を牽引する基軸産業が存在していたことがわかる。たとえば，19世紀にはイギリスの綿工業であり，19世紀末から20世紀にかけてはドイツの鉄鋼業が基軸産業となり，続いてアメリカの自動車産業，コンピュータ産業が挙げられる。基軸産業の成熟化と新産業の勃興・発展によって，経済発展は新しいステップに進んできた。

　1970年代の日本についても同様のことがいえる。重厚長大産業から軽薄短小産業へ，経済の情報化・ソフト化といわれたものがそれである。1970年代の産業構造の変化の中核となったのがコンピュータ産業の発展であり，1970年代後

半の日本の輸出競争力を支えた主な要素は,このような産業の情報化であった。1970年代の製造業の構造変化は電気機械・輸送機械において著しく,電気機械部門,とくにコンピュータ関連部門において生産の伸びが目立った(通商産業省編 1984:101)。

このような産業構造の転換によって,日本の経済パフォーマンスが良好になるとともに,国際競争力を生み出したのであった。そして,この傾向は1980年代にいっそう明確になる。

こうした産業構造の急速な変化に日本経済がきわめて迅速に対応できた要因の1つとして「日本的経営」が挙げられる。「日本的経営」が指すものは,労使関係から経営者の経営スタンスまで広範囲に及ぶ。国際競争の点からみてとくに重要なことは,年功序列賃金,終身雇用制,企業別組合などによって代表される労働者の企業帰属意識の強い労使関係である。この労使関係は従来から重要視されていたものの,以前は日本社会の前近代性の象徴と考えられることが多かった。しかし,日本が1970年代の経済危機を短期間のうちに乗り切ったことから,日本経済の強靱さの基盤として世界経済から注目されるようになったのである。日本的労使関係の特徴は,経営者の経営スタンスに対して労働者が従順であるということである。このため,日本の各国通貨建て単位賃金コスト上昇率は先進国の中でもかなり低く収まった。この傾向は1973～1982年にかけていっそう拍車がかかり,当時みられた円相場の上昇をも相殺しきるほどであった(通商産業省編 1984:306)。いわゆる日本的経営は,国際競争力の強化に貢献したといえるが,その一方で,「兎小屋」と酷評されたような先進国の中で最低水準の住宅事情や社会資本整備の遅れといった,大衆の生活の「貧しさ」を生み出す原因にもなったのである。

貿易面の変化

1970年代から1980年代前半にかけての輸出入額は,多少の変動はあるものの増加傾向を示している。輸出依存度は第1次石油危機以降いちだんと上昇し,それまで下降傾向にあった輸入依存度も大きく上昇した。輸入依存度の上昇の

原因は，基本的に原油価格の高騰による。経済成長における内需・外需の寄与度については，高度経済成長期には内需の寄与度が圧倒的であり，外需は不況期にはプラス要因として働いたが全体的にはマイナス要因であった。ところが，外需は第1次石油危機以降1980年代前半にかけて経済成長を支えることとなった。したがって日本経済にとって1970年代は，貿易黒字国への転換期，また対米貿易黒字の定着・拡大期であり，外需が経済成長に寄与し始めた時期にあたる。

このような外需の寄与度の高い成長をかなえた大きな原因の1つに，レーガノミクスが挙げられる。レーガノミクスは，高金利と減税を中心とした税制改革を2つの柱としていたが，前出のように，「双子の赤字」をもたらした。レーガノミクスの実行過程で，とくに1983年以降アメリカ合衆国経済が立ち直り，日本の輸出が急増した。

世界貿易に占める日米両国のシェアは，アメリカが輸出のシェアを落としたのに対して，日本は輸出で着実にシェアを伸ばした。1970年代に日本の貿易拡大がアメリカを中心とする先進工業諸国から注視され，貿易摩擦のターゲットにされる素地ができつつあったといえる。

貿易の商品構成，市場構成の変化には以下のような特徴があった。輸出商品構成では，1960年代に代表的輸出商品であった繊維製品は構成比を下げ，それに代わって鉄鋼が主要輸出品になった。しかし，鉄鋼は1970年代後半に主要輸出品の地位から後退し，自動車・電気機械類が1970年代末〜1980年代の中心輸出商品になる。短期間のうちに輸出主力商品が高度化し，交代した。また，輸入商品構成は，次のような特徴が示される。2度の石油危機によって原油を中心とした鉱物性燃料が20.7％（1970年）から49.8％（1980年）に増加した反面，繊維原料，機械機器類などは，輸出主力商品の交替のために減少が著しい。

輸出市場については，1960〜1970年にかけてアメリカを中心として先進国の地位が高まり，東南アジアのウェイトが下がったが，1980年になるとアメリカの割合は減少している。輸入市場では，1960〜1980年で商品構成の変化を反映して西アジア（中東産油国）のウェイトが大きく上昇し，その影響でアメリカ

第Ⅲ部　戦後復興と現代

―― **Column ⑪　日本的経営の評価** ――――――――――――――――――――
　1992年に当時ソニー会長で経団連副会長であった盛田昭夫は,「〈日本型経営〉が危ない」という論文を『文藝春秋』1992年2月特別号に寄稿した。そこでは,いわゆる日本的経営のマイナス面を次のように語っている。日本企業は,シェア拡大を至上命令として,国内で横並び一線の熾烈な競争を行い,低販売価格を設定し,その価格でやっていくために適正な利益やコストを効率の犠牲として削っている。効率の犠牲になっているものには,長時間労働,低労働分配率,低配当性向,部品メーカーへのしわ寄せ,地域社会への貢献の消極性,環境保護・省資源対策の不十分さなどがあると。この論文は当時大きな話題になったが,20年以上たった現在でも,その主要な論点には目をみはる内容が含まれている。
――――――――――――――――――――――――――――――――――

などの先進国を中心にしてその他の地域がシェアを低下させている。

　1970年代の日本経済にとって外生的に生じたオイルショックを契機に,日本は輸入市場を拡大させた産油国へ輸出を増加させただけでなく,アメリカ合衆国,西ヨーロッパなど先進国に対して輸入を拡大することなく輸出を増大させ,後者は1980年代に激化する貿易摩擦の底流になった。

3　貿易摩擦とプラザ合意

貿易摩擦の原因

　1970年代の日本の産業・貿易構造の急速な転換は,通商面でもさまざまな問題を引き起こした。とりわけ重要なのが,貿易摩擦の激化である。戦後の貿易摩擦の始まりは,1950年代末から60年代の繊維製品をめぐる紛争に遡ることができる。この紛争自体は1972年の日米繊維協定によって一応決着がつけられたが,その後新たな貿易摩擦商品が次々と登場し,しかも繊維,鉄鋼,テレビ,自動車というように高度化していったのである。

　このような摩擦商品の変化は,日本の産業構造の急速な変化を反映した主力輸出商品の高度化の結果でもあった。それと同時に,貿易摩擦の日本的特質として,特定輸出商品の突出とアメリカを中心とする輸出市場の集中に注意して

おく必要がある。これは他の先進国に例をみない特徴であり，たとえば旧西ドイツと比較しても輸出の突出度，輸入の極少度は著しく，輸出地域集中度指数も他の先進国を大きく上回っていた。

　さらに，貿易摩擦がとくに日米の問題として取り上げられる背景に，アメリカ合衆国の世界経済における地位の低下があることも見逃せない。1970年代末のアメリカの対日輸出品目の上位を占めるのが，とうもろこし，石炭，大豆などといった1次産品であり，日本の主要輸出商品が自動車，鉄鋼製品，VTRなどの工業製品であって，「データから見る限り，米国は先進国に原料を供給する発展途上国の観がある」（米国下院歳入委員会貿易小委員会 1980：15）とまで指摘されるようになった。

　アメリカの日本に対する反発の度合は高まり，日本製品の輸入急増→アメリカの反発→通商交渉→アメリカ側の市場開放要求，日本側の輸出自主規制というパターンを繰り返した。

　さらにレーガノミクスの実行過程で，1983年以降アメリカ経済が立ち直り，日本の輸出が急増し，日本の経常収支の黒字幅は大きく拡大したが，日本経済は外需寄与度の高い経済成長を続けていたため，外需寄与の伸びが対外不均衡を拡大させ，貿易摩擦はより深刻化した。1980年代後半から1990年代になると，貿易摩擦の問題の中心が特定の商品（産業）をめぐることから貿易収支黒字問題に移り，経済構造自体が問題視されるようになった。

　1970～1980年代前半の貿易摩擦問題と円レートの変化は，日本企業の対外活動にも大きな影響を与えた。1970年代初頭までの日本企業の対外直接投資は，対先進国（対アメリカが中心）は商業・金融投資，対発展途上国（対アジアが中心）は製造業投資（軽工業中心）および資源投資というふうに特徴づけることができたが，1980年代にこのパターンが崩れていく。対アメリカ投資では，商業・金融・保険に対する比重は大きいとはいえ比率を下げ，代わって電機，鉄・非鉄などの重工業を中心にした製造業が増加した。繊維など軽工業中心であった東アジアの新興工業国に対しても，重化学工業，商業・金融・保険などの分野の比重が大きくなり，資源投資中心のASEAN諸国においても化学，

鉄・非鉄部門などへ投資の重心が移った（通商産業省 1986：179-202)。

プラザ合意と円高の進行

　ドル高を維持してきたアメリカのレーガン政権は1985年になってその態度を変え，ドル安を容認する。いわゆる「プラザ合意」をきっかけに円高・ドル安が進行し，1985年9月に1ドル＝240円であった円レートは1988年初めには120円になったのである。わずか2年ほどの間に100％もの大幅な上昇がみられた（図11-2）。

　この為替レートの変更は日本経済にきわめて大きな影響を与えた。これほどの急激な為替レートの上昇は日本経済史上初めてのことである。最初に現れたのは「円高不況」であった。ドル建て輸出価格の上昇によって輸出数量は減少し，輸出産業は打撃を受け，景気は低迷した。1986年度の鉱工業生産指数は前年度を0.2％下回り，経済成長率は4.5％から2.7％に低下した。だが，産業への影響は業種によって著しく異なっていた。輸出を行わず輸入依存度のきわめて高い電力産業などでは業績は好転し，一方で輸出比率が高く原燃料の輸入依存度の低い機械産業などでは業績の悪化は著しかった。全体としては，輸入面での円高差益が十分に日本経済に還元されたとはいえなかったために，日本経済に不況色が濃かった。

　当時の経済企画庁が1988年1月に発表した円高差益の試算額は，1985年10月から1987年12月までの2年3カ月の期間で，29兆4,500億円になっている。計算は以下のように行われた。企業が円高になる前の1年間と同じペースで輸入したとすると，それに対する支払い額は，円高のおかげで前より少なくなっている。この節約額を円高差益とみなすのである。このような方法で計算された円高差益の内訳は，原油関係（原油安と円高）が11兆7,100億円，原油以外の輸入品の円高差益が18兆2,100億円である。これらのうち，販売価格の引下げによって買い手の企業や消費者に還元された金額は，20兆5,100億円であり，還元率は69.6％にすぎなかったとされた（『日本経済新聞』1988年1月30日付)。

　他方，貿易面で，輸出数量は減少したけれども，ドル建て輸出価格は上昇し

第 11 章　貿易摩擦と「経済大国」化

たため輸出金額は増加し、いわゆるJカーブ効果が現れた。Jカーブ効果とは、為替レートの変化が貿易収支に及ぼす影響のことである。たとえば、日本の輸出が円建て、輸入が外貨建て（ドル建て）で行われていると仮

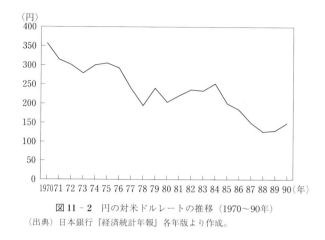

図 11 - 2　円の対米ドルレートの推移（1970〜90年）
（出典）日本銀行『経済統計年報』各年版より作成。

定すると、為替レートが円安になったとき、輸出数量と輸入数量はすぐには変化しないので、短期的には輸入支払い額は増加し輸出受取り額は外貨（ドル）で計算すれば減少するため貿易収支が悪化する。しかし貿易収支は、時間の経過とともに改善されるようになる。この現象を横軸に時間の経過、縦軸に貿易収支のグラフに描くと、「J」という字になるので、Jカーブ効果とよばれる。逆に、円高の場合、貿易収支はJカーブの逆の形を描くことになるので、「逆Jカーブ効果」とよばれる。

また、輸入数量は増加したが、石油価格が低迷したこともあって輸入金額は減少した。その結果、貿易収支の黒字幅は円高にもかかわらずかえって拡大し、1986年に13兆2,990億円と市場最高額になったのである。

円高不況後の日本経済

プラザ合意は、1985年にニューヨークのプラザ・ホテルで行われた会議の合意のため、そうよばれる。ドル高からドル安への転換を秘密裏に先進5カ国蔵相・中央銀行総裁で合意し、そのための市場介入政策を同時に実施すること決定した。合意とその遵守は市場に大きな影響を与え、合意通りにドル高是正が進み、国際経済協調政策が成功した珍しい例になった。当時、大蔵大臣であっ

表11-1 貿易額の推移
(単位:億円,100万ドル)

年	円建て		ドル建て	
	輸出額	輸入額	輸出額	輸入額
1970	69,544	67,972	19,318	18,881
1971	83,928	69,100	24,019	19,712
1972	88,061	72,290	28,591	23,471
1973	100,314	104,044	36,930	38,314
1974	162,079	180,764	55,536	62,110
1975	165,453	171,700	55,753	57,863
1976	199,346	192,292	67,225	64,799
1977	216,481	191,318	80,495	70,809
1978	205,558	167,276	97,543	79,343
1979	225,315	242,454	103,032	110,672
1980	293,825	319,953	129,807	140,528
1981	334,690	314,641	152,030	143,290
1982	344,325	326,563	138,831	131,931
1983	349,093	300,148	146,927	126,393
1984	403,253	323,211	170,114	136,503
1985	419,557	310,849	175,638	129,539
1986	352,897	215,507	209,151	126,408
1987	333,152	217,369	339,221	149,515
1988	339,392	240,063	264,917	187,354
1989	378,225	289,786	275,175	210,847
1990	414,569	338,552	286,948	234,799

(出典) 通商産業省『通商白書(各論編)』各年版より作成。

た竹下登の回顧によれば,彼の積極的・自発的な円切上げの申し出(1ドル=210円〜220円,10%以上の円切り上げ)によって,この会議がスムーズに進行した。

1980年代前半の時期に,レーガノミクスによるドル高円安効果を受けて,日本の経常収支の黒字幅は大幅に拡大していたが,プラザ合意以降事態は急変し,急速な円高が円高不況を引き起こし,外需は経済成長を牽引する力を失った。ところが,活発な設備投資,急速な産業構造の転換によって日本経済は円高不況を乗り切り,景気上昇を開始したのであった。円高不況に対する政府の経済政策の詳細は次章のバブル経済に関する部分で述べるが,1987年頃より日本経済は新たな成長軌道を歩み始める。経済成長率は1987年5.2%,1988年5.1%と5%を上回り,しかもその経済成長への寄与は内需が大きく,内需主導型の経済成長がみられた。

内需の中でも,民間需要,とりわけ民間最終消費支出と民間住宅投資の寄与度が大きかった。前者は,1986年度より1989年度まで,2.2%,2.4%,3.2%,2.4%となっており,後者も,1986年度0.5%,1987年度1.3%となった。このような民間需要の堅調な伸びは民間企業の設備投資を誘発する。消費の増加はより高級な商品に対する需要となり,これが新しい設備投資を生んだのである。また,円高の進行による国際競争条件の不利化は,企業に生産性の向上,新分野への進出,国内市場への転換,海外進出などの対策を迫ったが,これらはい

第 11 章 貿易摩擦と「経済大国」化

> **Column ⑫　プラザ合意**
>
> プラザ合意については，バブル崩壊後にさまざまな評価がなされることになった。プラザ合意を起点とする円高不況対策が，バブル形成につながり，バブル景気とその崩壊，失われた20年とよばれる長期経済低迷の原因になったと考えることもできる。当時の大蔵大臣・竹下登が1996年2月3日に放映されたNHKスペシャルの中で，自分の積極的かつ自発的な円高容認発言が，欧米の政策担当者を驚かせ，それが会議をスムーズに進める要因になったと証言している。自国の通貨高は輸出減退につながるから，それを積極的に容認することはあまり前例のないことである。当時の中曽根康弘首相，竹下登大蔵大臣，澄田智日銀総裁らによって決断されたこの政策は，日本がアメリカの貿易赤字解消のために対米妥協をしたとの解釈は有力であるが，明らかにされなければならないのは，妥協せざるを得なかった理由であり，妥協で生じる国内問題の処理に対する確信の根拠であろう。

ずれも新しい設備投資を必要とした。その結果，民間企業の設備投資の寄与度は，1987年1.4％，1988年2.8％，1989年2.6％と高かった。

設備投資中心の内需主導型経済成長の過程で，消費需要は高級化，多様化が進み，他方，企業は円高による経済環境の変化に対応するため，情報化の利用，製品の高付加価値化などの対策を進め，いっそうの高度技術の導入を図っている。それらがまた設備投資の急増をもたらしている。製造業で進められた設備投資は，多様化する消費者や企業のニーズに的確に対応するために，コンピュータを多面的に活用した多品種少量生産が可能なFMS（フレキシブル生産システム），CAD/CAM（コンピュータによる設計・生産）の導入の方向に進み，また，生産工程を販売や流通と結びつけるためのLAN（構内情報通信網）の構築が進められた。このようなコンピュータ化は，商業におけるPOS（販売時点情報管理）システムの導入，金融や運輸でのオンライン・システムなど第3次産業でも活発に進められた。

さらに政府の内需拡大策についても言及しておかなければならない。政府は1987年に緊急経済対策として公共事業の追加など5兆円を上回る財政措置を決め，政府の固定資本形成の寄与は0.6％となり，景気をさらに引き上げた。

4 「経済大国」日本

1990年前後の対外経済構造

　1980年代前半，ドル高円安の影響で日本からアメリカへの輸出が大きく拡大し，また1970年代に高騰していた原油価格もその後の需給緩和から低下したため，日本の輸入金額の増加は抑えられることになった。この結果，貿易収支，経常収支の黒字が拡大し，1981年の経常収支黒字は59億ドルで，GNPの0.5％となったが，その後増加を続け，1986年には同比の4.2％にまで達した。経常収支黒字の大きさ（対外不均衡の拡大）は，1980年代の貿易摩擦問題の重要な焦点になる。とくに対米貿易黒字が大きな問題点としてクローズアップされた。これについては次項でふれる。

　このような経常収支黒字の主因であったドル高は，1985年のプラザ合意によってドル安に転じ，日本経済に大きな打撃を与えたが，ドル建てでみた輸出額には影響を与えなかった。1985年の1,756億ドルが1988年に2,869億ドルと63.4％増加しており，円建てでみた金額，42兆円→41.4兆円の減少と対比される。円高の進行を考えても，輸出量に変化がなかったことがわかる。主力輸出商品は，オイルショックに伴うエネルギー価格の高騰を契機に，鉄鋼などの素材型製品から自動車をはじめとした加工組立型の製品に変化し，1990年に輸出商品に占める重化学工業品の比率は87.3％，なかでも機械機器類（VTR，IC，コンピュータなど）は75.0％に達している。地域別にみると，アメリカへの輸出が1980年代に入って大幅に比重を高め，それ以外では東南アジア諸国への輸出が増加した。

　一方，輸入は1980年代半ば以降大きく変化した。原油価格の低下によって鉱物性燃料の比重が低下し，製品の比重が高くなったのである。高度経済成長の過程で製品輸入割合はしだいに上昇していたが，それがオイルショックによって中断されてきた。ゆるやかな経済構造の変化に加えて，プラザ合意以降の急速な円高に伴って輸入品価格が低下するなかで，価格の変化にもっとも反応し

やすい製品輸入が増加し，輸入に占める製品輸入の割合は1990年に47.6％と，約半分を占めるようになった。地域別の構成でも，原油価格の低迷で中東の比重が低下し，代わって東南アジア諸国からの製品輸入が増加した。

日米構造問題協議

1989年のアルシュサミットの際の日米首脳会談において開催が決定された日米構造問題協議（SII: Structual Impediments Initiative）は，同年9月に第1回会合が開かれた後，1990年4月5日に中間報告が発表され，6月28日に最終報告がまとまった。この会議の目的は，対外不均衡是正に向けてのマクロ経済政策協調を補完し，日米両国で貿易と国際収支の調整の上で障壁となっている構造問題を相互に指摘し，改善すべき問題を解決することであった。つまり，これまでの貿易摩擦の協議のケースと異なり，一産業の摩擦から協議という一方通行でなく，経済構造全体に関わる双方交通である点に目新しさがあった。

この日米構造問題協議のなかで，アメリカ側は貯蓄・投資パターン，土地利用，流通，排他的取引慣行，系列関係，価格メカニズムの6項目を対日指摘事項として取り上げ，日本側はアメリカの構造問題として，貯蓄・投資パターン，企業の投資活動と生産力，企業ビヘイビア，政府規制，R&D，輸出振興，労働力訓練の7項目を指摘した。したがって，これは日米間の経済構造，すなわち競争のルールを調整し，できるだけ統一を図るという意味合いが強く含まれていたといえる。

アメリカがそもそも日米構造問題協議を強く求めた背景は，次の4つの利害が絡み合っていたとされる。第一は，日本市場への進出を考える「産業界」である。具体的なターゲットは，日本市場における規制であり，たとえば大規模小売店舗法であった。第二は，アメリカ合衆国の「政策当局」である。「政策当局」はホワイトハウスと議会という，相対立する2つのグループから成り立っており，この緊張関係の結果がアメリカ合衆国側の要求となる。とくに日米構造問題協議については，スーパー301条を発動させたい議会と，保護主義的勢力を抑え，ウルグアイ・ラウンドを成功させたいホワイトハウスが生み出し

た戦略である。第三には、国民の世論、これを代表するジャーナリズムである。つまり、現状のまま放置しておけば、「日本型の貧困」がアメリカに輸出され、国民の生活を直接脅かす可能性があるから、国民は対日強硬姿勢をとる政府にサポートを与えたのである。第四の利害グループは経済の専門家である。彼らは日本の構造調整が対外不均衡是正にどの程度の効果を持っているか疑問視しているが、日本の構造調整による、国際的波及効果（アジア太平洋地域の経済成長）を重要視している（竹中 1991：287-288）。

　日本政府は、日米構造問題協議の最終報告を受けて、1990年度の公共投資を一般会計、財政投融資で大きく増加させ、大店法について出店調整処理手続きの円滑化などを目的とした運用適正化措置を1990年の5月に実施し、出店調整処理期間の1年以内への短縮、輸入品の売り場拡大などを図るための大店法改正法案を同年5月8日に成立させた。また、公正取引委員会は「流通・取引慣行に関する独占禁止法上の指針」の原案を公表し、さらにカルテルに対する抑止効果を強化するための独占禁止法が1990年4月19日に成立した。

　大店法の改正は、アメリカ合衆国の企業や外国企業にとってプラスとして働くだけでなく、日本の巨大スーパーマーケットにとっても有利に作用し、中小小売業者が困難に直面するという点が危惧されたが、他方で消費者は多様で安価な商品を得られるという消費者利益も強調された。

金融自由化と国際化

　第二次世界大戦後の日本の金融制度は、金利規制、業務分野規制、内外市場分断規制の3つの規制を柱とする規制的金融制度であった。このような規制的金融制度のうち、1973年の為替相場制度の変動相場制への移行を契機とする資本移動の自由化の促進によって、まず内外市場を分断する規制が崩れていった。

　続くオイルショック後の日本経済の低成長への移行によって生じた経済構造の変化は、規制的金融制度を崩壊させる国内的要因を生み出した。金融の「国債化」の進展、個人ならびに企業の金利選好の高まり、企業の資金調達における直接金融方式へのシフトなどである。金融の「国債化」とは、大量の赤字国

債の発行によって形成された国債の流通市場の拡大のことを指し，これとの対抗上，銀行は借り手に有利な自由金利商品を提供することを求められたのである。また，日本経済の金融資産が増加したことによって，株式・社債の発行という直接金融方式の資金調達コストが低下した。その結果，企業は銀行からの借入れという間接金融方式から直接金融方式に資金調達方法を変更したのであった。

さらに重要なことは，1980年代以降の経常収支黒字の累積である。経常収支黒字の累積は対外投資の増加になるので，日本の資金が外国で活発に運用されることになり，そのことは逆に外国の資金の日本への取入れの積極化にもつながったのである。

このような内外事情を背景に，1984年5月，「日米円・ドル委員会報告書」と大蔵省「金融の自由化および円の国際化についての現状と展望」によって金利の自由化と業務の自由化を2つの柱とする金融自由化が宣言され，同時に金融の国際化が進められた。

金利の自由化は，資金需給に金利決定を委ねようとするものであり，1979年5月の譲渡性預金（CD）の導入以来，1985年3月の市場連動型預金（MMC，最低預入れ額5,000万円），同年10月の10億円以上の定期預金の金利自由化，1989年10月の1,000万円以上の大口定期預金の金利自由化と段階的に進められてきた。業務の自由化は，普通・信託，銀行・証券といった業務分野別規制をとる専門金融機関制度を撤廃し，とくに銀行と証券の間の垣根を取り払おうとするものである。専門金融機関制度は，1950年代前半に確立されたもので，戦後の経済復興・高度成長期には，限られた資金を効率・安定的に供給し経済発展に大きく寄与した。しかし，ヨーロッパでは各金融機関が本体だけですべての業務を行えるユニヴァーサル・バンキングが，アメリカでは大手銀行がその持株会社を通して証券会社を設立したり，逆に証券会社が顧客に信用供与をしたりし始めていた。このような変化の中で，日本だけが業務分野別規制にこだわれば，金融機関の国際競争力は維持できないのは明らかであった。

金融の自由化が進行することは，必然的に，国際金融業務の増大，日本およ

び外国の金融機関が相手国に進出し現地の金融・資本市場の利用を拡大すること，そして国際取引における円の使用と保有の増大という金融の国際化につながらざるをえない。

　こうした金融の自由化・国際化はどのような影響を日本経済に与えたのであろうか。第一に，国内・外国における金融・資本市場の活発な資金の交流によって，国内の預金・貸出両面の金利自由化が促進されることになった。このことは，個人・企業のコスト意識を高め，国内の金融自由化をいっそう促進することになった。第二に，相手国への進出の進展によって相互の金融・資本市場の制度的相違点がより明らかになり，市場制度の調整が進められた。第三に，対外資産の保有の増大は新たなリスク（為替リスク・金利リスク）を生じさせるから，その回避手段として新しい金融技術が開発され，このことがさらに新しい金融取引を生み出し，金融の国際化をさらに促進した。これらの金融技術の開発は諸刃の剣にもなり，次章の最後でふれるリーマンショックの要因の１つになる。さらに，金融の国際化は，金融機関の間で競争を激化させるから，金融機関の淘汰・整理をもたらすうえ，一国の金融政策の有効性に影響を与え，攪乱要因ともなりうるのであった。

新たな経済局面へ

　日本経済は，1970年代のニクソンショック，オイルショックという国際経済環境の激変に対応し，高度成長こそ諦めざるをえなくなっていたものの，欧米先進工業国よりは高い成長率を実現した。さらに1980年代前半はレーガノミクスによる円安という外的要因によって外需依存型の成長を実現した。その後，1985年のプラザ合意による円高不況を比較的早い期間で脱し，内外ともに新たな経済状況に直面しつつ，バブル経済期を迎えることになる。

参考文献

奥和義『日本貿易の発展と構造』関西大学出版部，2012年。
経済企画庁『経済白書』各年版。

小宮隆太郎『現代日本経済――マクロ的展開と国際経済関係』東京大学出版会，1988年。
杉山伸也『日本経済史』岩波書店，2012年。
竹中平蔵『日米摩擦の経済学』日本経済新聞社，1991年。
通商産業省『通商白書』各年版。
中村隆英『日本経済――その成長と構造（第3版）』東京大学出版会，1993年。
日本銀行国際局『日本経済を中心とする国際比較統計（1989年版）』日本銀行，1989年。
橋本寿朗『日本経済論』ミネルヴァ書房，1991年。
橋本寿朗・長谷川信・宮島英昭・齋藤直『現代日本経済（第3版）』有斐閣，2011年。
米国下院歳入委員会貿易小委員会，日本貿易振興会訳『米国議会の対日貿易分析――第2次ジョーンズ・レポート』日本貿易振興会，1980年。
三和良一『概説日本経済史（第2版）』東京大学出版会，2007年。

練習問題

問題1
貿易摩擦の原因と対策について論じてみよう。

問題2
日本の「経済大国」化の要因と限界を論じてみよう。

問題3
プラザ合意の意味と限界を論じてみよう。

（奥　和義）

第12章
バブル経済とその後

―― 本章のねらい ――

　1980年代後半から日本経済は大きな変動期に入った。1985年は第11章でふれたプラザ合意が行われた年であり，それによって急速な円高の幕が開かれた。この円高は日本経済にとって国際経済条件を大きく変更するものとなり，国内の長期にわたる金融緩和や製造業の海外進出の活発化などの経済現象をもたらす契機となった。またこの頃に，高成長から低成長への成長率の下方屈折が起こった，「準戦時・戦時体制型」経済体制あるいは「発展途上国型」成長パターンから変化・脱却すべきである，あるいは「高齢化社会」が到来する，などといった日本の国内経済構造の変質がさまざまな表現によって指摘されるようになった。さらに，情報通信技術の著しい発展，オプション，デリバティブなどに代表される複雑な金融技術の開発によって，国際金融市場は激変し，国際経済も大きな構造変動期を迎えた。本章では，1980年代後半から現代に至る日本経済の推移とその国際経済における特質を説明する。

1　国際環境

経済のグローバル化の象徴としての金融のグローバル化

　1970年代後半以降，国際経済は新たな局面に入り，それが1980年代後半以降に全面的に開花する。一言でいうなら，グローバル経済の展開である。東欧革命による社会主義経済の市場経済への復帰，中国の改革・開放路線の定着，東アジアの新興工業国の急速な発展，情報通信技術の急速な発展，新しい金融技術の革新などが経済のグローバル化をもたらしてきた。

経済のグローバル化は，モノ，カネ，ヒトなどさまざまな局面でみられるが，1992年のポンド暴落，1997年のアジア通貨危機，1998年半ばのロシア経済危機，2007年・2008年のリーマンショックなどに示されるように，金融のグローバル化がもっとも象徴的であった。たとえば，1986年の世界全体の財・サービスの貿易取引と貿易外取引を合計した実需取引合計額は約4兆ドルであるのに対して，外国為替取引額はその約12倍にも達していた。さらに，1990年代に続発した通貨危機においてヘッジファンドといった投機資金が主役を演じたことをみても，世界経済を揺り動かす力は実需取引でなく金融取引に変化してきたことがわかる（奥　2012：183-184）。

　このように1970年代後半以降，国際経済を動かしてきた金融取引の拡大は，1980年代にアメリカにおいて金融の自由化を進めた。1983年10月1日から実施された金利自由化は，自由金利商品を登場させ，銀行と証券会社の差を縮小し，弱小金融機関を淘汰した。日本でも1985年を境に金利自由化が急速に進行すると同時に，それ以外にも，1984年6月に円転換規制が撤廃され，また1993年施行された金融制度改革法によって金融業務規制が撤廃された。

　金融の自由化は規制撤廃の側面だけが強調されるが，規制金利の経済から自由金利の経済にフレーム・ワークが変化すると，銀行にとってのリスク管理システムも変化せざるをえない。金融の自由化以前は，アメリカのレギュレーションQ，日本の護送船団方式などがリスク管理システムとして有名であったが，金融の自由化以後は，新しいリスク管理方法，たとえば金融機関の自己責任原則を強調し，国際的な統一基準を設定して最低限の自己責任の厳守を各金融機関に課すことなどに取って代わった。この典型例の1つが，BIS規制（BIS: Bank for International Settlements，国際決済銀行）である。これはバーゼル合意ともいわれ，G10諸国を対象に，自己資本比率の算出方法（融資などの信用リスクのみを対象とする）や，自己資本比率の最低基準（8％以上）などを定めたものである。自己資本比率8％を達成できない銀行は，国際業務から事実上の撤退を余儀なくされる。

WTO 体制の成立

　国際金融面における激変とともに，国際貿易の制度的変化もまた重要である。これは1995年のWTO（World Trade Organization，世界貿易機関）設立に結実する。WTOの前身であるGATTの機能のうちもっとも注目すべき点は多国間交渉の機能であった。ある一定の期間に多数の国が一堂に会して関税率の引下げ交渉を行うため，きわめて効率的に関税交渉を進めることができた。貿易交渉は，交渉が停止したドーハ・ラウンド交渉（2001年11月にスタート）を加えると，計9回行われている。

　GATTの最恵国待遇の原則によって，2国間で成立した関税率引下げの合意は他のすべてのメンバー国に適用されるため，過去8回の交渉過程で主要国の関税負担率が大幅に引き下げられたことによって，世界貿易額が急拡大した。

　しかし資本主義各国の経済復興と発展は，かつて絶対的優位を誇ってきたアメリカ経済を揺るがし，また1980年代後半以降の社会主義体制崩壊の連鎖は対抗軸としての資本主義体制の統一性をかえって失わせることになり，資本主義国間の競争の激化を引き起こした。第11章でふれたように，オイルショック後のヨーロッパ経済の低迷はヨーロッパの地域主義，EC（現在のEUの前身）の形成を促進した。GATTで例外とされた先進国農業の保護は農産物輸出競争を生む一方，農業保護コストの増加は低成長下の先進国財政に大きな負担となった。

　ウルグアイ・ラウンドは，1986年9月15～20日にウルグアイのプンタ・デル・エステで行われたGATT閣僚会議において，新ラウンド開始のための閣僚宣言が採択されたことに始まる。これを主導したのはアメリカであった。

　アメリカ政府の通商政策はホワイトハウスと議会の対抗関係の産物であり，アメリカの経済的優位性が崩れるにつれて，ホワイトハウスは自由貿易政策を維持することが困難な状況になってきた。1970年代以後，ホワイトハウスと議会は緊張関係を増し，GATT交渉にもそれが反映される。アメリカ政府は議会対策，対国内政治のために，新たな成果を求められていた。

　アメリカ議会は保護主義，管理貿易主義への傾斜を強め，「スーパー301条」

「スペシャル301条」(1988年包括通商・競争力法：The Omnibus Trade and Competitiveness Act of 1988 の第1302条と第1303条で，通商代表部に強大な権限を与え，かつ報復主義を課した。これは当然 GATT の相互主義に反する。また多くの諸国がアメリカの報復を恐れながら対アメリカ交渉に臨むことになる) などを決定した。議会の強い保護圧力に，新自由主義の理想をかかげる行政府は対抗しなければならなかった。アメリカ政府が自由貿易政策を継続するためには，それがアメリカ経済にとってプラスであることをアメリカ国民に理解できる形で示す必要があった。

そのために，①アメリカがもっとも強い競争力をもっているサービス貿易の分野のルールづくりを行うこと (ルールが確立されればアメリカが最大の利益を受ける。しかもサービス貿易は世界貿易に占める割合が上昇しており，ルールの整備を求めることには合理的な理由がある)，②多国籍企業のグローバルな活動を妨げる貿易関連投資措置 (TRIM: Trade-Related Investment Measures) を改革し，企業の自由な活動を保障すること，③知的財産権に関する国際制度 (TRIPS: Trade-Related Aspects of Intellectual Property Rights) を確立しアメリカの知的所有権を守ること (サービス貿易と同じように，アメリカにとって比較優位の序列の最上位にある分野で，自由貿易の利益を最大限に享受できる)，④ECの巨額の輸出補助金によって損害を受けているアメリカ農業を守ること (そのため，これまで「聖域」とされてきた農業分野を GATT 交渉の俎上に載せること)，⑤アメリカ産業の競争力が十分に発揮できないようにしてきた世界各国の非関税障壁を取り除くこと，そして⑥これらの「改善」を世界各国に法的に強制できるようにするためのGATT の機能を強化することが求められた。アメリカによるウルグアイ・ラウンドの開始要請は，同国産業の利害の反映であると同時に，アメリカ政府と議会の対抗関係の所産でもあった。

ウルグアイ・ラウンドの開始に際しては，ヨーロッパ，日本，発展途上国それぞれに反対する強い要素があったにもかかわらず，アメリカの保護主義への傾斜が，最終的にそれら諸国・地域を交渉のテーブルにつかせた。

交渉は難航をきわめたが，1991年末に出された GATT 事務局長案をたたき

台にし，ようやく1993年12月に合意され，ラウンド開始から7年余りたった1994年4月にモロッコのマラケシュで合意案の調印に至る。これが，「世界貿易機関を設立するマラケシュ協定」であり，多角的貿易交渉の枠組みとなる正式な国際機関の設立が合意された。それは，WTOの組織，加盟，意思決定などに関する一般的条項からなる本体と，モノ，サービス貿易，知的財産権，そして，紛争解決手続きなどに関しての実体規定部分が盛り込まれた膨大な付属書によって構成されている。いくつかの例外や継続した審議事項は残っていたが，グローバル化に伴った貿易制度が整えられた。とくに，サービス貿易，知的財産権，紛争処理制度，投資の自由化などについてのルールが確立されたことは，それまでと異なる大きな変化であった。

地域経済圏の形成

　WTO成立と並行して，とくに1990年代以降，先進国，途上国を問わず地域統合は増加・拡大の一途を辿ってきた。経済産業省の『不公正貿易報告書2011』によれば，2009年で，EU（European Union: 欧州連合）においては，EU加盟国内の域内取引が輸出67％，輸入65％となり，NAFTA（North American Free Trade Agreement: 北米自由貿易協定）はそれぞれ48％，33％，ASEAN（Association of South-East Asian Nations: 東南アジア諸国連合）はそれぞれ25％，25％などとなっている。

　制度的に，自由貿易協定は，域外に対して障壁を高めないことや，域内での障壁を実質上すべての貿易で撤廃することなどの一定の要件を満たすことを条件に，WTOで最恵国待遇の原則の例外として認めている。

　ヨーロッパでは，国際政治経済の状況変化および欧州各国の国内情勢との複合によって，経済統合が1960年代に急速に前進し，1970〜1980年代前半まで停滞，1980年代後半以降に再加速した。EUの前身であるEC（さらにその前身のEEC）の文書に示されたように，アメリカと日本の巨大な経済力と効率的に競争できない状態にある分断市場を統合することで，人口三億数千万人の単一欧州市場を形成し，生産・研究開発で規模の経済を実現し，すべてのヨーロッパ

企業が不必要な重複する規制から解放され，ヨーロッパ内の人も自分の技量を完全に発揮し，機会を利用できる欧州内の他の場所に自由に移動できるようにすることが求められてきた。つまり，EU 形成は，EU 構成国の経済的停滞という内的要因と，アメリカ・日本の経済成長と安定，両国の対ヨーロッパ貿易，投資拡大という外的圧力によって促進されてきた。

政治的に紆余曲折はあったものの，着実に欧州統合は進展し，1991年末のオランダのマーストリヒトで開かれた欧州理事会で欧州同盟（EU）条約が合意され，1992年2月に調印される。この条約によって，EC の通貨統合，経済統合，政治統合が推進され，国家主権の一部を超国家機関に譲り渡す歴史的道筋が定められた。この後，EU は政治的に拡張を続けたが，経済的には，金融面が統合されても財政面が国ごとに異なっているという矛盾がリーマンショック以降に顕在化し，統合の障壁として立ちはだかることになる。

アメリカでは，安全保障政策とのリンケージが求められた対外経済政策が，通商政策であった。ブッシュ政権（ジョージ・W・ブッシュ）は，クリントン政権と同じ競争的自由化戦略を掲げ，積極的な自由貿易協定（FTA）締結交渉を行った。競争的自由化戦略とは，WTO，地域主義，二国間協定といった多様な方法を通じて「貿易自由化」を促進し，「市場経済」と「民主主義」のグローバルな拡大を目指すものであった。「市場経済」と「民主主義」のグローバルな拡大は，アメリカの安全保障の確保にも役立つとされ，安全保障政策と通商政策のリンケージが強調されたのである。それ以外にも，世界各国で地域貿易協定の交渉・締結が広範に進んでいる。日本では，TPP（Trans-Pacific Strategic Economic Partnership Agreement: 環太平洋経済連携協定）が有名であるが，それを含めて，自由貿易協定については後述する。

2　バブルの形成と崩壊

経済成長率の推移と経済構造の変化

1985年以降の経済成長率の推移を概観すると，1980年代に入って3～4％程

度の低成長，1987～1990年にかけて5～6％程度となり，バブル崩壊の1991年～現在にかけてはほとんどの年で1～2％あるいはマイナス成長となる。第11章で示したように，1980年代前半は外需主導型の成長，1986～1991年は内需主導型の成長，設備投資の拡大，1991年以降は公的需要が経済成長を支えたことがわかる。1996年以降は，内需，外需とも不振になり経済停滞が続いた。この間，経済構造の変化がみられ，生産構造・就業構造において第1次産業は落ち込み，第2次産業も停滞し，第3次産業のみが拡大するという経済のサービス化とソフト化が進行した。日本経済の産業構造の変化は，経済のサービス化が進みつつも，製造業を中心とした変化が進行したことに特徴がある。ソフト化，サービス化の中心産業は非製造業であることが多いが，日本の場合，『経済白書』『通商白書』などによれば，1990年代に製造業部門の生産性上昇に対して非製造業部門の生産性上昇が相対的に遅れ，また上昇率は低い。

　日本経済はもう1つ別の経済構造の変化も抱えていた。日本の老年人口（65歳以上人口）の全人口に占める割合は，1995年に14.5％に達し，高齢社会の一つの基準とされる14％水準を超えるようになった。しかも，出生率と死亡率の低下速度が西欧諸国に比較して急速であったから，人口高齢化のスピードはきわめて速く，老年人口割合が7％から14％になるためにかかった所要年数は日本が24年であり，他の先進諸国はその3～4倍の年数がかかっている。高齢社会の到来は，社会保障費の拡大という財政赤字問題と就業者人口の減少という労働力供給不足問題を引き起こす。これらは21世紀に表面化した。

バブルの形成

　経済成長率の変化と需要サイドからみた経済成長要因の特徴から，1980年代以降の日本経済はいくつかの時期に分けることができる。この変化に深く関係したのが，いわゆる「バブル」の発生と崩壊である。

　1980年代後半に「バブル（泡）」といわれる大投機が発生した。何をもってバブルというのか必ずしも明確な定義はないが，一般的にはバブルとは，経済のファンダメンタルズ（経済成長率，金利，インフレ率など経済的基礎要因）で説

明できる以上に株や土地といった資産の価格が上昇する状況を指すと考えられる。ただし野口悠紀雄はバブルを「現実の資産価格のうち，ファンダメンタルズで説明できない部分」と定義し，「バブル」を曖昧な概念でなく，経済理論上は正確な規定がなされているとしている（野口 1992：57）。

日本のバブルの生成は，1985年9月のプラザ合意を起点とする。図12-1に株価や地価の動きをみると，株価，地価は1986年に入って急騰を開始し，多少の変動はあるが，基調として1990年半ばまでほぼ4年間にわたって上昇を続けた。株価（日経平均株価）は1986年1月の約1万3,000円から1989年末に約3万9,000円までおよそ3倍になった。消費者物価指数や卸売物価指数はともに安定的に推移したにもかかわらず，株価と地価は明らかに異常な動きを示した。

なぜ株価と地価という資産価格が急に高騰したのであろうか。まず金利の動きに注意する必要がある。公定歩合は，1986年1月から1987年2月にかけて立て続けに5回引き下げられ，5％からちょうど半分の2.5％になった。また，この時期に円高ドル安を緩和するために日本銀行がドルを買い支えたために，通貨供給量は伸びを続けた。このような金融緩和政策が株価，地価の急上昇の1つの主要な原因である。

それでは1986～1987年にかけてなぜ金融緩和政策が持続されたのであろうか。これについては国際的要因と国内的要因に分けて考えることができる。1985年当時の日本経済の焦眉の課題は，国内的には円高不況の克服，国際的にはドル暴落を協調して回避することにあった（奥 2012：198）。

1985年9月のプラザ合意以降，円高の急速な進行によって日本経済は国内的には「円高不況」の克服が課題であった。プラザ合意はドル高を是正することに成功したけれども，図12-2によって示されるように，ドル暴落・円高騰は止まることがなかった。このドル暴落に対して，1987年2月にパリでG7（G5にカナダ，イタリアを加えた先進7カ国蔵相・中央銀行総裁会議）が開始され，「為替相場を当面の水準の周辺に安定させるため緊密に協力する」という「ルーブル合意」が得られたが，ドル暴落に歯止めはかからなかったのである。国際協調の意義と限界は，第11章でも書いた通りである。

第 **12** 章　バブル経済とその後

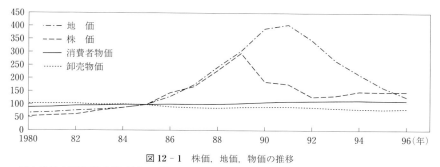

図 12-1　株価，地価，物価の推移

(注) 株価は日経平均株価 (東証225種)，地価は6大商業地価格指数，消費者物価指数は全国総合消費者物価指数，卸売物価は総合卸売物価指数。
(出典) 日本銀行 (1996)，橋本・長谷川・宮島・斉藤 (2011：220)。

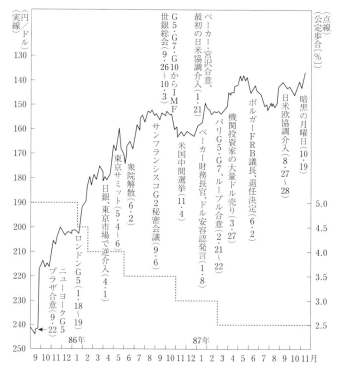

図 12-2　円レートの動き (東京外国為替市場) と公定歩合の動き
(出典) 宮崎 (1992：117)。

289

日本は，ルーブル合意に基づいてドル暴落を避けることも要請されていた。1987年のハイパワードマネー残高の変化額2兆8,007億円のうち，外国為替資金に起因するハイパワードマネーの増加額は実に5兆4,273億円にも上っているのである（小川・北坂 1998：44）。つまり，ドルの価値安定という国際協調政策が優先されたために，国内の金融政策が制約されたわけである。

金利引下げは，国内的には企業の投資活動を活発化させるから，円高不況の緩和に役立つ。それと同時に，金利引下げは日米の金利差を拡大させ，金利の高いアメリカに資金移動を促進するから，ドルの下落を防止する効果がある。国内不況の緩和，ドル暴落の防止という2つの理由から，公定歩合は1986年1月から87年2月にかけて立て続けに5回も引き下げられたわけである。その後，公定歩合は1989年5月まで2.5％に据え置かれた。

不況対策と国際協調政策としての金融緩和政策だけがバブルの発生に重要であったのではない。第11章でふれた日本の金融市場の自由化・国際化も重要な役割を果たしている。金融自由化の進行とともに東京が国際金融センターとして注目を集め，東京圏の土地収益率の上昇期待から東京圏の商業地地価が高騰し始める。また金融の自由化は，資金調達手段の多様化をもたらし，大企業にはエクイティ・ファイナンスなどコストの低い資金調達手段を選択させ，他方それによって有力な貸出先を失った銀行は地価上昇による担保価値の高まりもあって，中小企業，そして個人に融資を拡大させた。銀行の貸出先がこれまで情報蓄積のない中小企業や家計にシフトするにつれて，土地を担保とした貸出体制が重視され，地価の高騰がそれに拍車をかけたのである。銀行はバブル期に不動産業への貸出残高を2.6倍増加させ，その間の貸出残高増加率は年々2桁を示した。他方，製造業への貸出残高はほとんど変化していない。しかし，十分な審査を欠いた貸出しが地価の暴落によって不良債権化し，深刻な「平成不況」につながった。また，金利自由化が急速に進行したため，借入れを行って資金を金融資産で運用すれば，資産・負債の両建て取引で利鞘を稼ぐことも一時的に可能になっていた。1987年9月から1990年12月までの全国銀行の譲渡性預金平均金利が貸出約定平均金利を0.15〜1.46％上回っていた（小川・北坂

1998：47-48)。

さらに，株価や地価の上昇それ自体が株価や地価を押し上げるという，自己増殖メカニズムが働いたことも重要である。株価を例にとれば，株価の上昇期待→株価上昇→エクイティ・ファイナンス増加→企業の株式運用増加→株価上昇というメカニズムが働いた。このメカニズムは，株価や地価といった資産価値の上昇期待が反転して下落予想に取って代わると，景気の後退が深刻化するという危険性をはらんでいる。

バブルの崩壊

歴史上のバブル現象はすべて崩壊してきた。低水準の続いた公定歩合は1989年5月に引き上げられ，その後1990年までに続けて3回引き上げられた。この金融政策の変更は1989年中は市場から無視された形になったが，1990年に入ると状況は一変し，株価の崩落が始まる。株式，債券，円が揃って値下がり傾向を強めた。これは「トリプル安」とよばれたが，なかでも株式の下落が著しかった。金利は着実に上昇し，市場の心理は逆転し，その結果すべてがバブル形成時と逆に回転し始めた。エクイティ・ファイナンスは急速に縮小し，資産・負債の両建て取引による財テクも続かなくなる。地価が頭打ちになると，投機目的の土地取引は回転せず，土地投機と株投機に走った企業は行き詰まる。バブルの崩壊である。株価は1991年から1992年にかけて最高値の半分に落ち込み，株式の売買高も急速に減った。土地の取引も急速に縮小し，やがて地価も横這いから下落に転じた（奥 2012：201)。

あまりに急速な資産価格の低下と実体経済の後退に対応して，金融政策は1991年7月より再び緩和政策に転換する。同年末には公定歩合の第3次引下げと不動産関連融資総量規制の解除という重要な政策転換が行われた。しかし，この政策転換は「第一義的目的は，マクロ経済への配慮というより，金融機関や不動産業の救済措置であったと考えざるを得ない」（野口 1992：171)であろう。

バブル崩壊の影響はさまざまな局面に波及した。もっとも重要な影響は金

> ── **Column ⑬　繰り返されるバブル** ──
>
> 　バブルは，歴史的に繰り返されてきた現象であり，古くは17世紀にオランダのチューリップの球根に家一軒の値段がつけられたこともあった。18世紀のイギリスの南海会社泡沫事件，1920年代におけるアメリカの株式市場の熱狂なども有名である。歴史的に著名なバブルの事例は，アメリカの経済学者ガルブレイスの著書，『バブルの物語』に詳しい。
>
> 　1987年から2006年までアメリカのFRB議長であったグリーンスパンは，日本のバブルの形成，崩壊を研究して，アメリカの株式市場がバブルを起こさないように，また急速な株価下落を生じないように，注意深く金融政策を実行した。彼は，一時期，マエストロ（巨匠）とよばれて名声をほしいままにしたが，2001年から金利を歴史的な低水準におく政策をとったことが，住宅バブルの一因となり，2007年に始まるサブプライムローン問題，2008年のリーマンショックの遠因にあたるとみなされることもある。

融・資本市場の機能低下である。新株発行による増資は極端に縮小した。また，国際業務を展開している銀行はBISで決められている自己資本基準8％をクリアしないと国際業務に大きな制約を受けるが，もともと自己資本比率の低い日本の銀行は，株価低迷によって自己資本比率がさらに低くなり，株価の一層の下落は貸出し抑制につながざるを得ない。いわゆる「貸渋り」が発生した。

　さらに深刻な影響は不良債権問題であった。金融機関の不良債権とは，経営が破綻（倒産など）した企業への貸付金で回収が不能になったものや，経営不振に陥っている企業に対する貸付金で金利の支払いが6カ月以上停止されているものを通常いう。これに金利減免先を含めると不良債権がさらに膨らむことになる。1993年3月期決算で，全国銀行協会の統一開示基準に基づいて銀行ごとに情報開示されたが，都市銀行，長期信用銀行，信託銀行21行合計で12兆3,700億円とされ，3年間で処理されるとしていた。しかし，5年後の1998年3月期決算では都市銀行など19行合計で50兆2,340億円と逆に4倍に増加した。

　実体経済にもバブルの形成と崩壊は強い影響を与えた。一般にストックの蓄積が進むと，資産価格の変動が経済活動に大きな影響を与えるようになる。その結果，次のような見方が生じた。1980年代後半の消費拡大・設備投資拡大は

株価・地価の上昇の恩恵であり（資産効果），逆に資産価格の下落は実体経済の後退を加速化し（逆資産効果），構造的な不況をもたらすというものである。

3　課題に直面した日本経済

規制緩和

　第2節でみたように，1990年代の日本経済の成長鈍化は，はなはだしい。これはバブルの形成・崩壊による側面とともに，日本の外生的経済システム（経済的規制）と内生的システム（企業システム）が，世界経済の環境変化に必ずしも適合しなくなったためであると考えられるようになった。1970～1980年代にかけて日本経済の高い経済的パフォーマンスを支え，発展途上国経済の優れたモデルとして注目を集めた政府と民間の密接な関係が，批判の対象となった。さらに，継続的な経済成長を前提したときに合理的であったメインバンク，株式の相互持合，長期的雇用システムといった企業間関係が，制度疲労を起こしているとまで指摘されるようになった。個々の制度は時間の経過とともに制度的補完性（青木・奥野編 1996：第Ⅱ部）を帯びてくるため，企業間関係の変化はより難しいものになる。

　政府と民間の従来の関係に対する批判は，「規制緩和」に代表される。1980年代に提案されていた規制緩和，民営化路線は，国鉄の分割民営化，日本電電公社の民営化，行財政改革など一定の成果を実現してきたが，1990年代に急速に進展した。この理由は，第一に第11章で扱ったアメリカからの規制緩和要求であった。日米構造問題協議を契機として，1990年5月以来，大規模小売店舗法の改正が進み，流通業の仕組みが変わった。

　第二に，1993年以降にみられた再度の円高進行は内外価格差を拡大させ，電力・ガス，運輸，通信などの非貿易財部門の規制緩和が政府の緊急課題とされるようになったことである。1955年以来の自民党の一党支配に代わって非自民8党派連立内閣として成立した細川内閣（1993年）およびその後の村山内閣（1994年）の下で，住宅・土地，情報・通信，輸入促進・流通，金融・証券保険

を4重点分野として規制緩和策が打ち出された。1995年3月には,「規制緩和推進計画」が閣議決定され,その後の円高進行の中で計画が前倒しされるとともに,1996～1997年に改訂され,規制緩和項目は2,823項目に達した。

　規制緩和が進展したのは,アメリカ,ヨーロッパなどの対外要求だけではなく,国内において製造業を中心に推進勢力が形成されたこと,余剰電力の外販を求めるといった被規制産業内からの強い要求,通信・放送などの技術革新が著しく従来の規制の体系と衝突したことなどが挙げられる。

不良債権問題と金融システム不安

　1990年代になると,バブルの崩壊,グローバリゼーションの中で,金融システムの効率性・安定性の低下が顕在化し,金融制度改革が新たな局面に入った。1996年11月に橋本首相が,Free（市場原理の働く自由な市場）,Fair（透明で信頼できる市場）,Global（国際的で時代を先取りできる市場）を3原則とする改革案を提示してから,金融の規制緩和が強力に推進されることになった（「日本版ビッグバン」構想）。

　金融ビッグバン構想の中心は,金融機関の業態別分野規制の見直しである。1992年の金融制度改革法により銀行と証券の相互参入が認められていたが,1997年度から全面的な業務範囲の見直しが開始され,独占禁止法第9条の持株会社禁止規定の撤廃,有価証券取引に関する手数料の自由化など金融部門の各種規制が一気に撤廃されようとした。この改革が提案されたのは,1990年代に入って日本の金融システムが次の深刻な問題に直面したからである。バブルの負の遺産処理,国内の経済構造の変化に対する金融システムの不適合,金融の空洞化,金融機関の国際競争力の低下である。

　不良債権の累積は著しく,当初,1993年1月に設置された共同債権買取機構による処理は順調に進まず,バブル崩壊が,金融システムの安定性と金融部門の規律の再設計という問題を提起していた。高度経済成長期の金融機関のメカニズムは,護送船団方式によって金融機関に利益を保証する代わりに,金融機関のモラルハザードは大蔵省（現在の財務省）の規制によって律するという構

造を持っていた。しかし，金融の自由化は，金融機関の利益を縮小させ，大蔵省から従来の規制手段を奪い，金融機関のコーポレートガバナンスに空白を生じさせた。金融制度改革は，金融機関間の競争によって経営の規律を働かせると同時に，金融持株会社の設立によって株主＝持株会社が傘下の子会社をモニタリングするという新しいシステムを創出した。さらに日銀法の改正や金融監督庁の新設は，金融機関経営を考査して，金融システムの安定と日本の金融市場の透明性を高める意図があった。

対外経済構造の変化

貿易構造では，輸出については機械機器類のシェアが1990年代に全輸出額の4分の3を占め，機械部品を中心とした生産・資本財輸出のシェアの増加が著しい。輸入面では1980年代の後半から石油などの鉱物性燃料のシェア低下が著しく，対照的に消費財・資本財のシェアが上昇した。製品のシェアは1997年では輸入額のほぼ6割を占めるようになり，日系企業の海外進出と関係した機械機器類の輸入が増加している。地域別構成の変化を見ると，輸出入両方でアジア市場へのシフトが起こり，1980年代に高まっていたアジアとの連携の深まりが1990年代に加速化した。これにより，日本の貿易構造を長く特徴づけていた加工貿易パターンが水平貿易パターンに変化したことが示される。

国際収支では，貿易・サービス収支は黒字基調が持続していた。所得収支は黒字が続いており，その黒字幅は拡大している。これは，長期資本投資の果実が実り始めたことを意味している。移民の海外送金や援助などを示す経常移転収支は赤字（海外への資金移動）を続けているが，貿易・サービス収支の大幅黒字と所得収支の黒字によってそれはカバーされ，3者を合計した経常収支は黒字を保っている。資本収支は赤字が継続（資本流出）しているが，1992年の12兆9,000億円の赤字をピークに1996年まで赤字幅は減少してきた。1997年は一転赤字幅を大幅に増加させている。長期資本の流出の内容は証券投資と製造業の直接投資によるところが大きい。このように貿易収支の黒字によって資本を世界に供給している対外経済構造がみてとれる。

1980年代後半から1990年代の日本の国際収支は，巨額の貿易収支の黒字によって経常収支の黒字を維持し，それを証券投資，直接投資などの長期資本輸出にあてることで債権大国となるという構図が描ける。このことはストックベース（対外資産残高）の統計である国際貸借からも確認できる。

対外資産は1980年代に急速に増加し，2000年末で346兆円（対外負債は213兆円）になっている。この対外資産の増加は対外負債の急速な増加と並行して進んだが，対外資産の増加スピードが対外負債のそれを上回っていたため，1980年代に日本の対外資産ポジションは劇的に改善された。対外資産残高と対外負債残高の差である対外純資産残高は，2000年末に133兆円にのぼる。対外純資産残高の対GDP比では，1983年の3％から2000年には26％になり，世界第1位の「債権大国」となったのである。これは国際収支の変化でみたように，貿易収支黒字の拡大，巨額化を背景にした資本輸出の増加を原因にしていた。

4　21世紀の国際経済と日本

21世紀の国際経済の中心としてのアメリカ

1990年代後半には，アメリカにおいて，マイクロソフト，インテル，アップル，グーグル，アマゾンといった多くのハイテク巨大企業やベンチャー企業が勃興するとともに，製造業やサービス業といった他の分野においても，IT関連の設備やソフトウェアへの投資が活発に行われた。こうしたIT関連産業の勃興と投資の活発化は，財政再建の進展に伴う長期金利の低下によっても下支えされた。IT革命は，企業収益の好調さを生み出し，雇用と消費を拡大させ，アメリカ経済に経済成長と好況を継続させた。この状態は「ニューエコノミー」とよばれ，その投資資金は，アメリカ国内の貯蓄のみで満たすことができず，海外からの資金流入によって賄われた。流入した資金は株式市場へ流れ込み，投資の源泉となるとともにIT産業を中心に株価高騰を演出した。株価高騰は資産効果を発現させ，消費活動に大きな影響を与えた。消費拡大は，資金流入によるドル高と相まってさらなる輸入の増大を招き，経常収支赤字を拡大

させていった。ITバブルの崩壊をきっかけとする経済危機の発生が恐れられる中，FRBのグリーンスパン議長は，積極的な金融緩和政策で対応し，経済の落ち込みを最低限に留めたが，大量に供給された資金は新たな「バブル」の温床ともなった。アメリカ以外の国々（とくに中国や日本などアジア諸国）は対米輸出を増加させ，世界的な好況の時期が続いた。

アメリカのドル高政策は製造業を縮小させ，1980年代後半から1990年代前半にかけて産業構造において，金融・保険・不動産業等が製造業のシェアを逆転し，対事業所サービス，教育，医療といったサービス産業も大きく伸びた。ドル高政策によってアメリカへの大量の資金流入は，この1990年代に中心的な産業となった金融業の発展を支え，国内投資をファイナンスする以上の規模になり，それはアメリカの多国籍金融機関を通じて世界中へと投資され，さらに金融業の発展を促進した。

世界金融危機

アメリカの経常収支赤字の拡大は，いつまで赤字が持続可能かという問題を引き起こした。ブッシュ政権下で，金融緩和政策とも相まって，為替レートはドル安の方向に進んだが，アメリカの経常収支赤字は拡大を続け，為替レートの変動による国際収支調整メカニズムは機能しなくなった。これは，ドル安にもかかわらずアメリカ合衆国に海外からの資金流入がつづき，それによって経常収支赤字の構造が成立していたことによる。この構造はブレトンウッズ2.0あるいは新ブレトンウッズ体制論とよばれた（奥 2012：232）。

新ブレトンウッズ体制論では，中国を中心とするアジア諸国とアメリカ，西欧諸国とアメリカという2つの関係を軸として世界経済の構造を分析する。アジア諸国は，対米輸出を経済成長のカギとして重視し，自国通貨がドルに対して安くなるように為替介入を行っている。そして輸出によって得た外貨を中央銀行がアメリカ国債に投資し，外貨準備をドルで保有している。アジア諸国にとっては対米輸出による成長，アメリカは経常収支赤字のファイナンスというように相互に利益がある。これに対して西欧諸国による対米投資は，アジアの

場合とは異なり民間の金融機関によって行われている。さまざまな証券，社債，サブプライムローンから作り出された証券に対して投資が行われたのである。この投資がアメリカの個人消費と住宅バブルを支えていた。したがって，アメリカで金融危機が起こったときにその影響を直接被ることになったのである。

このような世界経済の構造下で，サブプライムローン問題（通常の住宅ローンの審査には通らないような信用の低い人向けのローンの焦げつき）がまず始まった。これは次のようなプロセスを辿った。インフレ・景気加熱を懸念したFRBが金融引締め政策へ転換（2004年）→住宅ローン金利上昇→低所得者の返済不履行（サブプライムローンは多くが変動金利）→住宅価格の下落（2006年が価格のピーク）→住宅の担保価値の下落→サブプライムローンの債務不履行が大量に発生。住宅ローンの証券化によって適切なリスク評価と管理が行われず，ずさんな融資が横行していたことも問題が激化した要因の1つであり，日本経済で起こったバブルの形成と崩壊と同じ現象がみられた。

さらに債務不履行は，サブプライムローン関連証券の価格を下落させ，その価格下落は他の証券の担保価値の信頼性への疑義を生み，最終的に投資家の不安を増幅させた。不安感の広がりは実際の証券売却につながり，証券価格が下落し，投資家たちは巨額損失を被り，金融危機が発生した。

金融危機は2008年9月の投資銀行リーマン・ブラザーズの破綻で頂点を迎えた。ブッシュ政権は，1度は議会で否決されながらも2008年緊急経済安定化法を10月に成立させ，金融機関に対する公的資金の投入によって金融危機の沈静化に乗り出した。実質GDP成長率は，2008年0％，2009年－2.6％と低迷し，失業率も2006年の4.6％から2009年には9.3％へと急速に悪化した。

このサブプライムローン問題に端を発する金融危機は，新ブレトンウッズ体制の構造をつくっていた2つのルートを通じて世界に拡散した。対米輸出に依存していたアジア諸国はアメリカ合衆国への輸出減少によって不況へと陥った（実体経済による波及）。西欧諸国は，サブプライムローン関連証券の価格が大きく下落した影響から金融機関が巨額損失を計上し，金融危機に見舞われた。

世界金融危機のさなかに就任したオバマ大統領は，世界各国と協調して景気

対策を打ち出した。財政政策は，2009年復興・再投資法に基づく総額7,870億ドルにのぼる財政支出が実行され，減税，グリーン・ニューディールとよばれた環境関連産業への投資を含む公共投資，失業対策などが行われた。金融政策は，いわゆるゼロ金利政策（金利を0％まで下げる）に加えて，FRBが金融資産を直接購入するという非伝統的金融政策も行われた。こうした財政金融政策の結果，2010年の実質GDP成長率は2.9％に回復し，経済は危機的な状態から脱することができた（奥 2012：233-235）。

失われた20年

　バブル経済が崩壊した1991年から経済的に低迷した20年間は，「失われた20年」とよばれることがある。バブル経済の崩壊によって，逆資産効果がはたらき，消費も低迷し，デフレーションになった。2002年2月から2008年2月までの6年1カ月は第14循環の景気拡大期と内閣府が確定した（「いざなみ景気」とよばれた。ただし緩やかな景気回復であり，成長率も低く，実感が伴わなかった）ことから，かつては，1990年代から2000年代初頭までの経済低迷期間を指して「失われた10年」とよばれていたが，2007年・2008年に世界金融危機が起こり，世界同時不況へ陥ったことから，バブル崩壊以後の20年を「失われた20年」とよぶようになった。

　GDP，貿易収支，通貨といった経済的な基礎的指標でも，それ以前と2010年代では，世界経済に占める地位の低下が著しい。1人当たり名目GDPは，1988～2001年まで日本はつねに世界の上位5位までに位置していたが，2009年に世界19位，2015年では27位に下降した。貿易収支も赤字が慢性化しており，貿易黒字が続いていた1990年代とは雲泥の差になっている。また日本円が国際決済に使用される割合も，前章の「経済大国」といわれていた時期とは様変わりして，2015年8月の通貨別決済シェアでは人民元2.79％，日本円2.76％になり，ドル，ユーロ，ポンド，人民元の次にくる第5番目の国際通貨になってしまった。IMFは，2015年に中国の人民元をドル，ユーロに次ぐ第三の主要通貨として承認し，日本円の地位は20年余りで急速に低下している。それら以外

にも，製造業の売上高利益率，賃金指数（現金給与総額），実質為替レート（名目為替レートを各国の物価上昇率で調整したもの）も低下し，65歳以上人口の比率は2013年には25.1％に達し，若年層の比率が低下している。

このように基礎的経済指標をみる限り，1995年頃をピークに20年余りのあいだ低下し続けており，日本が「経済大国」の位置から転落したのは明らかである。この20年を指して「失われた20年」とよぶ内実は以上の通りである。

そうすると，なぜ「失われた20年」とよばれる現象が生まれ，継続しているのか，それを解決する政策はあり得るのかということが問題になる。原因と解決策については，諸説が入り混じる。

対応策としては，アメリカのニュー・ケインジアンの経済学者を中心として1990年代後半から議論されてきたものが広く知られている。その代表であるノーベル経済学賞受賞者のポール・クルーグマンは，日本が「流動性の罠」に陥っている可能性を指摘しつつも，日本経済を回復軌道にのせるための手段として，貨幣の発行量を大幅にふやすことで民間需要増加に努めるべきと論じた。

「流動性の罠」とは，J. M. ケインズを解釈した経済学者のジョン・ヒックスがIS-LM分析を使用して説明したものであり，金利水準が異常に低いときは，貨幣と債券がほぼ完全代替となってしまうため，いくら金融緩和を行っても景気刺激策にならないという状況を指している。この状態になると，マネーサプライをいくら増やしても追加供給された貨幣は単に退蔵されるだけで，利子率は引き下がらず，民間投資や消費を刺激することができなくなる。

同じグループに属するとみなされるが，より過激な主張が，クルーグマンと同じくノーベル経済学賞受賞者のジョセフ・E. スティグリッツより提唱されている。これは，通貨発行権は中央銀行だけでなく政府も有しているから，日本政府が財政赤字を紙幣増刷によってファイナンスするべきだという提言である。いわゆる政府紙幣の発行である。これについてはインフレーションを誘発し，かえって抑制のコストがかかるという批判があるが，経済学的には理論面・実証面で根拠が乏しいと一蹴している。

また深尾京司は，「失われた20年」の構造的原因として，1990年代，2000年

代を通じて堅調な成長を続けている米国は，ICT（情報通信技術）革命によって労働生産性が飛躍したのに対し，日本ではICT投資が驚くほど少ないことを指摘し，一方で，TFP（全要素生産性）を分析すると，大企業は1990年代半ば以降，活発なR&D（研究開発）や国際化でTFPを高めていると分析している。日本経済が長期的停滞から脱するには，生産性の高い企業がシェアを拡大できるよう，新陳代謝を促すことや中小企業の生産性を高めることが必要だと指摘している。

野口悠紀雄は，1990年代以降の世界経済において，新興国の工業化，情報通信技術の革新，それによるビジネスモデルの変化などが同時に進んだと考え，先進国が目指すべき道は，開発や研究という付加価値が高い分野に特化することであり，日本型組織・制度を「1940年体制」と名付けてそれを改革することが必要であると主張する。日本的な大企業，労使関係，官民関係，金融制度など日本経済の特徴とされるさまざまな要素が，1940年頃に戦時体制の一環として導入されたとする概念であり，戦時体制や高度経済成長には有効であったが，1990年代以降の世界経済の状況下では有効でないと考えている。

自由貿易協定の広がりと日本

第1節で述べたように，WTO成立と並行して，とくに1990年代以降，先進国，途上国を問わず地域統合や自由貿易協定は増加・拡大の一途を辿っている。FTA（Free Trade Agreement，自由貿易協定）・EPA（Economic Partnership Agreement，経済連携協定）の件数は，1990年に27件にすぎなかったが，2010年7月末現在で474件までに上っている。WTOに通報されていないFTA・EPAも多いといわれている。WTOにおける多国間交渉とFTA・EPAにおける2国間交渉は，相互に補完し合うと期待されて，最恵国待遇原則の例外として認められたものであったが，現在のようにWTO交渉が難航をきわめていると（とくに1999年のシアトル閣僚会議の決裂以降），多くの国は交渉がより締結しやすいFTA・EPA交渉を中心に通商交渉を行うようになってきた。

シアトル閣僚会議以降のFTA・EPAの特徴は，関税・非関税障壁の撤廃に

第Ⅲ部　戦後復興と現代

表12-1　日本の経済連携協定の締結交渉状況（2016年8月末現在）

	相手国・地域	締結・交渉状況	発　効
締結済み （14カ国・2地域）	シンガポール	2002年 1月13日	2002年11月30日
	メキシコ	2004年 9月17日	2005年 4月 1日
	マレーシア	2005年12月13日	2006年 7月13日
	チ　リ	2007年 3月27日	2006年 9月 3日
	タ　イ	2007年 4月 3日	2007年11月 1日
	インドネシア	2007年 8月20日	2008年 7月 1日
	ブルネイ	2007年 6月18日	2008年 7月31日
	フィリピン	2006年 9月 9日	2008年12月11日
	ASEAN	2008年 4月14日	2008年12月 1日
	ベトナム	2008年12月25日	2009年10月 1日
	スイス	2009年 2月19日	2009年 9月 1日
	インド	2011年 2月16日	2011年 8月 1日
	ペルー	2010年 5月31日	2012年 3月 1日
	豪　州	2014年 7月 8日	2015年 1月15日
	モンゴル	2015年 2月10日	2015年 2月10日
	TPP	2016年 2月 8日	

（出典）外務省HPより作成。

とどまらず，投資・競争・環境・人の移動・新たな分野に関するルール作りが進んだことである。さらにEUやNAFTAといった近隣の国とだけでなく，近接しない国・地域間で結ばれることが多くなっている。これは経済的に重要な国・地域へのアクセスにあたって有利な条件確保，自国の雇用増加，協定がないことによる不利益の回避といった要因が考えられる。

日本はWTO交渉を基本としてきたが，諸外国が急速にFTA・EPA交渉に傾斜する過程で，FTA・EPA交渉を進める姿勢をとり始めている。

現在，広く知られているTPPも自由貿易協定のその1つである。TPPとは，Trans-Pacific Partnershipの略称であり，これまで，Trans-Pacific Strategic Economic Partnership Agreement（環太平洋戦略的経済連携協定）といわれてきたものである。日本では現在，「環太平洋（経済）連携協定」と一般的に訳されている。これは，環太平洋地域の国々，具体的には，アメリカ合衆国，メキシコ，チリといった南北アメリカ大陸にある国々や，日本，中国，東南アジア諸国といったアジア諸国，オーストラリア，ニュージーランドといったオセ

アニア諸国にある国々が参加した巨大な自由貿易地域をつくろうという大構想である。

　TPPは，数年前までは，一部の関係者には知られていた言葉であっても，日本国民の多くになじみのなかった言葉である。これが急に日本国内で知られるようになったのは，2010年10月1日に菅直人首相（当時）が，所信表明演説の中で，「環太平洋パートナーシップ協定への参加を検討し，アジア太平洋自由貿易圏の構築を目指します」と述べ，同月8日に，自らが設置した新成長戦略実現会議の第2回会議で，「米国，韓国，中国，ASEAN，豪州，ロシア等のアジア太平洋諸国と成長と繁栄を共有するための環境を整備するにあたっては，EPA・FTAが重要である。その一環として，環太平洋パートナーシップ協定交渉等への参加を検討し，［アジア太平洋自由貿易圏（FTAAP）］の構築を視野に入れ，APEC首脳会議までに，我が国の経済連携の基本方針を決定する」という旨の総理指示を出したことによる。一般には唐突とも感じられるような意思表明があってから，外務省，経済産業省，農林水産省など各省庁のHPで種々の試算資料が掲出され，各種経済団体，研究者の間から，賛成あるいは反対の大合唱がわき起こり，マスメディアでも広く取り上げられるようになった。

　もともとTPPは，ブルネイ，チリ，ニュージーランド，シンガポールの4カ国が参加する自由貿易協定であり，2006年5月に発効した。これは，2001年1月に発効したニュージーランドとシンガポールの自由貿易協定を基礎として，2002年チリを加えて3国間で交渉開始が合意され，2003年9月よりP3 (Pacific Three Closer Economic Partnership) として交渉が進み，2005年4月にブルネイが最終交渉に参加した。いわば，人口数も比較的少なく，主要産業も相互に競合しない国々が，FTAを結んだのである。

　これが世間の耳目を集めるのは，2008年9月，アメリカは，TPP参加に向けた交渉を行う意図があることを発表してからである。これは世界金融危機前に，アメリカの対中南米通商戦略が手詰まり状態になっていた一方，中国やインドは経済発展を続け経済力で存在感を増し，アメリカとの貿易関係も着実に

深まってきたから，その過程でアメリカの対外経済政策は，アジアにより強く向けられてきたことによる。アジア地域においてアメリカが結ぶ自由貿易協定であれば，日本が入らないわけにはいかない（韓米自由貿易協定は2007年に調印済みであった）。

混沌とする世界と日本

21世紀は激動のはじまりだった。アメリカのIT関連産業の成長，世界中からの資金流入，EUとユーロの広がり，中国，ロシア，ブラジル，インドの成長など，グローバル経済は繁栄を謳歌するように思われた。それに対して日本経済は，バブル経済の崩壊以降デフレの脱却に時間がかかり，円安による成長も一時期みられたが，停滞期が長く続いた。しかし，2008年のリーマンショック以後は，不透明な世界経済の行方など，混沌とした状況にある。

参考文献

植田和男編『世界金融・経済危機の全貌──原因・波及・政策対応』慶応義塾大学出版会，2010年。
浦田秀次郎・財務省財務総合政策研究所編『グローバル化と日本経済』勁草書房，2009年。
小川一夫・北坂真一『資産市場と景気変動』日本経済新聞社，1998年。
奥和義『日本貿易の発展と構造』関西大学出版部，2012年。
奥和義他著『グローバル・エコノミー（第3版）』有斐閣，2012年。
経済産業省（2000年以前は通商産業省）『通商白書』各年版。
経済産業省（2000年以前は通商産業省）『不公正貿易報告書』各年版。
杉山伸也『日本経済史』岩波書店，2012年。
内閣府（2000年以前は経済企画庁）『経済白書』各年版。
中村隆英『日本経済──その成長と構造（第3版）』東京大学出版会，1993年。
野口悠紀雄『バブルの経済学』日本経済新聞社，1992年。
野口悠紀雄『戦後経済史』東洋経済新報社，2015年。
橋本寿朗・長谷川信・宮島英昭・齋藤直『現代日本経済（第3版）』有斐閣，2011年。
宮崎義一『複合不況』中公新書，1992年。

三和良一『概説日本経済史（第2版）』東京大学出版会，2007年。

練習問題
問題1
バブル発生のメカニズムについて論じてみよう。

問題2
規制緩和の是非について論じてみよう。

問題3
WTOとGATTの違いを論じてみよう。

（奥　和義）

終　章
現代日本経済の課題

1　通史としての日本経済史

　本書は，近世から21世紀を迎えた現代までの日本経済を，近年の学説を取り入れつつ網羅的に概説する内容となっている。この約400年に及ぶ期間を考えれば，現在からは遠いイメージを抱いてしまいがちだが，今に伝えるメッセージは多い。本書の内容をまとめながら，現代日本を考える手がかりを探っていきたい。

2　現代日本への道筋

　第1章は，日本経済の基盤を形成した江戸時代経済の姿が描き出される。武士統一政権が樹立したことで，兵農分離が進んで，度量衡の統一や治水鉱山開発などが進んだ。こうして，城下町や港町など地方経済が活性化し，それを結ぶ海上・河川運輸が発達した。農村の生産性上昇や地方特産品奨励と相まって，全国的な市場経済が発達した。
　「黒船」4隻による開港要請に始まる江戸時代の終焉と近代化の過程を，第2章は描いていく。条約交渉では，金銀比価問題や関税問題・財政悪化問題を残したものの，居留地貿易でビジネスチャンスを得る商人も現れた。明治政府は，通貨・財政システムの近代化を目指し，殖産興業政策を推進するが，西南戦争がもたらしたインフレーションの解決に迫られるなど，混迷と模索の時代

であった。

　第3章は，日本の産業革命の時代を取り上げた。産業革命は，明治政府が鉱山などの払下げを通じて財閥系企業が牽引した側面もある。しかし，企業勃興期に活発な企業設立を主導したのは，渋沢栄一はじめ東京・大阪の実業家，地域の有力商人などによって設立された紡績業や鉄道業であった。

　第4章は，産業革命を進めていく日本が，日清・日露戦争を経ていく中で国際的地位を向上させていくプロセスを述べた。その中で国際金本位制を導入し，条約改正に向けた議論を活発化させるなど，近代日本が国際的に自立を模索した時期であった。その一方で，日露戦争に伴う対外債務が大きな課題として日本経済を悩ますことになった。

　こうした日本経済の悩みを加速的に解決に向かわせたのが，第5章で論じた第一次大戦ブームであった。欧州先進国が大戦に没入する中で日本経済は，輸出拡大によって貿易収支を改善させ，従来の軽工業に加えて，重化学工業にまで及ぶ幅広い分野で成長を遂げていった。これは日本の国際的地位を高める転機となった。しかし大戦後は，金本位制への復帰問題に加えて，対華二十一箇条要求に始まった中国進出の本格化が，後の経済政策を決定するうえで大きな足かせとなった。

　第6章は，第一次大戦ブーム期に成長を遂げた1920年代の日本経済を，相次ぐ恐慌と関東大震災という経済危機に幾度もさらされながら，都市化と電化が進んで生活様式が花開いていくモダンな時代として描いた。とくに阪急百貨店に見られたターミナルデパートの登場は，鉄道路線に住宅地を構え，都心で消費を楽しむ生活様式の確立へと向かわせた。

　日本経済が成長，大衆文化が開花する中で，日本は国内外にわたる課題に直面することになった。第7章では，国際的協調路線が模索される中で，中国問題を抱える日本の対応が焦点となった。民政党内閣は，緊縮財政と金本位制復帰で国内外問題の解決を図ったが，世界恐慌の深刻化に加えて，満州事変・イギリスの金本位制離脱という2つの誤算によってその目論みは破綻した。以後，政友会高橋財政の積極財政路線で景気回復・輸出拡大を進めていくが，中国進

終　章　現代日本経済の課題

出に没入していく軍部の台頭を抑えられなくなった。

　第8章が対象とする1937年以降は，2.26事件を経て軍部の発言力が高まり，日中戦争が全面化したことで，戦時統制経済が進んでいった。1941年に日米が開戦すると，外貨蓄積や軍需産業重視の方針の下で，繊維産業はスクラップされ，石油や鉄鋼業，とくに航空機産業へとより一層シフトしていった。この統制経済の中で，日本経済の重化学工業化が推し進められただけでなく，地主制が動揺し，女性の社会進出が進むなど社会経済的な変化もみられるようになった。

　第9章は，連合国に敗戦した直後の日本を取り上げた。戦時期に進んだ「強制された重化学工業化」を遺産としてスタートした日本経済は，米国主導のもとで財閥解体や農地解放など戦後改革が実施された。その効果は所得分配の平等化に現れ，のちの日本社会の特徴ともなる中流社会層の起源がここにあった。そののち，ドッジ・ラインを通じて戦後インフレーションを沈静化させ，ドルと円とが固定レートに設定された。そして1951年サンフランシスコ平和条約で日本は独立を回復し，ブレトンウッズ体制に参入することで国際社会に復帰した。そして朝鮮戦争特需が日本経済の驚異的な経済復興を促進していった。

　第10章は，国際会社に復帰した日本経済が，1955年に始まる高度経済成長期へと進む過程を取り上げた。日本経済は重化学工業を著しく進展させ，高い国際競争力を持つに至った。その一方で国内需要も耐久消費財を中心に拡大し，家電産業は電気洗濯機・白黒テレビ・電気冷蔵庫など「三種の神器」を積極的に生産して成長していった。これらは大衆消費社会の成立を基盤とするが，それを支えたのは，スーパーマーケットをはじめとする大規模小売業が形成した流通網であった。

　戦後，いち早い経済成長を遂げた日本は，ニクソン・ショックと2度のオイルショックに直面して試練の時期を迎えた。第11章は，こうした国際環境の激変の中で，日本経済が高度経済成長時代の重厚長大産業から軽薄短小産業（コンピューター関連部門など）へと産業構造を変化させる過程を取り上げた。こうして日本は，高い競争力と円安に支えられて対米輸出を伸ばしていくが，1985

年のプラザ合意で円高不況に直面することになった。

　第12章は，プラザ合意後の円高不況が日本経済に与えた影響を取り上げた。日本では，金融緩和が進み，日本の金融市場も国際化していった。この結果，東京を中心として地価上昇が進んで土地担保を軸にした銀行融資が拡大しバブル現象が起こった。しかし1990年にバブルが崩壊して，日本経済は不良債権問題とデフレに悩む，「失われた20年」を迎えることになった。21世紀を迎えた日本は，経済大国としての国際的地位が相対的に低下する中で新たな道を模索する時期を迎えている。

3　現代日本を考えるために

　現代日本に至るまで，長い年月を経てきたことは，本書で述べた通りである。この歩みの中で，本書は，我々が現代日本を考える上で重要な視点を提供している。

資本主義社会の萌芽

　第一に，資本主義社会の萌芽期として江戸時代を評価できることである。江戸時代は，鎖国という言葉に示される通り，閉鎖的なイメージを持たれる傾向があった。しかし，江戸時代は，外交的にも4つの窓口を通じて国際的関係を有しており，国内的には農業生産を飛躍的に発達させ全国的な市場経済を形成する成長の側面を有していた。この成長は，大都市圏だけでなく地方においてもみられた。これは，日本経済が全国的に1つの一体的な空間として形成されたことを示しており，その経済的蓄積は，明治期に至って資本主義化を進めていく上で，大きな原動力となった。

産業の連続性

　次に，産業の連続性に関わる点である。2011年の東日本大震災以降，電力の地域独占が注目され，電力の自由化が急速に進められている。そもそも，こう

した電力業がいつ確立して，地域独占が成立していったのか。こうした疑問に対しても本書から回答の手がかりを得ることができる。明治期に生まれた電力業は，1920年代にインフラ事業として成長を遂げていった。そして第二次大戦が深刻化して電力業の国家統制が進むなかで再編されて，戦後には地域独占企業として再スタートすることになったのである。そのほか，重化学工業の発展など現在の産業を決定づけるターニングポイントは，戦前期に進んでいたことも本書から読みとることができる。

経済政策の選択肢

第三に，経済政策の選択肢に関する点である。現在は，プライマリー・バランス（基礎的財政収支）の悪化や長引く不況の影響で，どのような経済政策を選択すべきかという問いが常に論争となっている。こうした問題解決への1つの選択肢として，積極的な財政出動による景気刺激策や，低為替政策による輸出促進が唱えられる。一方で，財政赤字を解決するために，むしろ緊縮財政政策や，増税を実施すべきだとする考え方も提示される。

同じような論争は，実は1920年代末にも生じていた。本書で取り上げた1920年代末は，深刻化した財政問題や景気対策を解決するために，金本位制復帰や財政政策への路線をめぐって，民政党と政友会とが激しく政策論争を展開していた。我々は，財政政策や金融政策，通貨政策などの経済政策の効果を考える場合，過去の政策論争の論拠や結果から学ぶことができるのである。

大衆社会と女性

最後に，大衆社会の誕生についてである。日本が近代化を進めて経済成長していく中で，日本のアイデンティティを形成してきた主役は，まぎれもなく大衆であった。社会の流行や情報に敏感に反応し，消費やファッションを通じて自らの生活スタイルを確立していく大衆消費社会への胎動は，戦前の1920年代にすでにみられていた。こうした大衆消費社会は，第二次大戦期に抑圧されたが，戦後改革によって所得格差が是正され，消費意欲も解放されたことで高度

経済長期にいっそう花開くことになった。

　そして女性の生活環境や地位についても，こうした社会情勢の変化の中で次第にその姿を変えていった。かつては，家父長的社会のなかで，女性の役割は家事労働に固定化され，自己主張の場は極めて制約されているかのような評価であった。加えて農村から大都市圏の紡績企業へ出稼ぎ労働する若年女性は，長時間の過酷な労働環境を余儀なくされたといわれてきた。しかし本書では，戦時期に女性が勤労労働に参加することでその地位を上昇させ，出稼ぎ女工がその土地の消費文化に影響を与えていた側面にも注目した。そう考えれば，女性の活躍への期待が高まり，女性の社会進出が進む現在，これまでの女性の地位の変遷のなかで，女性たちがどのように生きてきたのかを学ぶことは極めて有効であるといえよう。

4　現代日本の課題

　現在の日本は，近代以降，東アジアでいち早く資本主義国家として経済成長を遂げて，先進国へと辿り着いた。その歩みのなかで，産業構造は高度化し，いわゆる「ゆたかな社会」を享受することになった。しかし，グローバリズムが進展して，国際経済の影響を受けるなかで，日本経済はその対応を迫られることになった。たとえば，第12章で指摘されたように，小売業の規制緩和や民営化路線をめぐる問題は道半ばである。加えて，バブル崩壊による不良債権問題などが尾を引き，失われた20年からの脱却への道筋は今なお見出せないでいる。

　これからを見据えても，財政赤字や人口減少・過疎化・エネルギー問題など，日本経済の有する課題が蓄積されてきたことはすでに指摘したとおりである。東日本大震災は，そうした日本経済や社会の問題点をもはや先送りできないことを我々に強く訴えかけた。

　歴史学者E.H.カーは，現在に生きる私たちに，過去を主体的にとらえることが必要だと説いた。現代日本を形作ってきた過去を，我々が自分自身の問題

意識で見つめなおしたとき，その事実は新たな解釈を与えてくれ，問題解決に向けた展望を見出すことに繋がるのである。

　本書は，執筆者がそれぞれの問題関心で見つめて浮かび上がらせた歴史的事実を書き連ねている。これらを素材として，読者が主体的に解釈して再構成し，未来への展望を見出すことを望みたい。

参考文献
E. H. カー，清水幾太郎訳『歴史とは何か』岩波新書，1962年。
成田龍一『近現代日本史と歴史学』中公新書，2012年。

（橋口勝利）

引用文献

序章

財政制度等審議会「平成28年度予算の編成等に関する建議」財務省，2015年。
宮本又郎・阿部武司・宇田川勝・沢井実・橘川武郎『日本経営史　新版——江戸時代から21世紀へ』有斐閣，2007年。

第1章

新井白石著，松村明校註『折たく柴の記』岩波書店，1999年。
荒野泰典『近世日本と東アジア』東京大学出版会，1988年。
石井謙治『江戸海運と弁才船』日本海事広報協会，1988年。
岩橋勝「徳川経済の制度的枠組」速水融・宮本又郎編『日本経済史1　経済社会の成立　17-18世紀』岩波書店，1988年。
大口勇次郎「幕府の財政」新保博・斎藤修編『日本経済史2　近代成長の胎動』岩波書店，1989年。
岡光夫・山崎隆三・丹羽邦男編著『日本経済史——近世から近代へ』ミネルヴァ書房，1991年。
菊池勇夫『アイヌ民族と日本人——東アジアのなかの蝦夷地』朝日新聞社，1994年。
菊池勇夫『近世の飢饉』吉川弘文館，1997年。
斎藤修「大開墾・人口・小農経済」速水融・宮本又郎編『日本経済史1　経済社会の成立　17-18世紀』岩波書店，1988年，171-215頁。
斎藤修『環境の経済史——森林・市場・国家』岩波書店，2014年。
島田竜登「唐船来航ルートの変化と近世日本の国産代替化——蘇木・紅花を事例として」『早稲田経済学研究』第49号，1999年。
新保博・長谷川彰「商品生産・流通のダイナミックス」速水融・宮本又郎編『日本経済史1　経済社会の成立　17-18世紀』岩波書店，1988年。
新保博・斎藤修「概説　19世紀へ」新保博・斎藤修編『日本経済史2　近代成長の胎動』岩波書店，1989年。
高槻泰郎『近世米市場の形成と展開』名古屋大学出版会，2012年。
高野信治「大名と藩」『岩波講座　日本歴史』第11巻・近世2，岩波書店，2014

年。
高埜利彦『シリーズ日本近世史③　天下泰平の時代』岩波書店，2015年。
田代和生「徳川時代の貿易」速水融・宮本又郎編『日本経済史1　経済社会の成立　17-18世紀』岩波書店，1988年。
徳富蘇峰「新日本之青年」『明治文学全集34　徳富蘇峰』筑摩書房，1974年。
鳥巣京一『西海捕鯨の史的研究』九州大学出版会，1999年。
中西聡『海の富豪の資本主義――北前船と日本の産業化』名古屋大学出版会，2009年。
中林真幸編『日本経済の長い近代化――統治と市場，そして組織1600-1970』名古屋大学出版会，2013年。
西川俊作・天野雅敏「諸藩の産業と経済政策」新保博・斎藤修編『日本経済史2　近代成長の胎動』岩波書店，1989年。
林玲子編『日本の近世5　商人の活動』中央公論社，1992年。
速水融・宮本又郎「概説　17-18世紀」速水融・宮本又郎編『日本経済史1　経済社会の成立　17-18世紀』岩波書店，1988年。
ハンレー・S・B，指昭博訳『江戸時代の遺産――庶民の生活文化』中央公論社，1990年。
平川新『紛争と世論　近世民衆の政治参加』東京大学出版会，1996年。
平川新「文政・天保期の幕政」『岩波講座　日本歴史』第14巻・近世5，岩波書店，2015年。
深井甚三「水運と陸運」『岩波講座　日本歴史』第12巻・近世3，岩波書店，2014年。
深井雅海『日本近世の歴史3　綱吉と吉宗』吉川弘文館，2012年。
藤井譲治『日本近世の歴史1　天下人の時代』吉川弘文館，2011年。
藤井譲治「近世貨幣論」『岩波講座　日本歴史』第11巻・近世2，岩波書店，2014年。
藤田覚『日本近世の歴史4　田沼時代』吉川弘文館，2012年。
古田悦造『近世魚肥流通の地域的展開』古今書院，1996年。
ポメランツ・K，川北稔監訳『大分岐』名古屋大学出版会，2015年。
吉田伸之『シリーズ日本近世史④　都市　江戸に生きる』岩波書店，2015年。

第2章
石井寛治『体系日本の歴史12　開国と維新』小学館ライブラリー，1993年。
石井寛治「幕末開港と外圧への対応」石井寛治・原朗・武田晴人編『日本経済史

引用文献

　　1　幕末維新期』東京大学出版会，2000年。
石井寛治『日本流通史』有斐閣，2003年。
石井寛治『資本主義日本の歴史構造』東京大学出版会，2015年。
猪木武徳「地租米納論と財政整理──1880（明治13）年8月の政策論争をめぐって」梅村又次・中村隆英編『松方財政と殖産興業政策』国際連合大学，1983年。
今井幹夫編『富岡製糸場と絹産業遺産群』ベスト新書，2014年。
梅溪昇『お雇い外国人──明治日本の脇役たち』講談社学術文庫，2007年。
梅村又次「創業期財政政策の展開──井上・大隈・松方」梅村又次・中村隆英編『松方財政と殖産興業政策』国際連合大学，1983年。
大口勇次郎「文久期の幕府財政」『年報・近代日本研究3　幕末・維新の日本』山川出版社，1981年。
大倉健彦・新保博「幕末の貨幣政策──開港と万延の幣制改革」新保博・安場保吉編『数量経済史論集2　近代移行期の日本経済』日本経済新聞社，1979年。
岡田俊平『明治期通貨論争史研究』千倉書房，1975年。
落合功「由利財政と第一次大隈財政」『修道商学』第46巻第2号，2006年。
柏原宏紀「大隈重信の政治的危機と財政をめぐる競合──明治6年から8年を中心に」『史学雑誌』第124編第6号，2015年。
鹿野嘉昭「いわゆる銀目廃止について」『松山大学論集』第24巻第4-2号，2012年。
神山恒雄「官営事業の財源確保」鈴木淳編『工部省とその時代』山川出版社，2002年。
小風秀雄「明治前期における鉄道建設構想の展開──井上勝をめぐって」山本弘文編『近代交通成立史の研究』法政大学出版局，1994年。
小林正彬『日本の工業化と官業払下げ──政府と企業』東洋経済新報社，1977年。
斎藤修「大阪卸売物価指数　1757-1915年」『三田学会雑誌』第68巻第10号，1975年10月。
菅原彬州「岩倉使節団と大久保政権」田中彰編『近代日本の軌跡1　明治維新』吉川弘文館，1994年。
杉山伸也「幕末・明治初期における石炭輸出の動向と上海石炭市場」『社会経済史学』第43巻第6号，1978年。
杉山伸也「国際環境と外国貿易」梅村又次・山本有造編『日本経済史3　開港と維新』岩波書店，1989年。
杉山伸也『明治維新とイギリス商人──トマス・グラバーの生涯』岩波新書，

1993年．
鈴木淳「工部省の15年」同編『工部省とその時代』山川出版社, 2002年．
攝津斉彦・Jean-Pascal Bassino・深尾京司「明治期経済成長の再検討――産業構造, 労働生産性と地域間格差」一橋大学経済研究所『経済研究』第67巻第3号, 2016年．
武田晴人『岩崎弥太郎――商会之実ハ一家之事業ナリ』ミネルヴァ書房, 2011年．
中村哲『日本の歴史16　明治維新』集英社, 1992年．
中村隆英「明治維新期財政金融政策展望――松方デフレーション前史」梅村又次・中村隆英編『松方財政と殖産興業政策』国際連合大学, 1983年．
中村隆英「明治期の景気変動・試論」『年報・近代日本研究10　近代日本研究の検討と課題』山川出版社, 1988年．
中村尚史『日本鉄道業の形成　1869〜1894年』日本経済評論社, 1998年．
日本銀行百年史編纂委員会編『日本銀行百年史1』日本銀行, 1982年．
三上隆三『円の誕生――近代貨幣制度の成立』東洋経済新報社, 1975年．
御厨貴「大久保没後体制――統治機構改革と財政転換」『年報・近代日本研究3　幕末・維新の日本』山川出版社, 1981年．
三菱鉱業セメント株式会社高島炭砿史編纂委員会『高島炭砿史』三菱鉱業セメント株式会社, 1989年．
宮地正人監修『ビジュアル・ワイド　明治時代館』小学館, 2005年．
室山義正「松方デフレーションのメカニズム」梅村又次・中村隆英編『松方財政と殖産興業政策』国際連合大学, 1983年．
毛利敏彦『大久保利通』中公新書, 1969年．
山崎有恒「内務省の河川政策」高村直助編『道と川の近代』山川出版社, 1996年．
山崎有恒「日本近代化手法をめぐる相克――内務省と工部省」鈴木淳編『工部省とその時代』山川出版社, 2002年．
山本弘文編『交通・運輸の発達と技術革新――歴史的考察』国際連合大学, 1986年．
山本有造「大隈財政論の本態と擬態――『五千万円外債案』を中心に」梅村又次・中村隆英編『松方財政と殖産興業政策』国際連合大学, 1983年．
山本有造『両から円へ――幕末・明治前期貨幣問題研究』ミネルヴァ書房, 1994年．

第3章
青木栄一・老川慶喜・武知京三・野田正穂「産業革命と鉄道」野田正穂・原田勝

引用文献

正・青木栄一・老川慶喜編『日本の鉄道——成立と展開』日本経済評論社，1986年。

阿部武司・中村尚史「日本の産業革命と企業経営——概説」阿部武司・中村尚史編『講座日本経営史2　産業革命と企業経営　1882〜1914』ミネルヴァ書房，2010年。

阿部武司・平野恭平『繊維産業』日本経営史研究所，2013年。

石井寛治『日本蚕糸業史分析』東京大学出版会，1972年。

石井寛治『日本の産業革命——日清・日露戦争から考える』朝日選書，1997年。

石井里枝『戦前期日本の地方企業——地域における産業化と近代経営』日本経済評論社，2013年。

老川慶喜『近代日本の鉄道構想』日本経済評論社，2008年。

老川慶喜『井上勝——職掌は唯クロカネの道作に候』ミネルヴァ書房，2013年。

北浦貴士『企業統治と会計行動——電力会社における利害調整メカニズムの歴史的展開』東京大学出版会，2014年。

小林正彬『日本の工業化と官業払下げ——政府と企業』東洋経済新報社，1977年。

杉山伸也『日本経済史　近世-現代』岩波書店，2012年。

杉山伸也「「日本の産業革命」再考」慶應義塾大学『三田学会雑誌』第108巻第2号，2015年。

杉山伸也「日本の産業化と動力・エネルギーの転換」『社会経済史学』第82巻第2号，2016年。

高村直助『会社の誕生』吉川弘文館，1996年。

武田晴人『財閥の時代——日本型企業の源流をさぐる』新曜社，1995年。

中林真幸『近代資本主義の組織』東京大学出版会，2003年。

長沢康昭「三菱財閥の経営組織」三島康雄編『三菱財閥』日本経済新聞社，1981年。

野田正穂『日本証券市場成立史——明治期の鉄道と株式会社金融』有斐閣，1980年。

室山義正「松方デフレーションのメカニズム」梅村又次・中村隆英編『松方財政と殖産興業政策』国際連合大学，1983年。

室山義正『松方財政研究——不退転の政策行動と経済危機克服の実相』ミネルヴァ書房，2004年。

室山義正『近代日本経済の形成——松方財政と明治の国家構想』千倉書房，2014年。

第 4 章
石井寛治『日本の産業革命——日清・日露戦争から考える』朝日選書，1997年。
石井常雄・桜井徹「鉄道の国有化」野田正穂・原田勝正・青木栄一・老川慶喜編『日本の鉄道——成立と展開』日本経済評論社，1986年。
石井里枝『戦前期日本の地方企業——地域における産業化と近代経営』日本経済評論社，2013年。
落合功『入門日本金融史』日本経済評論社，2008年。
久保文克『近代製糖業の経営史的研究』文真堂，2016年。
柴孝夫・長沢康昭「その他の部門の経営戦略」三島康雄編『三菱財閥』日本経済新聞社，1981年。
杉山伸也「情報革命」西川俊作・山本有造編『日本経済史 5　産業化の時代 下』岩波書店，1990年。
杉山伸也『日本経済史　近世-現代』岩波書店，2012年。
高村直助『日本資本主義史論』ミネルヴァ書房，1980年。
武田晴人「多角的事業部門の定着とコンツェルン組織の整備」橋本寿朗・武田晴人編『日本経済の発展と企業集団』東京大学出版会，1992年。
涂照彦『日本帝国主義下の台湾』東京大学出版会，1975年。
東京電力株式会社編『関東の電気事業と東京電力』東京電力株式会社，2002年。
中村隆英『明治大正期の経済』東京大学出版会，1985年。
中村隆英「マクロ経済と戦後経営」西川俊作・山本有造編『日本経済史 5　産業化の時代（下）』岩波書店，1990年。
野田正穂『日本証券市場成立史——明治期の鉄道と株式会社金融』有斐閣，1980年。
原朗『日清・日露戦争をどう見るか——近代日本と朝鮮半島・中国』NHK出版新書，2014年。
藤井信幸『テレコムの経済史』勁草書房，1998年。
藤井信幸『通信と地域社会』日本経済評論社，2005年。
古屋哲夫『日露戦争』中央公論社，1966年。
三和良一・原朗編『近現代日本経済史要覧（増補版）』東京大学出版会，2010年。

第 5 章
統計資料
安藤良雄編『近代日本経済史要覧（第 2 版）』東京大学出版会，1979年。
大川一司・野田孜・高松信清・山田三郎・熊崎実・塩野谷祐一・南亮進『長期経

済統計 8　物価』東洋経済新報社，1967年。
大川一司・高松信清・山本有造『長期経済統計 1　国民所得』東洋経済新報社，1974年。
大蔵省編『大日本外国貿易年表』各年版。
大蔵省主税局『外国貿易概覧』各年版。
大阪市『大阪市統計書』各年版
東京市『東京市統計年表』各年版。
東洋経済新報社編『日本貿易精覧』東洋経済新報社，1935年。
日本銀行統計局『明治以降本邦主要経済統計』1966年。
農林省農林経済局統計調査部『農林省累年統計表』農林統計協会，1955年。
南亮進『長期経済統計12　鉄道と電力』東洋経済新報社，1965年。

文　献

浅原丈平『日本海運発展史』潮流社，1978年。
石井寛治「産業・市場構造」大石嘉一郎編『日本帝国主義史 1　第一次大戦期』東京大学出版会，1985年。
井上馨侯伝記編纂会編『世外井上公伝 5』内外書籍，1934年。
大塩武『日窒コンツェルンの研究』日本経済評論社，1989年。
大島久幸「三井物産における輸送業務と傭船市場」中西聡・中村尚史編著『商品流通の近代史』日本経済評論社，2003年。
大森一宏・大島久幸・木山実編著『総合商社の歴史』関西学院大学出版会，2011年。
岡実「粗製濫造，商業道徳，販路確保」『貿易時報』第 3 巻第 9 号，1916年。
小野浩『住空間の経済史　戦前期東京の都市形成と借家・貸間市場』日本経済評論社，2014年。
神長英輔『「北洋」の誕生　場と人と物語』成文社，2014年。
北野剛「第一次世界大戦期における日本の自給体制の模索――羊毛自給策と満蒙」『国史学』第199号，2009年。
橘川武郎・粕谷誠編著『日本不動産業史　産業形成からポストバブル期まで』名古屋大学出版会，2007年。
沢井実「第一次大戦前後における日本工作機械工業の本格的展開」『社会経済史学』第47巻第 2 号，1981年。
杉原薫『アジア間貿易の形成と構造』ミネルヴァ書房，1996年。
杉原四朗・長幸男編『日本経済思想史読本』東洋経済新報社，1979年。
高村直助「資本蓄積(1)　軽工業」大石嘉一郎編『日本帝国主義史 1　第一次大戦

期』東京大学出版会，1985年。
武田晴人『新版　日本経済の事件簿　開国からバブル崩壊まで』日本経済評論社，2009年。
谷口豊「第一次世界大戦期における本邦合成染料工業の成立」『社会経済史学』第48巻第6号，1983年。
中川敬一郎『日本海運経営史1　両大戦間の日本海運業　不況下の苦闘と躍進』日本経済新聞社，1980年。
中村隆英『明治大正期の経済』東京大学出版会，1985年。
中村隆英著，原朗・阿部武司編『明治大正史（下）』東京大学出版会，2015年。
二野瓶徳夫『日本漁業近代史』平凡社選書，1999年。
橋本寿郎「国際関係」大石嘉一郎編『日本帝国主義史1　第一次大戦期』東京大学出版会，1985年。
原田政美『近代日本市場史の研究』そしえて，1991年。
藤田貞一郎『近代日本経済史研究の新視角　国益思想・市場・同業組合・ロビンソン漂流記』清文堂，2003年。
松本貴典「両大戦間期日本の製造業における同業組合の機能」『社会経済史学』第58巻第5号，1993年。
村上勝彦「資本蓄積(2)　重工業」大石嘉一郎編『日本帝国主義史1　第一次大戦期』東京大学出版会，1985年。
文部省『学制百年史』帝国地方行政学会，1972年。
山口明日香『森林資源の環境経済史　近代日本の産業化と木材』慶應義塾大学出版会，2015年。
山下幸夫『日本海運経営史6　海運と造船業　市場の拡大と造船技術』日本経済新聞社，1984年。
横浜輸出協会『粗製濫造の防止に就きて』1917年。

第6章
浅井良夫「金融恐慌」『日本20世紀館』小学館，1999年。
浅井良夫「1927年銀行法から戦後金融制度改革へ」伊藤正直・靎見誠良・浅井良夫編『金融危機と革新』日本経済評論社，2000年。
安藤良雄編『昭和史への証言1』原書房，1993年。
石井寛治編『日本銀行金融政策史』東京大学出版会，2001年。
石川桂子編『大正ロマン手帖――ノスタルジック＆モダンの世界』河出書房新社，2009年。

引用文献

石月静恵『戦間期の女性運動（新装版）』東方出版，2001年。
岩瀬彰『「月給百円」サラリーマン──戦前日本の「平和」な生活』講談社現代新書，2006年。
上山和雄「破綻した横浜の『総合商社』」横浜近代史研究会・横浜開港資料館編『横浜の近代──都市の形成と展開』日本経済評論社，1997年。
宇田正・浅香勝輔・武知京三編『民鉄経営の歴史と文化』古今書院，1995年。
岡崎哲二・澤田充「銀行統合と金融システムの安定性──戦前期日本のケース」『社会経済史学』第69巻第3号，2003年。
桂芳男『幻の総合商社　鈴木商店──創造的経営者の栄光と挫折』現代教養文庫，1989年。
橘川武郎『日本電力業発展のダイナミズム』名古屋大学出版会，2004年。
越澤明『後藤新平──大震災と帝都復興』ちくま新書，2011年。
後藤新一『本邦銀行合同史』金融財政事情研究会，1968年。
小林一三『私の行き方』阪急電鉄総合開発事業本部コミュニケーション事業部，2000年。
是永隆文・長瀬毅・寺西重郎「1927年金融恐慌の預金取付け・銀行休業に関する数量分析──確率的預金引出し仮説対非対称情報仮説」一橋大学経済研究所『経済研究』第52巻第4号，2001年。
近藤智子「『デパートガール』の登場──震災後東京の百貨店を中心に」『経営史学』第40巻第3号，2005年。
佐藤信之『地下鉄の歴史──首都圏・中部・近畿圏』グランプリ出版，2004年。
高橋亀吉『大正昭和財界変動史（中）』東洋経済新報社，1955年。
武田晴人「恐慌」1920年代史研究会編『1920年代の日本資本主義』東京大学出版会，1983年。
武田晴人『日本の歴史19　帝国主義と民本主義』集英社，1992年。
武田晴人『財閥の時代──日本型企業の源流をさぐる』新曜社，1995年。
田崎宣義「女性労働の諸類型」女性史総合研究会編『日本女性生活史4　近代』東京大学出版会，1990年。
寺西重郎「不均衡成長と金融」中村隆英・尾高煌之助『日本経済史6　二重構造』岩波書店，1988年。
寺西重郎「1927年銀行法の下での銀行の集中と貸出」一橋大学経済研究所『経済研究』第55巻第2号，2004年。
東京芝浦電気株式会社編『東芝百年史』東京芝浦電気株式会社，1977年。
中村建治『地下鉄誕生──早川徳次と五島慶太の攻防』交通新聞社新書，2013年。

中村隆英『戦前期日本経済成長の分析』岩波書店，1971年。
日本銀行百年史編纂委員会編『日本銀行百年史3』日本銀行，1983年。
野田正穂・原田勝正・青木栄一・老川慶喜編『日本の鉄道――成立と展開』日本経済評論社，1986年。
橋本寿朗「巨大産業の興隆」中村隆英・尾高煌之助『日本経済史6　二重構造』岩波書店，1988年。
橋本寿朗『戦間期の産業発展と産業組織Ⅱ――重化学工業化と独占』東京大学出版会，2004年。
阪急百貨店社史編集委員会編『株式会社阪急百貨店25年史』阪急百貨店，1976年。
南亮進『長期経済統計12　鉄道と電力』東洋経済新報社，1965年。
三和良一・原朗編『近現代日本経済史要覧（補訂版）』東京大学出版会，2010年。
村上信彦『大正期の職業婦人』ドメス出版，1983年。
由井常彦「概説　1915-1937年」由井常彦・大東英祐『日本経営史3　大企業時代の到来』岩波書店，1995年。
和田博文『資生堂という文化装置――1872-1945』岩波書店，2011年。

第7章

阿部武司『日本における産地綿織物業の展開』1989年。
中村隆英『日本経済』東京大学出版会，1978年。
橋口勝利「1920年恐慌前後の日本綿業――中京圏の綿糸取引信用をめぐって」『社会経済史学』第77巻第3号，2011年。
橋口勝利「昭和恐慌と日本綿業――第11次操業短縮と服部商店」『社会経済史学』第82巻第3号，2016年。
満薗勇『日本型大衆消費社会への胎動―戦前期日本の通信販売と月賦販売』東京大学出版会，2014年。
三和良一・原朗編『近現代日本経済史要覧』東京大学出版会，2007年。
山崎広明「両大戦間期における遠州綿織物業の構造と運動」『経営志林』第1・2号，1969年。

第8章

加藤陽子『NHK さかのぼり日本史②　昭和　とめられなかった戦争』NHK 出版，2011年。
橘川武郎『日本電力発展のダイナミズム』名古屋大学出版会，2004年。
中村隆英『日本経済』東京大学出版会，1978年。

原朗『日本戦時経済研究』東京大学出版会，2013年。
三和良一・原朗編『近現代日本経済史要覧』東京大学出版会，2007年。
山崎広明・阿部武司『織物からアパレルへ――備後織物業と佐々木商店』大阪大学出版会，2012年。
吉田裕『シリーズ日本近現代史⑥　アジア・太平洋戦争』岩波新書，2007年。

第9章

浅井良夫「1950年代の特需について(1)」成城大学『経済研究』158号，2002年。
浅井良夫『IMF 8条国移行　貿易・為替自由化の政治経済史』日本経済評論社，2015年。
伊藤正直『戦後日本の対外金融――360円レートの成立と終焉』名古屋大学出版会，2009年。
宇沢弘文・武田晴人編『日本の政策金融Ⅰ　高成長経済と日本開発銀行』東京大学出版会，2009年。
大川一司・高松信清・山本有造『長期経済統計1　国民所得』東洋経済新報社，1974年。
大蔵省財政史室編『昭和財政史　終戦から講和まで19　統計』東洋経済新報社，1978年。
大蔵省財政史室編『昭和財政史　終戦から講和まで2　独占禁止』東洋経済新報社，1982年。
大蔵省財政史室編『昭和財政史　終戦から講和まで11　政府債務』東洋経済新報社，1983年。
尾高煌之助「『日本的』労使関係」岡崎哲二・奥野正寛編『現代経済研究6　現代日本経済システムの源流』日本経済新聞社，1993年。
橘川武郎『日本電力業の発展と松永安左ヱ門』名古屋大学出版会，1995年。
橘川武郎『日本電力業発展のダイナミズム』名古屋大学出版会，2004年。
経済安定本部『経済実相報告書』（第1回経済白書）1947年。
経済企画庁『昭和30年度　年次経済報告』（経済白書）1955年。
経済企画庁『昭和39年度版　国民所得白書』1965年。
経済審議庁『昭和29年度　年次経済報告』（経済白書）1954年。
香西泰「高度経済成長への出発」中村隆英編『日本経済史6　「計画化」と「民主化」』岩波書店，1989年。
佐々木聡編『日本の戦後企業家史――反骨の系譜』有斐閣，2001年。
杉山伸也「『傾斜生産』構想と資材・労働力・資金問題」杉山伸也・牛島利明編

『日本石炭産業の衰退――戦後北海道における企業と地域』慶應義塾大学出版会，2012年．
鈴木邦夫「財閥から企業集団・企業系列へ――1940年代後半における企業間結合の解体・再編過程」『土地制度史学』135号，1992年．
田辺和俊・鈴木孝弘「多種類の所得調査を用いた我が国の所得格差の動向の検証」一橋大学経済研究所『経済研究』64巻2号，2013年．
通商産業省編『通商産業政策史6』通商産業調査会，1990年．
通商産業省編『通商産業政策史3』通商産業調査会，1992年．
中村隆英「日米『経済協力』関係の形成」近代日本研究会編『年報近代日本研究4　太平洋戦争――開戦から講和まで』山川出版社，1982年．
中村隆英「概説　1937～54年」中村隆英編『日本経済史6　「計画化」と「民主化」』岩波書店，1989年．
中村隆英『日本経済――その成長と構造（第3版）』東京大学出版会，1993年．
日本銀行百年史編纂委員会編『日本銀行百年史5』日本銀行，1985年．
日本銀行統計局『明治以降本邦主要経済統計』1966年．
仁村一夫「戦後社会の起点における労働組合運動」坂野潤治他編『日本近現代史4　戦後改革と現代社会の形成』岩波書店，1994年．
農地改革記録委員会編『農地改革顛末概要』農政調査会，1951年．
原朗「被占領下の戦後変革」石井寛治・原朗・武田晴人編『日本経済史4　戦時・戦後期』東京大学出版会，2007年．
広田四哉「旧資産階級の没落」中村政則他編『戦後日本　占領と戦後改革2　占領と改革』岩波書店，1995年．
溝口敏行・野島教之「1940～1955年における国民経済計算の吟味」『日本統計学会誌』23巻1号，1993年．
南亮進「日本における所得分布の長期的変化――再推計と結果」『東京経済大学雑誌』219号，2000年．
南亮進「所得分布の戦前と戦後を振り返る」『日本労働研究雑誌』562号，2007年．
宮島英昭「財閥解体」法政大学産業情報センター・橋本寿朗・武田晴人編『日本経済の発展と企業集団』東京大学出版会，1992年．
宮島英昭「専門経営者の制覇――日本型経営者企業の成立」山崎広明・橘川武郎編『日本経営史4　「日本的」経営の連続と断絶』岩波書店，1995年．
三和良一「経済的非軍事化政策の形成と転換」近代日本研究会編『近代日本研究4　太平洋戦争――開戦から講和まで』山川出版社，1982年．
三和良一「戦後民主化と経済再建」中村隆英編『日本経済史6　「計画化」と

「民主化」』岩波書店，1989年.
三和良一・原朗編『近現代日本経済史要覧（増補版）』東京大学出版会，2010年.
持株会社整理委員会『日本財閥とその解体』（復刻：原書房），1951年.
山崎広明「概説　1937〜55年」山崎広明・橘川武郎編『日本経営史4　「日本的」経営の連続と断絶』岩波書店，1995年.
山本栄治『国際通貨システム』岩波書店，1997年.

第10章

石井晋「流通──流通過程の革新と小売業の発展」武田晴人編『高度成長期の日本経済──高成長実現の条件は何か』有斐閣，2011年.
石原武政「新業態としての食品スーパーの確立──関西スーパーマーケットのこだわり」嶋口充輝・竹内弘高・片平秀貴・石井淳蔵編『マーケティング革新の時代4　営業・流通革新』有斐閣，1998年.
井上岳久『カレーの経営学──勝ち続ける驚異のしかけ・ノウハウ』東洋経済新報社，2012年.
岩本通弥「現代日常生活の誕生──昭和37年度厚生白書を中心に」国立歴史民俗博物館『高度経済成長と生活革命』吉川弘文館，2010年.
宇田川勝・中村青志編『マテリアル日本経営史　江戸期から現在まで』有斐閣，1999年.
江上渉「団地の近隣関係とコミュニティ」倉沢進編『大都市の共同生活──マンション・団地の社会学〈復刻版〉』東京都立大学出版会，2001年.
岡崎哲二「資本自由化以後の企業集団」法政大学産業情報センター・橋本寿朗・武田晴人編『日本経済の発展と企業集団』東京大学出版会，1992年.
奥住正道「スーパー事始め」エコノミスト編集部編『高度成長期への証言（下）』日本経済評論社，1999年.
大野茂『サンデーとマガジン──創刊と死闘の15年』光文社新書，2009年.
長内厚「ハウス食品──カレールウ製品の開発」『一橋ビジネスレビュー』2009年.
加瀬和俊『集団就職の時代──高度成長のにない手たち』青木書店，1997年.
加藤健太「集英社──『週刊少年ジャンプ』はなぜ"神話"となりえたのか」加藤健太・大石直樹『ケースに学ぶ日本の企業──ビジネス・ヒストリーへの招待』有斐閣，2013年.
加藤諒・近藤崇史・鷲見和昭・榎本英高・長田充弘「高度成長期から安定成長期へ──日本の経験と中国経済への含意」『日銀レビュー』2012年12月.

河合塾75周年記念誌編集員会編『Kawaijuku＋――河合塾75周年記念誌「河合塾プラス」』河合塾，2009年。

川端康夫（三菱樹脂）「小型容器」『工業材料』第14巻第3号，1966年。

岸本裕一・青谷実知代『「バーモントカレー」と「ポッキー」――食品産業マーケティングの深層』農林統計協会，2000年。

橘川武郎「日本における企業集団，業界団体，および政府――石油化学工業の場合」『経営史学』第26巻第3号，1991年。

橘川武郎「『消費革命』と『流通革命』――消費と流通のアメリカナイゼーションと日本的変容」東京大学社会科学研究所編『20世紀システム　3　経済成長Ⅱ　受容と対抗』東京大学出版会，1998年。

木下明浩『アパレル産業のマーケティング史――ブランド構築と小売機能の包摂』同文館出版，2011年。

国民金融公庫調査部編『日本のファッション産業――アパレル流通の胎動を探る』中小企業リサーチセンター，1979年。

小菅桂子『カレーライスの誕生』講談社学術文庫，2013年。

酒井良清・榊原健一・鹿野嘉昭『金融政策（第3版）』有斐閣アルマ，2011年。

下川耿史・家庭総合研究会編『昭和・平成家庭史年表　1926→1995』河出書房新社，1997年。

新谷尚紀「電気洗濯機の記憶◆研究余瀝◆――展示の背景情報として」国立民族博物館編『高度経済成長と生活革命』吉川弘文館，2010年。

石油化学工業協会『石油化学工業20年史』石油化学工業協会，1981年。

高木謙行・佐々木平三『プラスチック材料講座⑦　ポリプロピレン樹脂』日刊工業新聞社，1969年。

田間泰子「戦後史のなかの家族――その形成と変容」『岩波講座　日本歴史19　近現代5』岩波書店，2015年。

土志田征一編『経済白書で読む日本経済の歩み』有斐閣，2001年。

鶴田俊正「高度成長期」小宮隆太郎・奥野正寛・鈴村興太郎編『日本の産業政策』東京大学出版会，1984年。

中野収「大衆文化論」『岩波講座　日本通史20　現代1』岩波書店，1995年。

中村清司「家電量産量販体制の形成」森川英正編『ビジネスマンのための戦後経営史入門――財閥解体から国際化まで』日本経済新聞社，1992年。

日本放送協会放送世論研究所『図説　日本人の生活時間1975』日本放送出版協会，1976年。

原武史・重松清『団地の時代』新潮選書，2010年。

兵藤釗『労働の戦後史（上）』東京大学出版会，1997年。
平野創「化学」橘川武郎・平野創・板垣暁『日本の産業と企業——発展のダイナミズムをとらえる』有斐閣アルマ，2014年。
平野創『日本の石油化学産業——勃興・構造不況から再成長へ』名古屋大学出版会，2016年。
マクノートン，ヘレン「蒸気の力，消費者の力——女性，炊飯器，家庭用品の消費」ペネロピ・フランクス／ジャネット・ハンター編，中村尚文・谷本雅之監訳『歴史のなかの消費者——日本における消費と暮らし　1850-2000』法政大学出版局，2016年。
松下電器産業株式会社創業五十周年記念行事準備委員会編『松下電器五十年の略史』松下電器産業，1968年。
満薗勇『商店街はいま必要なのか——「日本型流通」の近現代史』講談社現代新書，2015年。
三和良一・原朗編『近現代日本経済史要覧（増補版）』東京大学出版会，2010年。
村瀬敬子『冷たいおいしさの誕生——日本冷蔵庫100年』論創社，2005年。
目黒依子・柴田弘捷「企業主義と家族」目黒依子・渡辺秀樹編『講座社会学2　家族』東京大学出版会，1999年。
森文雄（東洋製罐・東洋鋼板総合研究所）「小型包装（小型容器）」『工業材料』第16巻第11号，1968年。
矢作敏行「チェーンストア」石原武政・矢作敏行編『日本の流通100年』有斐閣，2004年。
吉川洋『高度成長——日本を変えた6000日』読売新聞社，1997年。

第11章

奥和義『日本貿易の発展と構造』関西大学出版部，2012年。
竹中平蔵『日米摩擦の経済学』日本経済新聞社，1991年。
橋本寿朗・長谷川信・宮島英昭・齋藤直『現代日本経済（第3版）』有斐閣，2011年。
米国下院歳入委員会貿易小委員会，日本貿易振興会訳『米国議会の対日貿易分析——第2次ジョーンズ・レポート』日本貿易振興会，1980年。
経済企画庁『経済白書』各年版。
通商産業省『通商白書』各年版。
日本銀行『経済統計年報』各年版。
日本銀行国際局『日本経済を中心とする国際比較統計（1989年版）』1989年。

『日本経済新聞』1988年1月30日付。
『NHKスペシャル　戦後50年　その後日本は』(最終回　プラザ合意・円高への決断) 1996年2月3日放映。

第12章
小川一夫・北坂真一『資産市場と景気変動』日本経済新聞社，1998年。
奥和義『日本貿易の発展と構造』関西大学出版部，2012年。
野口悠紀雄『バブルの経済学』日本経済新聞社，1992年。
橋本寿朗・長谷川信・宮島英昭・齋藤直『現代日本経済（第3版)』有斐閣，2011年。
宮崎義一『複合不況』中公新書，1992年。
内閣府（2000年以前は経済企画庁）『経済白書』各年版。
経済産業省（2000年以前は通商産業省）『通商白書』各年版。
経済産業省（2000年以前は通商産業省）『不公正貿易報告書』各年版。
日本銀行『経済統計年報』各年版。

索　引
（＊は人名）

あ　行

IT革命　296
赤羽台団地　249
赤米　22
アジア通貨危機　282
アメリカ　123
　「──の対日政策に関する諸勧告」　219
安政の五カ国条約　37
イギリス　122
　──の金本位制離脱　173
生野銀山　75
いざなぎ景気　231
いざなみ景気　299
＊石橋湛山　216
＊板垣退助　47
＊伊藤博文　46
糸割符制度　20
猪苗代水力発電所　132
＊井上馨　47
＊井上準之助　157, 169
＊井上勝　50, 84
イノベーション　237
岩倉使節団　49
＊岩倉具視　49
＊岩崎弥太郎　52
＊岩瀬忠震　36
岩戸景気　231
インフレーション　262
ヴェルサイユ条約　167
兎小屋　266
失われた10年　299
失われた20年　299, 300
売込商　39
ウルグアイ・ラウンド　283
英領インド　124
エクイティ・ファイナンス　290, 291
蝦夷地　12

エチレンセンター　235
江戸地廻り経済圏　27
エネルギー革命　234
エンターテイメント産業　30
円高差益　270
円高・ドル安　270
円高不況　270, 272
オイルショック　261, 264, 268
＊大久保利通　47
＊大隈重信　45, 47, 69, 70
大阪紡績会社　78, 88
オーストラリア　122
オートメーション化　240
沖縄戦　201, 203
オタワ会議　181
織物消費税　106
卸売物価　288

か　行

海運　127
　──業　99
海産物　29
会社制度　87
外需　267, 269
会所貿易　36
開明派官僚　50
化学工業　131
核家族　249
加工食品　243
加工貿易　295
貸渋り　292
臥薪嘗胆　97
＊片岡直温　147
＊桂太郎　109
過当競争　238
過度経済力集中排除法　211
＊金子直吉　126, 147
株価　288

331

株式会社　88
株式ブーム　84
株式持合い　226, 293
貨幣改鋳　17, 28, 42
貨幣制度調査会　102
カルテル　171, 179, 193
河合塾　254
＊河上肇　137
官営鉄道　54
官から民へ　76, 98
官業　51
　──払下げ　67
関税自主権　104
環太平洋(経済)連携協定　→TPP
乾田化　22
関東州　125
関東大震災　144
官有物払下げ　73
管理通貨体制　174
生糸　28, 130
　──売込問屋　40
気温　13
機械　132
器械製糸業　81
機関銀行　148
企業集団　236
企業勃興期　77, 80, 100
飢饉　31
技術革新　243
技術導入　237
規制緩和　293, 294
規制金利の経済　282
規制的金融制度　276
既製服　241
北前船　25, 31
＊木戸孝允　47
紀ノ国屋　245
逆Jカーブ効果　271
逆資産効果　293, 299
旧商法　89
9電力会社体制　188
競争的自由化戦略　286
協定関税　37

共同運輸　74
居留地制度　104
居留地貿易　39
義和団事件　105
銀　28
金銀複本位制　46
金現送　186
銀行検査　152
銀行法　151
金札　43
緊縮財政　53, 67, 172
銀兌換制度　102
金本位制　46, 139, 168, 172, 311
銀本位制　42, 102
銀目廃止令　44
金融緩和政策　288
金融緊急措置令　215
金融システム　295
金融のグローバル化　278, 282
金融の自由化　277, 278, 290
金融ビッグバン　294
金利の自由化　277
金禄公債　62
　──証書発行条例　62
グラバー商会　52
＊グリーンスパン, A.　297
グリーン・ニューディール　299
クリントン政権　286
＊クルーグマン, P.　300
グローバル・ヒストリー　77
桂園時代　108
経済安定9原則　220
経済構造　275
経済大国　299
経済のグローバル化　281
経済の情報化・ソフト化　265
経済民主化　210
傾斜生産方式　216
経常収支黒字　277, 296
軽薄短小産業　265
系列融資　226, 237
毛織物　131
検査　126

索　引

減税　299
憲政会　147
健全財政　66
黄海海戦　94
航海奨励法　99
工業組合　172
甲午農民戦争　93
工作機械工業　133
鉱山開発　14
鉱山払下げ　74
合資会社　90
工場払下概則　67, 73
降水量　13
公設市場　135
耕地面積　21
高等教育　137
「降伏後に於ける米国の初期の対日方針」　210
工部省　49
合名会社　89
合理化　170, 172, 175, 178
高齢社会　287
港湾　138
コーポレートガバナンス　295
国益　26
国際協調政策　290
国際金融センター　290
国際収支の天井　233
国際通貨基金　→IMF
国際的要因　288
国際復興開発銀行(IBRD／世界銀行)　224
石代納　16
石高制　15
国内純生産　118
国内的要因　288
国立銀行条例　62, 72, 88
五千万円外債案　65
5大電力　155
国家総動員法　188
固定相場制　232
＊後藤象二郎　50
＊後藤新平　157

＊小林一三　160
米市場　26
米切手　26
米騒動　136

さ　行

サービス貿易　284
＊西園寺公望　109
債権大国　296
＊西郷隆盛　47
財産税　215
財政　27, 119
——赤字　287
財閥　179, 194
——解体　211
在来産業　80
鎖国　19, 28, 310
薩摩　20
佐渡金山　75
＊佐野利器　158
サブプライムローン　298
サミット　263
サラリーマン　162
三貨制度　16
参議　47
産業革命　77
産業合理化　224
産業政策　237
産業鉄道　86
参勤交代　15
三種の神器　239
＊三条実美　47
360円レート　221
サンフランシスコ平和条約　223
Jカーブ効果　271
自己資本比率　282
自作農創設特別措置法　212
資産価格　288
——の変動　292
資産効果　293
資生堂　164
私設鉄道　86
自然条件　13

333

下請制　196
実質賃金　119
湿田　22
地主制　199
＊渋沢栄一　60, 78, 88, 160
紙幣整理(事業)　64, 71, 72
資本自由化　248
島国　13
下関条約　95, 111
ジャーディン・マセソン商会　40
社外船　128
社会保障費　287
社会問題　136
社船　127
社宅　252
社長会　226
朱印船貿易　20
舟運　18
重化学工業化　235
『週刊少年マガジン』　255
自由金利の経済　282
重厚長大産業　265
自由貿易協定　303
重要産業統制法　171
重要物産同業組合法　126
準国策会社　112
城下町　18
商社　126
小農　22
消費財　238
消費社会　231
消費者物価　288
商品作物　23
情報ネットワーク　100
昭和恐慌　172
職業婦人　164
殖産興業政策　49, 76
植民地経営　95, 111
植民地貿易　180
女性の社会進出　199, 312
新貨条例　46, 102, 103
人口　21
震災手形(震災地関係手形)　144, 145

――関係2法案　146
真珠湾攻撃　192
新商法　89
人的ネットワーク　87
新ブレトンウッズ体制　298
新聞　136
神武景気　231
水産業　134
水主火従　110
水平貿易　295
スーパー301条　283
スーパーマーケット　245
鈴木商店　126, 147
スタグフレーション　262
＊スティグリッツ, J. E.　300
スペシャル301条　284
征韓論争　56
製鉄所　97
制度的補完性　293
西南戦争　71
性別役割分業　252
政友会　147
世界恐慌　153
世界貿易機関を設立するマラケシュ協定　285
石油輸出国機構　→OPEC
積極財政　65
設備投資　272
セルフサービス　245
ゼロ金利政策　299
1920年恐慌　141
1940年体制　301
専業主婦　252
船鉄交換　129
専売制　25
専門経営者　251
染料　131
操業短縮　170, 171, 178, 189
総合スーパー　→GMS
造船　128
――奨励法　99
相対賃金制　81
ソーシャルダンピング　181

索　引

粗製濫造　125

た　行

ターミナルデパート　160
第1次オイルショック　259, 261
第一次企業勃興期　87
第一次世界大戦　113
第一命令書　59
ダイエー　246
対外資産残高　296
対外純資産残高　296
対外負債残高　296
対華二十一箇条要求　118, 167
大規模小売店舗法(大店法)　276
　　——の改正　276, 293
耐久消費財　239
太閤検地　14
大衆消費社会　183, 199, 311
大衆本位　162
大戦ブーム　142
大東亜共栄圏　181, 196, 197
第2次オイルショック　259, 262, 264
大日本産業報国会(産報)　200
大連事件　142
台湾銀行　111, 147
台湾製糖　111
多角的貿易交渉　285
高島炭鉱　52
＊高橋是清　150, 174
高橋財政　175, 182, 185
兌換紙幣　45
＊田口卯吉　85
太政官　47
　　——札　44
脱亜入欧　103
＊田中義一　150
樽廻船　19
＊ダレス, J.F.　223
団体リンク制　189
団地族　250
地域主義　286
地域独占　311
地価　288

治外法権　105
　　——の撤廃　104
治水　14
地租改正　48
　　——条例　48
地租米納論　66
知的財産権に関する国際制度　284
地方市場　27
中間景気　143
中国　124
中産階級　163
沖積平野　22
昼夜二交替制　79
長期資本輸出　296
長期的雇用システム　293
朝鮮戦争　221
朝鮮総督府　112
通商産業省(通産省)　235
対馬　14
低為替政策　175
帝国蚕糸　130
鉄飢饉　129
鉄鋼　128
鉄道　138
　　——業　82
　　——国有化　83, 108, 109
　　——熱　83, 84
　　——敷設法　100
　　——敷設法案　85
デフレーション　299
出目　17
天下統一　14
電気機械工業　133
電力　132
　　——戦　154
電話交換拡張計画　101
ドイツ　122
銅　29
東学党　93
等級賃金制　81
東京海上保険　88
同業組合　126, 172
東京地下鉄道　159

335

東京電灯　110
東京渡辺銀行　148
同種同量交換　41
統帥権干犯　168
統制会　193, 194
統制経済　187, 198
同族的企業　89
動力化　133, 134
道路　138
特産物　25
特需ブーム　221
独占禁止法　211
独占体制　179
＊徳富蘇峰　12
特別融通　143
都市　18
　──化　135
土地収益率　290
＊ドッジ, J.　220
　ドッジ・ライン　220
　富岡製糸場　58
＊豊田佐吉　82
　トリプル安　291
　度量衡の統一　14
　ドル高　274
　──円安効果　272

な　行

内外価格差　293
内需　267
　──主導型経済成長　273
内地通商権　39
内務省　49
長崎　20
　──造船所　74, 75
成金　137
ニクソン・ショック　259, 264
二国間協定　286
西廻り航路　19
日英通商航海条約　94
日英同盟　105, 118
日独伊三国同盟　190
日米経済協力　221

日米構造問題協議　275
日米修好通商条約　37
日米和親条約　35
日露戦後経営　108
日露戦争　105, 106
　──以降　108
日清戦後経営　97, 101
日清戦争　93, 97
2.26事件　182, 186
日本開発銀行　224
日本型華夷秩序　96
日本銀行　72
　──震災手形割引損失補償令　145
日本興業銀行　102
日本国有鉄道　158
日本染料製造　132
日本的経営　251, 266
日本鉄道　88
日本鉄道会社　83
日本綿業　170, 177, 181, 188, 195
日本郵船　99
二毛作　23
ニューエコノミー　296
ニュー・ケインジアン　300
人参　29
ネットワーク　109
農業　133, 284
農具　24
農書　24
農地改革　212
農地調整法　198

は　行

バーモントカレー　244
賠償金　97
ハイパワードマネー　290
廃藩置県　47
幕藩体制　15
8大紡　80
羽二重　82
バブル　287
　──経済　272
＊浜口雄幸　147

索　引

＊早川徳次　159
＊原敬　137
＊ハリス，T.　36
　阪急百貨店　161
　藩札　17
　藩政改革　25
　反動不況　143
　菱垣廻船　19
　東廻り航路　19
　引取商　39
　百貨店　160
　肥料　24, 131
　不換紙幣　45
　不況　262
　副業　134
＊福沢諭吉　67
　富国強兵政策　76
　普請　28
　普通選挙法　163
　物価　119
　復金インフレ　217
　復興金融金庫　216
　ブッシュ政権　286
　プラザ合意　270, 271, 273, 274
　フランス　123
　不良債権　144
　　――債権問題　292
　古河商事　142
＊フルベッキ，G.F.　49
　ブレトンウッズ体制　224, 232
　ブロック経済圏　185
　分業　23
　『米欧回覧実記』　57
　兵農分離　14
＊ペリー，M.C.　35
　貿易関連投資措置　284
　貿易自由化　248, 286
　貿易収支　121
　貿易摩擦　268, 269
　澎湖列島　96
　紡績機械工業　133
　ポーツマス条約　107, 112
　保護関税　60

　北海道拓殖銀行　102
　ポツダム宣言　203
　ポンド暴落　282

　　　　　　ま　行

　マクロ経済学の恒等式　260
＊マッカーサー，D.　210
　松方財政期　70
　松方デフレ　72, 73
　松下電器産業　240
　松前　20
　マルチ・ブランド化　242
　マンガ　255
　満州事変　173, 182
　三池争議　234
　三池炭鉱　75, 76, 111
　三井　89
　三井物産　127
　ミッドウェー海戦　192, 200
　三菱　59, 90
　南アフリカ　122
　南満州鉄道株式会社　109
　ミュール精紡機　78
　民間設備投資　233
　村請制　16
　名君　25
　明治十四年の政変　69, 70
　メインバンク　293
　　――制　226
　綿糸　131
　綿布　131
　モータリゼーション　247
　茂木商店　142
　モダンガール　164
　持株会社整理委員会　211
　モニタリング　151
　モラトリアム　144

　　　　　　や　行

＊山辺丈夫　79
　ヤミ取引　187
　八幡製鉄所　98
　郵便汽船三菱会社　59

337

輸出　120
　　──自主規制　269
輸出入品等臨時措置法　187, 189
ゆたかな社会　241
輸入　120
　　──代替　28, 235
　　──超過　121
　　──米　136
＊由利公正　44
傭船　128
＊吉田茂　216

ら 行

リーマンショック　282
リーマン・ブラザーズの破綻　298
リスク管理システム　282
流通革命　245
両替商　44
「両」金貨本位制　42
領事裁判権　37
遼東半島　94-96
両毛鉄道　85, 86
旅順　106
　　──‐長春間　107
林業　134
リング紡績機　79
＊ルーズベルト，T.　106
留守政府　51
レイテ沖海戦　201
レーガノミクス　263, 267, 272
連合国軍最高司令官総司令部　→GHQ
労働運動　137, 200

労働改革　213
労働三法　213, 234
労働争議　182
六大企業集団　225
ロシア経済危機　282
ロンドン軍縮会議　168
ロンドン軍縮条約　172

わ 行

ワールド　242
＊若槻礼次郎　147
ワシントン会議　167
ワシントン条約　173

欧 文

ASEAN(東南アジア諸国連合)　285
BIS(国際決済銀行)　292
　　──規制　282
EPA(経済連携協定)　301
EU(欧州連合)　285, 286, 302
FTA(自由貿易協定)　286, 301
G7　288
GATT　283
　　──の機能　284
GHQ(連合国軍最高司令官総司令部)　210
GMS(総合スーパー)　246
IMF(国際通貨基金)　224, 232
NAFTA(北米自由貿易協定)　285, 302
OPEC(石油輸出国機構)　262
TPP(環太平洋(経済)連携協定)　286, 302, 303
WTO(世界貿易機関)　283, 285, 286, 301

《執筆者紹介》

石井里枝（いしい・りえ）　編著者・はしがき・序章・第3章・第4章・第Ⅰ～Ⅲ部概要
　　編著者紹介欄参照。

橋口勝利（はしぐち・かつとし）　編著者・はしがき・第7章・第8章・終章
　　編著者紹介欄参照。

高橋　周（たかはし・ちかし）　第1章・第5章
　1971年　生まれ。
　2004年　早稲田大学大学院経済学研究科理論経済学・経済史専攻博士後期課程単位取得退学。
　2008年　博士（経済学，早稲田大学）。
　現　在　東京海洋大学海洋生命科学部海洋政策文化学科准教授。
　主　著　「明治後半における不正肥料問題――新規参入の信頼獲得と農事試験場」『社会経済史学』第76巻第3号，社会経済史学会，2010年。
　　　　　「近世日露国境の構築と漁業――開発当初のエトロフ島漁業」内田日出海・谷澤毅・松村岳志編『地域と越境――「共生」の社会経済史』春風社，2014年。
　　　　　「蝦夷地政策論に見る日本経済観――享和元年の三奉行による建議を中心に」小室正紀編著『幕藩制転換期の経済思想』慶應義塾大学出版会，2016年。

加藤健太（かとう・けんた）　第2章・第6章・第10章
　1971年　生まれ。
　2009年　東京大学大学院経済学研究科経済史専攻博士課程修了，博士（経済学，東京大学）。
　現　在　高崎経済大学経済学部経営学科教授。
　主　著　『ケースに学ぶ日本の企業――ビジネス・ヒストリーへの招待』（共著）有斐閣，2013年。

岸田　真（きしだ・まこと）　第9章
　1972年　生まれ。
　2003年　慶應義塾大学大学院経済学研究科後期博士課程単位取得退学。
　現　在　日本大学経済学部准教授。
　主　著　"Japan's Participation in the IMF and Settlement of Its Prewar Foreign Debt", in Yago, Kazuhiko, Asai, Yoshio, Itoh, Masanao (Eds.), *History of the IMF: Organization, Policy, and Market,* Springer, 2015.
　　　　　「日本のIMF加盟と戦前期外債処理問題――ニューヨーク外債会議と日米・日英関係」伊藤正直・浅井良夫編『戦後IMF史――創生と変容』名古屋大学出版会，2014年。
　　　　　「東京市外債発行交渉と憲政会内閣期の金本位復帰政策，1924～1927年」『社会経済史学』第68巻第4号，社会経済史学会，2002年。

奥　和義（おく・かずよし）　第11章・第12章
1959年　生まれ。
1987年　京都大学大学院経済学研究科博士課程中途退学。
現　在　関西大学政策創造学部教授。
主　著　『両大戦期の日英経済関係の諸側面』関西大学出版部，2016年。
　　　　『日本貿易の発展と構造』関西大学出版部，2012年。
　　　　『グローバル・エコノミー（第3版）』（共著）有斐閣，2012年。

《編著者紹介》

石井里枝（杉山里枝）（いしい・りえ）（すぎやま・りえ）
　1977年　生まれ。
　2009年　東京大学大学院経済学研究科経済史専攻博士課程修了，博士（経済学，東京大学）。
　現　在　國學院大學経済学部教授。
　主　著　『戦前期日本の地方企業——地域における産業化と近代経営』日本経済評論社，2013年。
　　　　　『戦時期三菱財閥の経営組織に関する研究』愛知大学経営総合科学研究所叢書，2014年。
　　　　　『1からの経営史』（共著）碩学舎，2014年など。

橋口勝利（はしぐち・かつとし）
　1975年　生まれ。
　2005年　京都大学大学院経済学研究科博士課程修了，博士（経済学，京都大学）。
　現　在　慶應義塾大学経済学部教授。
　主　著　『近代日本の地域工業化と下請制』京都大学学術出版会，2017年など。

　　　　　　　　　　　　　　　　　MINERVA スタートアップ経済学⑤
　　　　　　　　　　　　　　　　　　　　日本経済史

　　　2017年4月30日　初版第1刷発行　　　　　〈検印省略〉
　　　2024年3月30日　初版第3刷発行
　　　　　　　　　　　　　　　　　　　　定価はカバーに
　　　　　　　　　　　　　　　　　　　　表示しています

　　　　　　編　著　者　　石　井　里　枝
　　　　　　　　　　　　　橋　口　勝　利
　　　　　　発　行　者　　杉　田　啓　三
　　　　　　印　刷　者　　江　戸　孝　典

　　　　　発行所　株式会社　ミネルヴァ書房
　　　　　　　607-8494 京都市山科区日ノ岡堤谷町1
　　　　　　　　　電話代表 075-581-5191
　　　　　　　　　振替口座 01020-0-8076

　　　© 石井里枝・橋口勝利ほか，2017　共同印刷工業・吉田三誠堂製本
　　　　　　　　　ISBN978-4-623-07948-3
　　　　　　　　　　Printed in Japan

MINERVA スタートアップ経済学
体裁　Ａ５判・美装カバー

① 社会科学入門　奥　和義・髙瀬武典・松元雅和・杉本竜也著
② 経済学入門　中村　保・大内田康徳編著
③ 経済学史　小峯　敦著
④ 一般経済史　河﨑信樹・奥　和義編著
⑤ 日本経済史　石井里枝・橋口勝利編著
⑥ 財政学　池宮城秀正編著
⑦ 金融論　兵藤　隆編著
⑧ 国際経済論　奥　和義編著
⑨ 社会保障論　石田成則・山本克也編著
⑩ 農業経済論　千葉　典編著
⑪ 統計学　溝渕健一・谷﨑久志著

―― ミネルヴァ書房 ――
https://www.minervashobo.co.jp